Vorwort

Das vorliegende, aktuelle Lern- und Arbeitsbuch enthält die **wirtschaftlichen und rechtlichen Grundlagen** sowie die für **Ausbildung und Beruf** wichtigen Lerninhalte für Schülerinnen und Schüler beruflicher Schulen. Es enthält die aktuellen Entwicklungen des Wirtschafts-, Rechts- und Arbeitslebens.

Die Auswahl der Themen orientiert sich am Lehrplan für gewerbliche, hauswirtschaftliche und landwirtschaftliche Berufsschulen in Baden-Württemberg. Es ist wegen der weitgehenden Übereinstimmung der Lehrpläne auch für vergleichbare Schulen in anderen Bundesländern sehr gut geeignet.

Das Buch richtet sich an:

■ **Schülerinnen und Schüler sowie Lehrerinnen und Lehrer an gewerblichen, hauswirtschaftlichen und landwirtschaftlichen Berufsschulen**

■ **Schülerinnen und Schüler sowie Lehrerinnen und Lehrer gewerblicher, hauswirtschaftlicher und landwirtschaftlicher Berufsfachschulen**

Das Buch besitzt eine besonders **lehr- und lernfreundliche Struktur**. Es basiert auf einer modernen, handlungs- und kompetenzorientierten Konzeption:

■ Jedem Thema ist zumeist eine **Doppelseite** gewidmet; umfangreichere Abschnitte werden auf vier Seiten abgehandelt.

■ Für jede Lerneinheit wird zu Beginn in einer „Kompetenzbox" die bei den Schülerinnen und Schülern angestrebte Kompetenz sowohl inhaltlich als auch hinsichtlich der Anspruchshöhe angegeben.

■ Die Sachverhalte sind durch **Bilder, Übersichten, Tabellen, Grafiken, Zeitungsausschnitte und Auszüge aus Gesetzestexten anschaulich und lebensnah** dargestellt.

■ Am Ende eines jeden Abschnitts fordern **vertiefende Aufgaben** noch einmal zur Auseinandersetzung mit dem jeweiligen Stoff auf.

■ Jedes Kapitel schließt mit einer **Zusammenfassung**, die die wesentlichen Inhalte in geraffter und übersichtlicher Form darstellt.

■ Ein **ausführliches Inhaltsverzeichnis** und ein besonders **umfassendes Stichwortverzeichnis** erleichtern das zielgerichtete Nachschlagen.

■ Am Ende des Buches finden sich kapitelübergreifende **Prüfungsaufgaben aus der Abschlussprüfung der Berufsschulen** in Baden-Württemberg.

Durch diese Struktur eignet sich das Buch sowohl für den unterrichtsinternen Einsatz als auch für das Selbststudium.

Dieses Buch wird für alle drei Ausbildungsjahre durch die **dreibändige Lern- und Arbeitsbuchreihe „Wirtschaftskompetenz – Lernsituationen"** ergänzt. Die insgesamt **44 Lernsituationen** der Lern- und Arbeitsbücher bieten somit die Möglichkeit zur konkreten **Anwendung der im Informationsband entwickelten fachsystematischen Grundlagen**. Durch ein entsprechendes **Symbol in den drei Jahresbänden** hat die Leserin/der Leser den konkreten Verweis auf die entsprechenden Kapitel im Informationsband. Die Lern- und Arbeitsbuchreihe ist erhältlich unter den **Europa-Nummern 47229, 47250 und 47274**.

Ihre Rückmeldung ist uns wichtig: Für Verbesserungsvorschläge sind Verlag und Autoren stets dankbar. Schreiben Sie uns unter lektorat@europa-lehrmittel.de.

Sommer 2020   *Die Autoren*

1

© Ralf Kalytta – Fotolia.com

Der Mitarbeiter in der Arbeitswelt

LS

1.1 Duale Berufsausbildung

Die Arbeitswelt befindet sich in einem ständigen Veränderungsprozess. Dadurch ist auch die berufliche Bildung gefordert. Jedes Jahr entstehen neue Ausbildungsberufe. Bestehende Ausbildungsberufe werden neu geordnet und so den Anforderungen der Wirtschaft angepasst. Jugendliche unter 18 Jahren dürfen grundsätzlich nur in staatlich anerkannten Ausbildungsberufen ausgebildet werden.

Die berufliche Erstausbildung kann dual oder vollschulisch erfolgen.

*Die **duale Berufsausbildung** charakterisieren, beschreiben und bewerten.*

© Monkey Business – Fotolia.com

© Robert Kneschke – Fotolia.com

Die meisten Berufsausbildungen werden **dual** durchgeführt, d. h. durch das Zusammenwirken von **Ausbildungsbetrieb** und **Berufsschule**.

Das nachfolgende Schaubild zeigt die **Aufgabenverteilung**:

Ausbildungsbetrieb vermittelt schwerpunktmäßig **fachpraktische Fertigkeiten** und **Kenntnisse**	Partnerschaftliche Zusammenarbeit	**Berufsschule** vermittelt schwerpunktmäßig **Fachtheorie** und vertieft die **Allgemeinbildung**
Grundlage für die **betriebliche Ausbildung** sind das **Berufsbildungsgesetz (BBiG)** sowie die **Handwerksordnung (HwO)** im Bereich des Handwerks		Grundlage für die **schulische Ausbildung** ist das **Schulgesetz** des jeweiligen Bundeslandes

Ausbildungs-ordnung

Für jeden der ca. 330 Ausbildungsberufe gibt es eine **Ausbildungsordnung (AO)**, die vom Bundeswirtschaftsministerium – nach Abstimmung mit dem Bundesbildungsministerium – erlassen wird. Der Ausbildungsberuf ist damit staatlich anerkannt.

Lehrpläne/ Bildungspläne

Auf Vorschlag des **Kultusministeriums** erlässt die Regierung des jeweiligen Bundeslandes die **Lehrpläne/Bildungspläne** für den fachtheoretischen und allgemeinbildenden Unterricht.

BBiG §5

Berufsbildungsgesetz

§ 5 [Ausbildungsordnung]
(1) Die Ausbildungsordnung hat festzulegen
1. die Bezeichnung des Ausbildungs-
berufes, ...
2. die Ausbildungsdauer ...,

3. die beruflichen Fertigkeiten, Kennt-
nisse und Fähigkeiten, die mindestens
Gegenstand der Berufsausbildung sind
(Ausbildungsberufsbild),

...
5. die Prüfungsanforderungen.

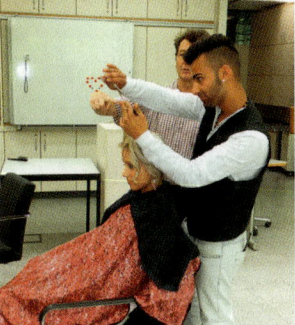

Auszug aus der Verordnung über die Berufsausbildung
zum Friseur/zur Friseurin

Ausbildungsberufsbild
Gemeinsame berufsprofilgebende Fertigkeiten, Kenntnisse
und Fähigkeiten:

Friseur-Dienstleistungen:
– Pflegen des Haares und der Kopfhaut,
– Haarschneiden,
– Gestalten von Frisuren,
– Farbverändernde Haarbehandlungen

Marketing:
– Werbung,
Präsentation
und Preis-
gestaltung

Ausbildungs-
berufsbild

Ca. 1½ Tage je Woche befindet sich der Auszubildende in der Berufsschule. Der Berufsschulunterricht kann auch „im Block" organisiert sein. Bei **Blockunterricht** befinden sich
Auszubildende für mehrere Wochen ausschließlich in der Berufsschule.

Duale Berufsausbildung	
Vorteile	**Nachteile**
Mix zwischen vertiefter Theorie und Praxiserfahrungen.	Unterschiedliche Ausstattung und Aus-richtung von Betrieben.
Auszubildende haben laufend Berührun-gen mit technischen Neuerungen. Aus-bildung ist aktuell.	Abstimmung von Ausbildungsinhalten in Fachtheorie und praktischer Ausbildung ist schwierig.
Durch regelmäßigen Wechsel zwischen Betrieb und Berufsschule ist die Ausbil-dung abwechslungsreicher.	Ausbildungsplatzangebote der Betriebe unterliegen der Konjunkturabhängigkeit.

Aufgaben

1 Ein Auszubildender fordert die Abschaffung der allgemeinbildenden Unterrichts-
fächer. Nennen Sie 2 Argumente für das Beibehalten dieser Fächer.

2 Rund 330 Ausbildungsberufe sind staatlich anerkannt.
   a) Was ist unter einem staatlich anerkannten Ausbildungsberuf zu verstehen?
   b) Welche Bedeutung hat die staatliche Anerkennung für die Auszubildenden und
   für die Betriebe?

3 Machen Sie Vorschläge, wie eine partnerschaftliche Zusammenarbeit zwischen
Ausbildungsbetrieb und Berufsschule ausschauen könnte.

1.2 Ausbildungsvertrag

Der Ausbildungsvertrag ist wie der Arbeitsvertrag aushandelbar. Den Ausgestaltungsmöglichkeiten des Vertrages hat der Gesetzgeber jedoch enge Grenzen gesetzt.

Abschluss und **Inhalt** eines **Ausbildungsvertrages** beschreiben.

1.2.1 Abschluss und Inhalt eines Ausbildungsvertrags

Vor Beginn einer Berufsausbildung muss zwischen dem Ausbildenden (Ausbildungsbetrieb) und dem Auszubildenden ein Berufsausbildungsvertrag geschlossen werden. Bei Vertragsabschluss mit einem Minderjährigen ist die Zustimmung des gesetzlichen Vertreters (Eltern oder Vormund) notwendig.

> **Überlegen und notieren Sie:**
>
> Welche Vertragsinhalte haben Sie mit Ihrem Ausbildungsbetrieb vereinbart?

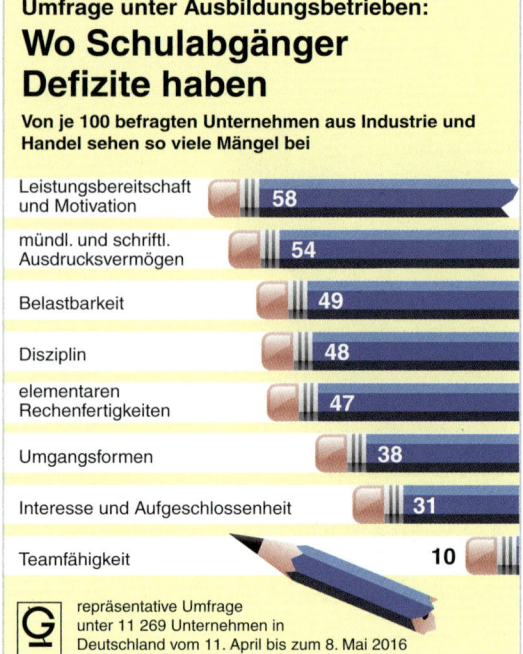

Umfrage unter Ausbildungsbetrieben:

Wo Schulabgänger Defizite haben

Von je 100 befragten Unternehmen aus Industrie und Handel sehen so viele Mängel bei

Leistungsbereitschaft und Motivation	58
mündl. und schriftl. Ausdrucksvermögen	54
Belastbarkeit	49
Disziplin	48
elementaren Rechenfertigkeiten	47
Umgangsformen	38
Interesse und Aufgeschlossenheit	31
Teamfähigkeit	10

repräsentative Umfrage unter 11 269 Unternehmen in Deutschland vom 11. April bis zum 8. Mai 2016

Nach § 11 Berufsbildungsgesetz hat der Ausbildende den Vertrag noch **vor Beginn der Ausbildung** schriftlich niederzulegen. Der Vertrag muss mindestens beinhalten:

Mindestinhalte des Ausbildungsvertrags

- Art, sachliche und zeitliche Gliederung sowie Ziel der Berufsausbildung.
- Beginn und Dauer der Berufsausbildung.
- Dauer der regelmäßigen täglichen Ausbildungszeit.
- Ausbildungsmaßnahmen außerhalb der Ausbildungsstätte.

- Dauer der Probezeit.
- Dauer des Urlaubs.
- Bedingungen für Kündigung.
- Hinweis auf anzuwendende Tarifverträge und Betriebsvereinbarungen.
- Zahlung und Höhe der Vergütung.

Der Vertragsinhalt ist weitgehend durch Gesetze (BBiG, HwO, Jugendarbeitsschutzgesetz) und zusätzlich oft durch Tarifvertrag (z. B. Höhe der Vergütung) vorbestimmt. Eine davon abweichende Vereinbarung ist nur möglich, wenn sie zum Vorteil des Auszubildenden ist.

JArbSchG §§ 1, 8 und 15

> **Jugendarbeitsschutzgesetz (JArbSchG)**
>
> **§ 1 [Geltungsbereich]** (1) Dieses Gesetz gilt … für die Beschäftigung von Personen, die noch nicht 18 Jahre alt sind. …
>
> **§ 8 [Dauer der Arbeitszeit]** (1) Jugendliche dürfen nicht mehr als acht Stunden täglich und nicht mehr als 40 Stunden wöchentlich beschäftigt werden. …
>
> **§ 15 [Fünf-Tage-Woche]** Jugendliche dürfen nur an fünf Tagen in der Woche beschäftigt werden. Die beiden wöchentlichen Ruhetage sollen nach Möglichkeit aufeinander folgen.

Berufsausbildungsvertrag

(§§ 10, 11 Berufsbildungsgesetz - BBiG)

Zwischen dem/der Ausbildenden (Ausbildungsbetrieb)   und der/dem Auszubildenden   männlich ☐   weiblich ☐

Wird nachstehender Vertrag zur
Ausbildung im Ausbildungsberuf
mit der Fachrichtung/dem Schwerpunkt/
dem Wahlbaustein etc. nach Maßgabe
der Ausbildungsordnung²⁾ geschlossen

Zuständige Berufsschule

A Die Ausbildungszeit beträgt nach der Ausbildungsordnung
☐ Monate.
Die vorausgegangene Berufsausbildung / Vorbildung:

wird mit ☐ Monaten angerechnet, bzw. es wird eine
entsprechende Verkürzung beantragt.

Das Berufsausbildungsverhältnis
beginnt   endet
am ☐   am ☐

B Die Probezeit (§ 1 Nr. 2) beträgt ☐ Monate.³⁾
C Die Ausbildung findet vorbehaltlich der Regelungen nach D
(§ 3 Nr. 12) in

Straße

PLZ, Ort   ,

und den mit dem Betriebssitz für die Ausbildung üblicherweise
zusammenhängenden Bau-, Montage- und sonstigen
Arbeitsstellen statt.
D Ausbildungsmaßnahmen außerhalb der Ausbildungsstätte
(§ 3 Nr. 12) (mit Zeitraumangabe)

E Der/die Ausbildende zahlt dem/der Auszubildenden eine
angemessene Vergütung (§ 5); diese beträgt zur Zeit
monatlich brutto

EUR				
im	ersten	zweiten	dritten	vierten
Ausbildungsjahr.				

F Die regelmäßige Ausbildungszeit (§ 6 Nr. 1) beträgt
täglich ☐ Stunden.⁴ / wöchentlich ☐ Stunden.

Teilzeitausbildung wird beantragt (§ 6 Nr. 2)   ja ☐   nein ☐

G Der/die Ausbildende gewährt dem/der Auszubildenden Urlaub
nach den geltenden Bestimmungen. Es besteht ein
Urlaubsanspruch.

Im Jahr				
Werktage				
Arbeitstage				

H Sonstiges, Hinweise auf anzuwendende Tarifverträge und
Betriebsvereinbarungen, sonstige Vereinbarungen.

Berufsbildungsgesetz (BBiG)

§ 20 [Probezeit]
Das Berufsausbildungsverhältnis beginnt mit der Probezeit. Sie muss mindestens einen
Monat und darf höchstens vier Monate betragen.

BBiG § 20

Aufgaben

1 Welche Bedeutung hat die Probezeit für den Ausbildenden und den Auszubildenden?

2 Jasmin (16 J.) will Friseurin werden. Ihr gefällt der Umgang mit Menschen. Sie hat
sich bei einem Friseurmeister vorgestellt und gleich mündlich einen Ausbildungsvertrag abgeschlossen. Noch wissen ihre Eltern nichts davon.
  a) Beurteilen Sie, ob bei Jasmin ein gültiger Ausbildungsvertrag zustande gekommen ist.
  b) Im obigen Ausbildungsvertragsmuster wird bei Vertragsabschluss in Abschnitt B
die Probezeitdauer und in Abschnitt F die regelmäßige Ausbildungszeit bestimmt.
Welche Zeiteintragungen sind bei Jasmin maximal möglich (siehe auch 1.3.1
Jugendarbeitsschutz)?

1.2.2 Rechte und Pflichten der Vertragspartner

Rechte und **Pflichten** der **Vertragspartner** sowie die **Möglichkeiten** zur **Beendigung** von **Ausbildungsverhältnissen** beschreiben.

Vertragspflichten   Vertragspflichten

Ausbildender
Vermittlung der Fertigkeiten und Kenntnisse, die der Auszubildende benötigt, um das Ausbildungsziel zu erreichen.
Auszubildende für Berufsschule und überbetriebliche Lehrwerkstätte freistellen.
Nur Arbeiten übertragen, die dem Ausbildungszweck dienen.
Gesundheit des Auszubildenden schützen.
Ausbildungsvergütung bezahlen.
Selbst ausbilden oder einen geeigneten Ausbilder damit beauftragen.
Charakterliche Förderung des Auszubildenden.
Kostenlose Bereitstellung der Ausbildungs- und Prüfungsmittel.
Zeugnis ausstellen.

Ausbildungsvertrag

1. …
2. …
3. …
4. …
5. …
6. …
7. …
8. …
9. …

Auszubildender
Notwendige Fertigkeiten und Kenntnisse erwerben.
Berufsschule besuchen.
Weisungen der Vorgesetzten befolgen.
Aufgetragene Arbeiten sorgfältig ausführen.
Über Betriebs- und Geschäftsgeheimnisse Stillschweigen bewahren.
Werkzeuge, Maschinen und sonstige Einrichtungen pfleglich behandeln.
Soweit in der Ausbildungsordnung das Führen von Berichtsheften (Ausbildungsnachweisen) vorgeschrieben ist, müssen diese ordnungsgemäß geführt und vorgelegt werden.
Betriebsordnung beachten.

1.2.3 Beendigung eines Ausbildungsverhältnisses

Überlegen Sie:

Wann endet Ihr Ausbildungsverhältnis?

Das Berufsausbildungsverhältnis endet mit dem Ablauf der Ausbildungszeit. Besteht der Auszubildende vor Ablauf der Ausbildungszeit die Abschlussprüfung, so endet das Berufsausbildungsverhältnis mit Bestehen der Abschlussprüfung. In Baden-Württemberg führen das Kultusministerium und die Kammern den schriftlichen Teil der Prüfung gemeinsam an der Berufsschule durch. Die abschließende praktische Prüfung erfolgt vor einem Prüfungsausschuss der zuständigen Kammer. Bei bestandener Prüfung erhält der Auszubildende zwei Zeugnisse: das **Berufsschulabschlusszeugnis** und den **Facharbeiter- bzw. Gesellenbrief.** Besteht der Auszubildende die Abschlussprüfung nicht, so verlängert sich das Berufsausbildungsverhältnis auf sein Verlangen bis zur nächstmöglichen Wiederholungsprüfung, höchstens um ein Jahr.

Berufsbildungsgesetz (BBiG)

§ 8 [Abkürzung und Verlängerung der Ausbildungszeit]
(1) Auf gemeinsamen Antrag der Auszubildenden und Ausbildenden hat die zuständige Stelle die Ausbildungszeit zu kürzen, wenn zu erwarten ist, dass das Ausbildungsziel in der gekürzten Zeit erreicht wird. …
(2) In Ausnahmefällen kann die zuständige Stelle auf Antrag Auszubildender die Ausbildungszeit verlängern, wenn die Verlängerung erforderlich ist, um das Ausbildungsziel zu erreichen. …

■ **BBiG § 8**

Kündigung

Das Ausbildungsverhältnis kann auch vorzeitig durch schriftliche Kündigung beendet werden.

Kündigung

Kündigung eines Ausbildungsverhältnisses		
Während der Probezeit	Fristlos	Ohne Angaben von Gründen
Nach Ablauf der Probezeit	Fristlos	Nur bei einem wichtigen Grund wie Diebstahl, Tätlichkeit, Sittlichkeitsvergehen möglich. Die Kündigung gilt jedoch nur, wenn sie innerhalb von zwei Wochen nach Bekanntwerden des Grundes erfolgt.
	Mit vierwöchiger Kündigungsfrist	Nur für den Auszubildenden aus zwei Gründen möglich: ■ Aufgabe der Berufsausbildung ■ Wechsel des Ausbildungsberufes

Beispiel für eine Kündigung

Kündigung Aalen, den …………

Sehr geehrter Herr …,
die Ausbildung zum Bürokaufmann macht mir keinen Spaß mehr. Ich habe festgestellt, dass mir handwerkliche Tätigkeiten mehr liegen. Aus diesem Grund habe ich vor, eine Schreinerlehre zu beginnen. Daher kündige ich den Ausbildungsvertrag unter Einhaltung der vierwöchigen Kündigungsfrist zum …

Ich hoffe, Sie haben für meine Entscheidung Verständnis.

Mit freundlichen Grüßen
Steffen Wanner

Aufgaben

1 Nennen Sie 5 Rechte eines Auszubildenden.

2 Steffen ist im 10. Monat des 1. Ausbildungsjahres und lernt Bürokaufmann. Die Ausbildung macht ihm immer weniger Spaß. Als sich ihm die Möglichkeit bietet, eine Ausbildung als Schreiner zu beginnen, kündigt er (siehe obiges Schreiben). Prüfen und begründen Sie, ob die Kündigung rechtswirksam ist.

3 Nennen Sie 2 Voraussetzungen für eine Verkürzung der Ausbildungszeit.

1.3 Arbeitsschutzvorschriften

Den **betrieblichen Arbeitsplatz** hinsichtlich der **Schutzvorschriften** zu Jugendarbeit, Arbeitszeit, Urlaub, Mutterschutz und **Erziehende** analysieren.

Arbeitnehmer haben ein Recht darauf, am Arbeitsplatz vor gesundheitlichen Gefahren geschützt zu sein. Die Vergangenheit hat gezeigt, dass die Vertragsfreiheit von Arbeitgeber und Arbeitnehmer den notwendigen Arbeitnehmerschutz nicht gewährleisten konnte. Der Staat – und in wachsendem Maße auch die Europäische Union – haben hier regulierend eingegriffen.

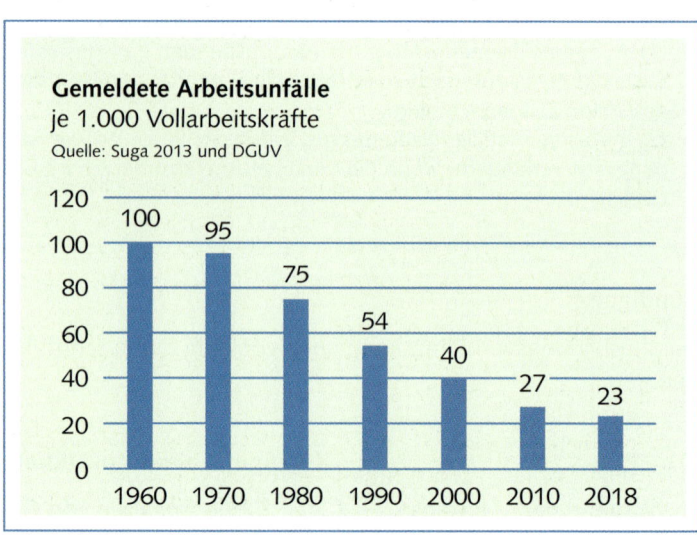

Die Durchführung und Überwachung der staatlichen Arbeitsschutzvorschriften obliegt den **Gewerbeaufsichtsämtern**. Die Einhaltung der Unfallverhütungsvorschriften der **Berufsgenossenschaften** wird durch deren technische Aufsichtsdienste überwacht. Verstöße gegen diese Schutzvorschriften können zu Geldbußen bis zu 25.000 € oder in schwerwiegenden Fällen zu einer Freiheitsstrafe bis zu einem Jahr führen.

1.3.1 Jugendarbeitsschutz

Jugendliche zählen aufgrund ihrer Unerfahrenheit sowie wegen ihrer noch nicht beendeten körperlichen, geistigen und charakterlichen Reifung zu den gefährdeten Personengruppen, die durch gesetzliche Vorschriften besonders geschützt werden müssen. Für die Beschäftigung von Jugendlichen gilt das **Jugendarbeitsschutzgesetz** (JArbSchG).

Schutzbestimmungen nach dem JArbSchG

Schutzbestimmungen

Beschäftigungsalter	Die Beschäftigung von Kindern (Personen unter 15 Jahren) ist verboten. Ausnahme: Berufsausbildungsverhältnisse, Betriebspraktikum.	
Arbeitszeit	■ Nicht mehr als 8 Stunden täglich, nicht mehr als 40 Stunden wöchentlich. ■ Nicht mehr als 5 Tage in der Woche. ■ Berufsschultage sind grundsätzlich Arbeitstage. ■ Keine Beschäftigung an Berufsschultagen mit mehr als 5 Unterrichtsstunden einmal in der Woche. ■ Bei Blockunterricht an 5 Tagen sind für betriebliche Ausbildungsveranstaltungen 2 Stunden pro Woche zulässig.	Abweichungen sind aufgrund eines Tarifvertrages möglich.
Ruhepausen	Bei einer Arbeitszeit von ■ mehr als 4 ½ bis 6 Stunden: 30 Minuten Pause ■ mehr als 6 Stunden: 60 Minuten Pause Als Ruhepause gilt nur eine Arbeitsunterbrechung von mindestens 15 Minuten.	

Nachtruhe	Keine Beschäftigung zwischen 20.00 Uhr und 6.00 Uhr. Aber Ausnahmen für den Bereich des Gaststättengewerbes, in Mehrschichtbetrieben, in der Landwirtschaft, in Bäckereien und Konditoreien u. a.
Samstag/ Sonntag/ Feiertag	Grundsätzlich ist keine Beschäftigung erlaubt. Aber Ausnahmen für Betriebe mit Samstags-/Sonntagsarbeit. Die 5-Tage-Woche muss aber gewährleistet werden.
Urlaub	Jugendliche, die **zu Beginn eines Jahres** noch ■ nicht 16 Jahre alt sind, erhalten 30 Werktage ■ nicht 17 Jahre alt sind, erhalten 27 Werktage ■ nicht 18 Jahre alt sind, erhalten 25 Werktage
Gefährliche Arbeiten Akkordarbeit	Diese Arbeiten sind grundsätzlich verboten. Aber Ausnahmen, wenn diese Arbeiten zur Erreichung des Ausbildungsziels erforderlich sind.
Ärztliche Untersuchung	Jugendliche dürfen nicht beschäftigt werden, wenn sie nicht zuvor ärztlich untersucht wurden (**Erstuntersuchung**). Vor Ablauf des ersten Beschäftigungsjahres muss eine **Nachuntersuchung** stattgefunden haben.

Aufgaben

1 Warum benötigen Jugendliche einen besonderen Schutz bei der Arbeit?

2 Begründen Sie, ob Berufsschüler in den Betrieb müssten, wenn der Nachmittagsunterricht ausfallen würde.

3 Prüfen Sie die nachstehenden Fallbeispiele!

Inga – Die Auszubildende Inga (16 Jahre alt) besucht einmal in der Woche die Berufsschule. Der Berufsschulunterricht beginnt um 7.50 Uhr und endet um 15.30 Uhr. Da es zum Ausbildungsbetrieb nicht sehr weit ist, verlangt der Chef, dass sie am Berufsschultag nach Unterrichtsschluss noch eine Stunde arbeitet.

Ulrich – Der 17-jährige Auszubildende Ulrich möchte die Mittagspause im Betrieb von 45 auf 30 Minuten verkürzen. Dadurch ergäbe sich am Feierabend eine günstigere Busverbindung, bei der er sich eine 50minütige Wartezeit ersparen würde. Ulrich hat noch eine Pause von 15 Minuten am Morgen.

Stefan (17 Jahre) – In Stefans Ausbildungsbetrieb fällt für etwa drei Wochen erhebliche Mehrarbeit an. Stefan wäre bereit, für eine gute Bezahlung in dieser Zeit täglich ein bis zwei Überstunden zu machen.

Ulrich und Stefan – Die Auszubildenden Ulrich und Stefan sind befreundet. Ihre Geburtstage feiern sie immer gemeinsam, da Ulrich am 31.12. und Stefan am 2.1. geboren ist. Aus Anlass ihres 17. Geburtstages wollen sie ihren gesamten Jahresurlaub für eine gemeinsame Wandertour durch Deutschland verwenden. Überrascht stellen sie fest, dass ihnen unterschiedlich viele Urlaubstage zustehen.

a) Wie ist die Rechtslage im Fallbeispiel Inga?

b) Begründen Sie, ob Inga in den Betrieb müsste, wenn der Nachmittagsunterricht ausfallen würde.

c) Wie ist die Rechtslage im Fallbeispiel Ulrich?

d) Wie ist die Rechtslage im Fallbeispiel Stefan, wenn Stefan damit neun bis zehn Stunden je Tag arbeiten würde?

e) Über wie viele Urlaubstage kann Ulrich, über wie viel Stefan verfügen (Fallbeispiel Ulrich und Stefan)?

1

1.3.2 Arbeitszeit

Die Arbeitsschutzbestimmungen sollen die Arbeitskraft des Arbeitnehmers vor übermäßiger Ausnutzung schützen und ihm im Interesse seiner Menschenwürde und der Entfaltung seiner Persönlichkeit Raum für Freizeit und Muße geben. Wichtige Bestimmungen finden sich dazu im Arbeitszeitgesetz.

Regelungen nach dem Arbeitszeitgesetz

Arbeitszeit
- **Arbeitszeit:** Nicht mehr als 8 Stunden täglich. Ausnahme: Verlängerung unter bestimmten Bedingungen möglich.

ArbZG §§ 3 und 7
- **Arbeitszeitgesetz (ArbZG)**

  § 3 [Arbeitszeit der Arbeitnehmer]
  Die werktägliche Arbeitszeit der Arbeitnehmer darf acht Stunden nicht überschreiten. Sie kann auf bis zu zehn Stunden nur verlängert werden, wenn innerhalb von sechs Kalendermonaten oder innerhalb von 24 Wochen im Durchschnitt acht Stunden werktäglich nicht überschritten werden.

  § 7 [Abweichende Regelungen]
  (1) In einem Tarifvertrag oder auf Grund eines Tarifvertrages in einer Betriebs- oder Dienstvereinbarung kann zugelassen werden, …
  a) die Arbeitszeit über zehn Stunden werktäglich zu verlängern, …
  b) einen anderen Ausgleichszeitraum festzulegen, …

Nach einer Studie der **Europäischen Stiftung zur Verbesserung der Lebens- und Arbeitsbedingungen (Eurofound)** sind gesundheitliche Beschwerden umso ausgeprägter, je länger die wöchentliche Arbeitszeit ist.

Tarifliche Wochenarbeitszeit der Arbeitnehmer in Deutschland

Jahr	1900	1913	1932	1941	1950	1960	1970	1980	1990	2000	2010	2018
Std.	60	57	42	50	48	45	41	40	38,5	37,4	37,7	37,7

Ruhepausen
- **Ruhepausen**
  Mind. 30 Min. bei einer Arbeitszeit von 6 bis 9 Stunden.
  Mind. 45 Min. bei einer Arbeitszeit von mehr als 9 Stunden.
  Als Pause gilt eine Zeitunterbrechung ab 15 Minuten.

Ruhezeit
- **Ruhezeit**
  Mind. 11 zusammenhängende Stunden nach Arbeitsende.

- **Sonn- und Feiertage**
  Keine Beschäftigung. (Ausnahmen u. a. für Mehrschichtbetriebe, Gastronomiebetriebe, Feuerwehr, Krankenhäuser)

Sonn- und Feiertagsruhe

1.3.3 Urlaub

Urlaub soll Arbeitnehmern ermöglichen, sich zu erholen. Der Anspruch des Arbeitnehmers auf bezahlten Urlaub ist im **Mindesturlaubsgesetz für Arbeitnehmer (Bundesurlaubsgesetz – BUrlG)** geregelt. Der gesetzliche Mindesturlaub muss als Freizeit genommen werden und darf nicht ausbezahlt werden.

Gesetzlicher Mindesturlaub

Bei der zeitlichen Festlegung des Urlaubs sind die Urlaubswünsche des Arbeitnehmers zu berücksichtigen, sofern diese nicht den Urlaubswünschen anderer Arbeitnehmer, die aus sozialen Gründen Vorrang genießen, entgegenstehen. Auch dringende betriebliche Belange können die Ablehnung eines Urlaubswunsches rechtfertigen. Grundsätzlich ist der Urlaub zusammenhängend zu gewähren. Bei einer Aufteilung muss einer der Urlaubsteile mindestens zwei Wochen umfassen.

> **Mindesturlaubsgesetz für Arbeitnehmer (Bundesurlaubsgesetz – BUrlG)**
>
> **§ 2 [Geltungsbereich]**
> Arbeitnehmer im Sinne des Gesetzes sind Arbeiter und Angestellte sowie die zu ihrer Berufsausbildung Beschäftigten. …
> **§ 3 [Dauer des Urlaubs]**
> (1) Der Urlaub beträgt jährlich mindestens 24 Werktage.
> (2) Als Werktage gelten alle Kalendertage, die nicht Sonn- oder … Feiertage sind.
> **§ 15 [Änderung und Aufhebung von Gesetzen]**
> (1) Unberührt bleiben die urlaubsrechtlichen Bestimmungen des … Jugendarbeitsschutzgesetzes. …

BUrlG §§ 2, 3 und 15

In den ersten sechs Monaten eines Beschäftigungsverhältnisses erhält der Arbeitnehmer pro vollem Monat 1/12 des Jahresurlaubs. Erst nach Ablauf der **Wartezeit** von 6 Monaten wird der volle Urlaubsanspruch erworben. Im Kalenderjahr nicht genommener Urlaub darf in das nächste Jahr übertragen werden, muss aber bis zum 31. März gewährt und genommen worden sein, danach verfällt er.

Wartezeit

Das BurlG stellt im Bereich der Urlaubsdauer für viele Arbeitnehmer nicht die Grundlage für den Jahresurlaub dar, weil Tarifverträge und Einzelarbeitsverträge oft für Arbeitnehmer günstigere Regelungen vorsehen. Die den gesetzlichen Mindesturlaub überschreitenden Urlaubstage dürfen ausbezahlt werden.

> **Aufgaben**
>
> 1. Mitteilung der Geschäftsführung: „ …Aufgrund der Verschlechterung der Wettbewerbsposition unserer Unternehmung hat die Geschäftsführung beschlossen, die tägliche Arbeitszeit der Arbeitnehmer auf 9 Arbeitsstunden zu erhöhen."
>   **a)** Sind die Arbeitnehmer verpflichtet, diese Stunden zu leisten? Begründen Sie.
>   **b)** Warum lässt der Gesetzgeber abweichende Regelungen nur auf Grund eines Tarifvertrages zu?
> 2. Die Bundesvereinigung der Dt. Arbeitgeberverbände (BDA) fordert den 8-Std-Tag abzuschaffen. Statt der Obergrenze von 8 Stunden sollte das Gesetz nur noch eine Obergrenze für die Wochenarbeitszeit enthalten. Nehmen Sie dazu Stellung.
> 3. Wie hoch ist der Mindesturlaubsanspruch in Arbeitstagen?

1.3.4 Mutterschutz

Mutterschutz

Das **Mutterschutzgesetz** gilt für alle Frauen, die in einem Arbeitsverhältnis stehen. Es findet auch Anwendung auf Auszubildende, Praktikantinnen, Anlernlinge und Arbeitnehmerinnen, die in einem Teilzeit-, Probe- oder Aushilfsarbeitsverhältnis stehen.

GG Art. 6

© Monkey Business – Fotolia.com

> ■ **Grundgesetz (GG)**
>
> **Art. 6 [Ehe und Familie]** (1) Ehe und Familie stehen unter dem besonderen Schutz der staatlichen Ordnung.
> (4) Jede Mutter hat Anspruch auf den Schutz und die Fürsorge der Gemeinschaft.

Diese besondere Wertschätzung der Familie beruht darauf, dass sie nach Ansicht des Verfassungsgebers das ideale Umfeld für das Heranwachsen von Kindern ist, ohne die auf Dauer keine staatliche Gemeinschaft existieren kann. Die Bedeutung der Ehe liegt darin, dass sie als „Keimzelle des Staates" Vorstufe zur Familie ist.

In der Familie sollen Kinder zu freiheits- und demokratiefähigen Erwachsenen erzogen und befähigt werden. Gesellschaft und freiheitliche Demokratie brauchen ein Gerüst gemeinsamer Überzeugungen. Diese Voraussetzungen kann nur die Familie schaffen.

Aufgaben des Mutterschutzes

| Schutz des werdenden Kindes und der Mutter vor Gesundheitsschädigungen am Arbeitsplatz. | Soziale Absicherung der Mutter. Keine beruflichen Nachteile durch Schwangerschaft und Kinderpflege. |

Regelungen nach dem Mutterschutzgesetz

Werdende Mütter:

- Werdende Mütter sollen dem Arbeitgeber (Personalleiter, Filialleiter usw.) ihre Schwangerschaft mitteilen, sobald ihnen ihr Zustand bekannt ist.
- Auf Verlangen des Arbeitgebers: Vorlage eines ärztlichen Attests oder eines Attests einer Hebamme über die bestehende Schwangerschaft und über den mutmaßlichen Tag der Entbindung.

Arbeitgeber:

- Unterrichtung des Gewerbeaufsichtsamtes.
- Arbeitsplatz und Arbeitsablauf müssen so gestaltet werden, dass sie der Gesundheit der werdenden Mutter nicht abträglich sind.
- Keine Beschäftigung sechs Wochen vor der Entbindung.
  Ausnahme: Weiterbeschäftigung auf ihren ausdrücklichen Wunsch, der aber jederzeit widerruflich ist.
- Keine Beschäftigung in den ersten acht Wochen nach der Entbindung (zwölf Wochen bei Mehrlingsgeburten).
- Die Kündigung während der Schwangerschaft und bis zum Ablauf von vier Monaten nach der Entbindung ist unzulässig.

> **Mutterschutzgesetz (MuSchG)**
>
> **§ 17 [Kündigungsverbot]** (1) Die Kündigung ist … unzulässig …, wenn dem Arbeitgeber zum Zeitpunkt der Kündigung die Schwangerschaft … oder Entbindung bekannt ist oder wenn sie ihm innerhalb zwei Wochen nach Zugang der Kündigung mitgeteilt wird. Das Überschreiten dieser Frist ist unschädlich, wenn das Überschreiten auf einem von der Frau nicht zu vertretenden Grund beruht und die Mitteilung unverzüglich nachgeholt wird. …

MuSchG § 17

1.3.5 Schutz von Erziehenden

Der Schutz soll dazu beitragen, dass sich die Eltern in der für die spätere Entwicklung entscheidenden Lebensphase eines Kindes intensiv der Betreuung und Erziehung des Kindes widmen können.

Regelungen des Bundeselterngeld- und Elternzeitgesetzes:

Elterngeld
Für Eltern besteht die Möglichkeit, zwischen **Basiselterngeld** und **ElterngeldPlus** zu wählen oder beides zu kombinieren.

Elterngeld

- Das **Basiselterngeld**, ca. 65 % des bisherigen Nettoeinkommens – mind. 300 €, max. 1800 €, erhalten berufstätige Mütter oder Väter, wenn sie ihr Kind für 1 Jahr zu Hause betreuen. Das Mindestelterngeld von 300 € erhalten alle, die nach der Geburt ihr Kind selbst betreuen und höchstens 30 Stunden/Woche arbeiten. Bleibt auch der zweite Elternteil mind. 2 Monate zu Hause, verlängert sich die Bezugsfrist auf 14 Monate.

Basiselterngeld

- Das **ElterngeldPlus** ist für Eltern gedacht, die 30 Std/Wo. arbeiten wollen. Jeden Monat wird nur die Hälfte des Elterngeldes ausgezahlt, dafür aber doppelt so lange. Für Eltern, die parallel für 4 Monate jeweils 25–30 Std/Wo. arbeiten, gibt es einen Partnerschaftsbonus von 4 zusätzlichen ElterngeldPlus-Monaten.

ElterngeldPlus

Elternzeit
Beide Elternteile können gleichzeitig bis zu 3 Jahre Elternzeit in Anspruch nehmen. Elternzeit gibt es in Teil- oder Vollzeitform. Während der Elternzeit ist Teilzeit bis zu 30 Std/Wo möglich. Anspruch auf Elternzeit besteht bis zur Vollendung des 3. Lj. des Kindes.

Elternzeit

Mütter und Väter können 24 Monate Elternzeit auf den Zeitraum zwischen dem dritten Geburtstag und der Vollendung des achten Lebensjahres des Kindes übertragen.

Während der Elternzeit besteht Kündigungsschutz.

> **Aufgaben**
>
> 1 Inga kommt häufig zu spät zur Arbeit und wurde deswegen bereits abgemahnt. Als sie erneut zu spät kommt, wird ihr fristlos gekündigt. Wie ist die Rechtslage,
>   **a)** wenn Ingas Arbeitgeber bekannt ist, dass sie schwanger ist?
>   **b)** wenn Inga erst 3 Wochen nach der Kündigung durch ihren Arzt erfährt, dass sie bereits 4 Wochen schwanger ist?
>
> 2 Warum schützt und fördert der Staat Erziehende?
>
> 3 Welche Gründe könnte es für eine Übertragung von Elternzeit auf die Zeit zwischen dem dritten und achten Geburtstag geben?

1.4 Einzelarbeitsvertrag

1.4.1 Anbahnung eines Arbeitsvertrages

Anbahnung eines **Arbeitsvertrages** erarbeiten.

■ **Überlegen Sie:**

Wie gehen Sie vor, wenn Sie eine neue Arbeitsstelle benötigen?

Grundlage für jedes Beschäftigungsverhältnis ist ein entsprechender Vertrag zwischen Arbeitgeber und Arbeitnehmer, der **Arbeitsvertrag**, bei dem sich ein Vertragspartner zur Leistung von körperlicher oder geistiger Arbeit verpflichtet, der andere Vertragspartner zur Zahlung einer Vergütung. Kennzeichen ist die Leistung von abhängiger, weisungsgebundener Arbeit in einem fremden Betrieb.

Arbeitsplatzsuche

Arbeitsplatzsuche

Um einen Arbeitsvertrag schließen zu können, muss der Arbeitnehmer zunächst einen Arbeitsplatz finden. Dafür stehen verschiedene Möglichkeiten zur Verfügung, z. B. Stellenausschreibungen/-gesuche in Zeitungen oder im Internet. Alle Stellenausschreibungen durch Arbeitgeber müssen laut Gesetz geschlechtsneutral erfolgen und dürfen auch aus anderen Gründen niemanden benachteiligen.

> Für unseren Kundendienst suchen wir einen qualifizierten, flexiblen
>
> ## Mechatroniker
>
> Bewerbungen richten Sie bitte an:
>
> **Kraft GmbH**
> Königstraße 5
> 76543 Musterstadt

Bewerbungsschreiben

Bewerbungsschreiben

Grundlage vieler Einstellungsgespräche ist das Bewerbungsschreiben des Arbeitnehmers. Er sollte deshalb darauf achten, dass das Schreiben alle dazugehörigen Unterlagen enthält, wie z. B. Zeugniskopien der beruflichen Bildung (höchste erreichte Qualifikation), Arbeitszeugnis des bisherigen/letzten Arbeitgebers usw. Aufmachung und Ausführung sollten beim Arbeitgeber einen guten Eindruck hervorrufen. Aus Bewerbungsschreiben und Lebenslauf schließen die Arbeitgeber auf Fähigkeiten und Charakter des Bewerbers. Das Gleiche gilt für das Verhalten und das Auftreten beim Bewerbungsgespräch.

Bewerbungsgespräch

Bewerbungsgespräch

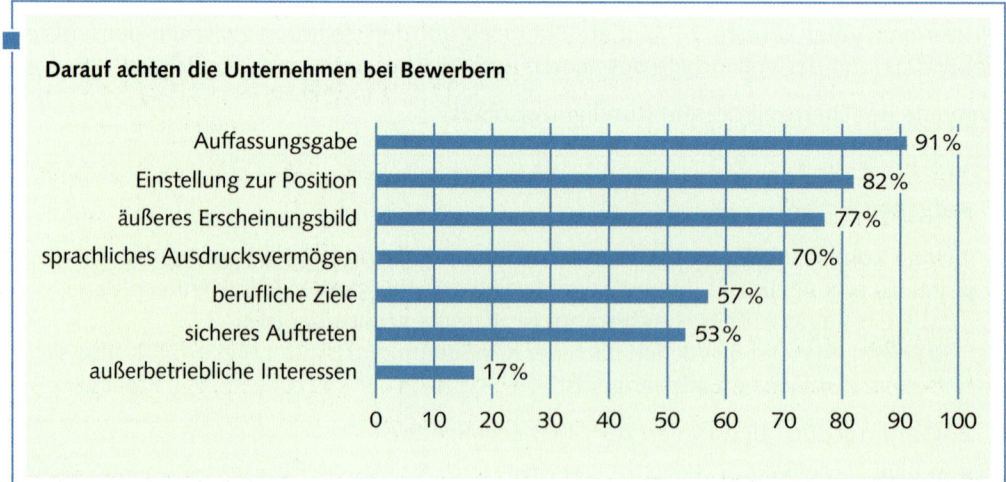

Darauf achten die Unternehmen bei Bewerbern

Auffassungsgabe	91%
Einstellung zur Position	82%
äußeres Erscheinungsbild	77%
sprachliches Ausdrucksvermögen	70%
berufliche Ziele	57%
sicheres Auftreten	53%
außerbetriebliche Interessen	17%

Quelle: Institut der deutschen Wirtschaft Köln

Bereits in der Phase der Einstellungsverhandlungen müssen Arbeitgeber und Bewerber bestimmte Verpflichtungen einhalten.

Pflichten der Vertragspartner im Bewerbungsverfahren	
Arbeitgeber	**Arbeitnehmer**
▪ Vorstellungskosten ersetzen (falls eine Einladung durch den Arbeitgeber vorliegt und er die Kostenübernahme nicht ausdrücklich ausschließt) ▪ Unterrichtung über besondere Belastungen/Anforderungen, z. B. überdurchschnittliche gesundheitliche Belastungen am angebotenen Arbeitsplatz ▪ Sorgfalt mit den Bewerbungsunterlagen (bei Nichteinstellung Rückgabe an den Bewerber) ▪ Vernichtung des Personalfragebogens bei Nichteinstellung (Datenschutz)	▪ wahrheitsgemäße Beantwortung von begründeten Fragen (unzulässige Fragen müssen nicht beantwortet werden) ▪ Mitteilung, ob und welche Vertragsbedingungen von seiner Seite aus nicht erfüllbar sind

Zulässige Fragen	
Gesichtspunkte	**Erläuterungen**
Berufliche und fachliche Fähigkeiten	Z. B. nach dem beruflichen Werdegang und nach Zeugnisnoten.
Gesundheitszustand	Sofern ein berechtigtes Interesse besteht (z. B. dauerhafte oder akute Krankheiten, soweit sie für den Arbeitsplatz von Bedeutung sind).
Lohn- oder Gehaltspfändung	Betroffen sind aktuelle Pfändungen.
Vorstrafen	Sofern sie für die künftige Tätigkeit bedeutsam sind (z. B. bei einem Kassierer wegen Eigentums- oder Vermögensdelikten).
Schwerbehinderung	Falls bestimmte Fertigkeiten/geistige Fähigkeiten entscheidend für die Arbeit sind.

Unzulässige Fragen	
Gesichtspunkte	**Erläuterungen**
Eheschließung	Frage nach der Eheschließung in absehbarer Zeit
Schwangerschaft	Würde zu Benachteiligungen für Frauen führen.
Gewerkschafts-, Partei- oder Religionszugehörigkeit	Die Einstellung darf nicht vom Austritt aus einer Gewerkschaft abhängig gemacht werden.
Sexual-medizinischer Bereich	Frage nach Geschlechtskrankheiten usw.
Vermögensverhältnisse	Frage nach Grundbesitz, Geldkapital usw.

Der Bewerber/die Bewerberin braucht von sich aus nicht anzugeben: eine **Behinderung** (Ausnahmen ggf. bei Schwerbehinderung) oder eine **Schwangerschaft**, solange er/sie die Anforderungen an den Arbeitsplatz erfüllen kann, die **bisherige Vergütung** und **Vorstrafen**.

Abschluss, Form und **Inhalt** eines Arbeitsvertrags erarbeiten.

1.4.2 Abschluss eines Arbeitsvertrages

Einigen sich Arbeitgeber und Bewerber hinsichtlich der Bedingungen für das Beschäftigungsverhältnis (übereinstimmende Willenserklärungen), so kommt der Arbeitsvertrag zustande. Bewerber dürfen bei der Auswahl durch den Arbeitgeber aufgrund des **Allgemeinen Gleichbehandlungsgesetzes nicht diskriminiert** werden. Die Vertragspartner müssen voll geschäftsfähig sein. Minderjährige benötigen die Zustimmung des gesetzlichen Vertreters. Der Arbeitnehmer muss folgende Arbeitspapiere bzw. Informationen liefern:

- Geburtsdatum/steuerliche Identifikationsnummer (Der Arbeitgeber kann damit die Lohn-Steuer-Abzugs-Merkmale (ELStAM) bei der Finanzverwaltung abfragen.),
- Sozialversicherungsausweis,
- Bescheinigung über den im laufenden Kalenderjahr bereits erhaltenen Urlaub,
- eventuell Unterlagen für vermögenswirksame Leistungen.

1.4.3 Form und Inhalt eines Arbeitsvertrages

Vertragsmuster

Arbeitsvertrag für Arbeitnehmer/innen (Auszug)

Zwischen … (Arbeitgeber) und … (Arbeitnehmer/in) wird folgender Arbeitsvertrag geschlossen:

§1 Vertragsbeginn/Aufgabengebiet
Herr/Frau _____ wird ab __.__.____ (Datum) als _____ eingestellt. Sein/Ihr Aufgabengebiet in unserem Werk _____ umfasst folgende Tätigkeiten: _____ _____ …

§2 Probezeit
Die ersten 3 Monate des Arbeitsverhältnisses gelten als Probezeit. Während dieser Zeit können beide Vertragsparteien das Arbeitsverhältnis mit einer Frist von 2 Wochen kündigen.

§3 Arbeitszeit
Die regelmäßige tägliche Arbeitszeit ohne Pausen beträgt werktäglich _____ Stunden, wöchentlich _____ Stunden. Im Übrigen regeln sich Arbeitszeit und Pausen nach den gesetzlichen Bestimmungen und betrieblichen Verhältnissen.

§4 Vergütung
Herr/Frau _____ erhält einen Stundenlohn von _____ € brutto.
Die Vergütung wird monatlich zum __. des Monats ausbezahlt.

§5 Urlaub
Der im Kalenderjahr zu gewährende Erholungsurlaub beträgt _____ Arbeitstage. Im Übrigen gelten für den Urlaubsanspruch die gültigen gesetzlichen Regelungen …

§6 Arbeitsverhinderung
Der Arbeitnehmer/die Arbeitnehmerin verpflichtet sich, jede Arbeitsverhinderung und deren voraussichtliche Dauer unverzüglich der Firma mitzuteilen. Liegt eine krankheitsbedingte Arbeitsunfähigkeit vor, so muss spätestens am dritten Arbeitstag nach Beginn der Arbeitsunfähigkeit eine Bescheinigung des behandelnden Arztes über die voraussichtliche Dauer der Arbeitsunfähigkeit vorgelegt werden.

§7 Beendigung des Arbeitsverhältnisses
Das Arbeitsverhältnis ist auf unbestimmte Zeit geschlossen. Das Vertragsverhältnis kann von beiden Vertragspartnern unter Einhaltung der gesetzlichen Kündigungsfristen gekündigt werden.

§8 Schweigepflicht
Herr/Frau _____ verpflichtet sich, über alle geschäftlichen Angelegenheiten Stillschweigen zu bewahren. Dies gilt auch nach Beendigung des Vertragsverhältnisses.

§9 Schlussbestimmungen
Änderungen und Ergänzungen des Vertrages bedürfen der Schriftform.
Die Betriebsvereinbarungen der Firma sind Bestandteil dieses Vertrags.

_____   _____   _____
(Ort, Datum)   Arbeitgeber   Arbeitnehmer/in

Form eines Arbeitsvertrages

Grundsätzlich gibt es keine Formvorschriften beim Abschluss eines Arbeitsvertrags. Aus Gründen der **Beweisbarkeit** ist die **Schriftform** allerdings empfehlenswert. Wird ein Vertrag mündlich geschlossen, ist der Arbeitgeber nach dem **Nachweisgesetz** verpflichtet, i**nnerhalb von einem Monat** ab Beginn des Beschäftigungsverhältnisses dem Arbeitnehmer eine **Niederschrift** der wichtigen Vertragsinhalte auszuhändigen.

Nachweisgesetz

Niederschrift

Inhalt eines Arbeitsvertrages

Die Vertragspartner können den Inhalt des Arbeitsvertrages frei miteinander aushandeln. Wichtige Punkte, die man unbedingt – am besten sofort schriftlich – festlegen sollte, sind:

Mindestinhalte nach Nachweisgesetz

- Name/Anschrift der Vertragspartner
- Beginn des Arbeitsverhältnisses
- Bei Zeitverträgen: Ende des Arbeitsverhältnisses
- Arbeitsort
- Art der Tätigkeit, z. B. Aufgabenbereich, Verantwortung usw.
- Verdiensthöhe, eventuell Prämien usw.
- Arbeitszeit
- Urlaubsanspruch
- Kündigungsfristen
- Hinweis auf Tarifverträge, Betriebsvereinbarungen, die anzuwenden sind.

Die Vereinbarungen müssen sich im Rahmen der gesetzlichen Bestimmungen, der anzuwendenden Tarifverträge und Betriebsvereinbarungen bewegen. Einzelvertragliche Abweichungen sind nur zugunsten des Arbeitnehmers möglich. In wenigen Fällen erlaubt der Gesetzgeber, dass in Tarifverträgen ungünstigere Vereinbarungen getroffen werden können, als ein Gesetz es vorsieht. Ein Beispiel dafür ist die Zulässigkeit der tarifvertraglichen Abkürzung der Kündigungsfristen. **Betriebsvereinbarungen** zwischen Arbeitgeber und Betriebsrat gelten im Normalfall zwingend für alle Beschäftigten.

Aufgaben

1 Erläutern Sie, worauf Arbeitgeber bei Stellenausschreibungen zu achten haben.

2 Überprüfen Sie die Stellenausschreibung auf der vorhergehenden Doppelseite auf korrekte Ausführung. Begründen Sie Ihre Antwort.

3 Leiten Sie aus den Angaben in der Grafik auf der vorhergehenden Doppelseite fünf Regeln ab, die ein Bewerber beim Vorstellungsgespräch beachten sollte.

4 Überprüfen Sie in den nachfolgenden Fällen, ob eine entsprechende Frage an den Bewerber zulässig ist und erläutern Sie Ihre Entscheidung.
   a) Frage an den Bewerber um eine Stelle als Metzgergeselle, ob er unter ansteckenden Krankheiten leidet.
   b) Frage an den Bewerber, wie viel er bisher verdient habe.
   c) Frage an den Bewerber um eine Stelle als Straßenbauarbeiter, welche Noten er in der Gesellenprüfung erzielt habe.

5. Überprüfen Sie den Mustervertrag.
   a) Stellen Sie dazu die Vorgaben des Nachweisgesetzes und die Angaben des Arbeitsvertrages gegenüber.
   b) Unterbreiten Sie Vorschläge, welche konkreten Vereinbarungen in § 3 und § 5 des Mustervertrages getroffen werden könnten.
   c) Welche Folgen könnten eintreten, wenn der Arbeitnehmer die §§ 6 und 8 des Vertrags nicht einhält?

Rechte und **Pflichten** der **Vertragspartner benennen** und **anwenden.**

1.4.4 Rechte und Pflichten der Vertragspartner

Aus dem Abschluss eines Einzelarbeitsvertrages ergeben sich für die Vertragspartner Rechte und Pflichten.

Werden die Verpflichtungen nicht eingehalten, so ergeben sich Ansprüche für die Gegenseite.

Der Arbeitnehmer hat das Recht, bei Verstößen des Arbeitgebers gegen Vorschriften zum Schutz der Gesundheit und des Lebens sowie bei Nichtbezahlung der Vergütung die Arbeit zu verweigern.

Falls der Arbeitnehmer seiner Arbeitspflicht nicht nachkommt, kann dies zu Lohnminderung, Kündigung und Schadenersatzansprüchen führen. Der Arbeitnehmer haftet für Schäden, die er vorsätzlich oder grob fahrlässig verursacht. Bei leichtester Fahrlässigkeit entfällt die Haftung, bei normaler Fahrlässigkeit wird der Schaden zwischen Arbeitgeber und Arbeitnehmer aufgeteilt.

Pflichten des Arbeitnehmers = Rechte des Arbeitgebers		Pflichten des Arbeitgebers = Rechte des Arbeitnehmers	
Arbeitspflicht (gewissenhafte Arbeit; pünktliches Erscheinen usw.)		**Beschäftigungspflicht** (Zuweisung der vereinbarten Tätigkeiten)	
Sorgfaltspflicht (z. B. im Umgang mit Maschinen, Arbeitsmaterial, Geräten usw.)		**Vergütung** der Arbeitsleistung (vereinbarten Lohn oder vereinbartes Gehalt zahlen, einschließlich Zulagen, Zuschlägen, Prämien)	
Gehorsamspflicht (Anordnungen des Arbeitgebers, Vorgesetzten befolgen)		**Fürsorgepflicht** (Gewährleistung der Arbeitssicherheit und des Gesundheitsschutzes für den Arbeitnehmer; Abführung der Sozialversicherungsbeiträge)	
Treuepflicht (Schweigepflicht; Wettbewerbsverbot, d. h. der Arbeitnehmer darf seinem Arbeitgeber keine Konkurrenz machen)		**Zeugnispflicht** (bei Beendigung der Tätigkeit dem Arbeitnehmer ein Zeugnis ausstellen)	

Wer zu spät kommt, riskiert Abmahnung

FRANKFURT/MAIN (...) – Arbeitnehmer riskieren auch bei kurzzeitigen Verspätungen am Arbeitsplatz eine Abmahnung. Das hat das hessische Landesarbeitsgericht in Frankfurt in einem am Mittwoch bekanntgewordenen Grundsatzurteil festgestellt. Die Richter wiesen damit die Klage eines Automechanikers auf Entfernung der Abmahnung aus der Personalakte zurück ... Anlass für den Vorgesetzten, die Abmahnung mit Kündigungsandrohung auszusprechen, war die Tatsache, dass der Arbeitnehmer an einem Morgen drei Minuten zu spät in der Kfz-Werkstatt erschienen war. Als Grund für seine Unpünktlichkeit trug der Mitarbeiter vor, er habe infolge ungünstiger Straßenverhältnisse nur langsam fahren können.

■ **Allgemeines Gleichbehandlungsgesetz**

§ 7 [Benachteiligungsverbot]
(1) Beschäftigte dürfen nicht wegen eines in § 1 genannten Grundes benachteiligt werden; …

§ 8 [Zulässige unterschiedliche Behandlung wegen beruflicher Anforderungen]
(2) Die Vereinbarung einer geringeren Vergütung für gleiche oder gleichwertige Arbeit wegen eines in § 1 genannten Grundes wird nicht dadurch gerechtfertigt, dass … besondere Schutzvorschriften gelten.

§ 12 [Maßnahmen und Pflichten des Arbeitgebers]
(1) Der Arbeitgeber ist verpflichtet, die erforderlichen Maßnahmen zum Schutz vor Benachteiligung wegen eines in § 1 genannten Grundes zu treffen. Dieser Schutz umfasst auch vorbeugende Maßnahmen.

AGG §§ 7f, 12

"Wetten, dass ich gewinne!"

Emmely darf wieder kassieren
Bundesarbeitsgericht kippt Kündigung wegen zwei unterschlagener Pfandbons

ERFURT (…). Sieg für Emmely: Das Bundesarbeitsgericht hat die sogenannte Bagatellkündigung einer Supermarkt-Kassiererin wegen Unterschlagung von zwei Leergutbons aufgehoben. Die Entlassung sei nicht gerechtfertigt. Der Supermarkt muss die vor zwei Jahren entlassene 52-jährige Berlinerin wieder beschäftigen, … Sowohl das Arbeitsgericht als auch das Landesarbeitsgericht Berlin hatten die Kündigungsschutzklage der Frau abgewiesen. Die unter dem Pseudonym Emmely bekannt gewordene Kassiererin … war nach mehr als 30 Jahren Betriebszugehörigkeit … fristlos entlassen worden. … Dagegen stellte das

© dpa

Bundesarbeitsgericht fest, der Vertragsverstoß der Kassiererin sei zwar schwerwiegend. Er sei aber nur als „erhebliche Pflichtwidrigkeit" anzusehen. … Laut BAG hätte eine Abmahnung genügt.

Aufgaben

1 Geben Sie je 2 Rechte des Arbeitnehmers und des Arbeitgebers an, die sich aus dem Arbeitsvertrag ergeben.

2 Untersuchen Sie die Zeitungsausschnitte.
   a) Beschreiben Sie, welche Pflichtverletzungen begangen wurden.
   b) Wie haben die Gerichte im Fall „Emmely" entschieden? Begründen Sie, warum das BAG die vorherigen Urteile aufgehoben hat.
   c) Erläutern Sie Ihre Einstellung zu so genannten „Bagatellkündigungen".
   d) Weshalb hat das Gericht im Fall des Arbeitnehmers, der zu spät zur Arbeit kam, die Klage abgewiesen? Welche Folgen ergeben sich daraus für Arbeitnehmer?

3 Vergleichen Sie den Gesetzestextauszug über das Benachteiligungsverbot und die Karikatur. Prüfen Sie, inwieweit beide übereinstimmen. Falls Unterschiede vorliegen, geben Sie mögliche Ursachen an.

Beendigung von **Arbeits-verhältnissen** erläutern, befristete Arbeits-verhältnisse mit unbefristeten vergleichen.

1.4.5 Beendigung eines Arbeitsverhältnisses

Es gibt verschiedene Gründe, aus denen Arbeitsverhältnisse beendet werden:

- Befristung
- Erreichen der Altersgrenze durch den Arbeitnehmer (Rentenalter),
- Aufhebungsvertrag (in beiderseitigem Einvernehmen),
- Erfolgreiche Anfechtung des Vertrags, z. B. wegen arglistiger Täuschung,
- Kündigung,
- Tod des Arbeitnehmers (beim Tod des Arbeitgebers endet das Arbeitsverhältnis nicht).

Befristete Arbeitsverhältnisse

Befristung

Üblicherweise werden Arbeitsverträge auf unbestimmte Zeit geschlossen. Es gibt aber auch die Möglichkeit, Arbeitsverträge mit festgelegter Dauer abzuschließen. Sie werden als **befristete Arbeitsverhältnisse** bezeichnet und enden ohne Kündigung nach Ablauf der vereinbarten Frist. Um die Arbeitnehmer vor Benachteiligung zu schützen, gelten für befristete Arbeits-

> ■ **Überlegen und notieren Sie:**
>
> Begründen Sie, ob Sie ein befristetes Arbeitsverhältnis eingehen würden.

verhältnisse strenge gesetzliche Regelungen in Bezug auf Zulässigkeit und Dauer. Befristete Arbeitsverträge müssen immer schriftlich abgeschlossen werden, ansonsten sind sie ungültig.

Befristung aus sachlichen Gründen

TzBfG § 14

> ■ **Teilzeit- und Befristungsgesetz**
>
> **§ 14 [Zulässigkeit der Befristung]**
> (1) Die Befristung eines Arbeitsvertrages ist zulässig, wenn sie durch einen sachlichen Grund gerechtfertigt ist.

Befristungs-gründe

Befristete Arbeitsverhältnisse sind dann zulässig, wenn ein sachlicher Grund dafür vorliegt. Unter diesen Begriff kann sowohl eine zeitlich begrenzt anfallende Arbeit als auch eine Tätigkeit, die nur einem bestimmten Zweck dient, fallen. Fehlt dieser Grund, ist die Befristung ungültig. Als sachliche Gründe für die Befristung können beispielsweise geltend gemacht werden:

- Vertretung von vorübergehend abwesenden Mitarbeitern (z. B. wegen Mutterschutz, Elternzeit, längerer Erkrankung),
- Saisonarbeit,
- Arbeitsverhältnisse auf Probe[1],
- Befristung im Anschluss an die Ausbildung oder das Studium zur Erleichterung des Übergangs ins Arbeitsleben,
- Wunsch des Arbeitnehmers.

[1] Eine Probezeit ist auch innerhalb eines unbefristeten Arbeitsverhältnisses möglich. Die gesetzliche Kündigungsfrist in der Probezeit beträgt in diesem Fall zwei Wochen.

Sogenannte **Kettenarbeitsverträge** kommen durch die Aneinanderreihung mehrerer befristeter Arbeitsverhältnisse zustande. Erlaubt sind Kettenarbeitsverträge nur, wenn jeweils ein wichtiger sachlicher Grund vorliegt.

Kettenarbeitsverträge

Befristung ohne sachliche Gründe

Befristung ohne Grund

Um Arbeitgeber zu mehr Neueinstellungen zu bewegen, hat der Gesetzgeber die Möglichkeit geschaffen, befristete Arbeitsverhältnisse ohne sachlichen Grund mit einer **Höchstdauer** von **zwei Jahren** abzuschließen. Innerhalb dieser Höchstdauer sind bis zu drei Verlängerungen zulässig. Der Abschluss eines befristeten Arbeitsverhältnisses ohne Grund ist nicht möglich, wenn mit dem Arbeitgeber schon einmal ein befristetes oder unbefristetes Arbeitsverhältnis bestanden hat. Dies ist allerdings strittig (s.Urteile BAG und LArbG). Arbeitnehmer ab vollendetem 52. Lebensjahr dürfen unter bestimmten Voraussetzungen bis zu fünf Jahren befristet beschäftigt werden

---

Pressemitteilung Nr. 25/11   Sachgrundlose Befristung und „Zuvor-Beschäftigung"

Der Möglichkeit, ein Arbeitsverhältnis ohne Sachgrund bis zu zwei Jahre zu befristen, steht eine frühere Beschäftigung des Arbeitnehmers nicht entgegen, wenn diese mehr als drei Jahre zurückliegt. … Das ergibt die an ihrem Sinn und Zweck orientierte, verfassungskonforme Auslegung der gesetzlichen Regelung [§ 14 Abs. 2 Satz 2 TzBfG]. Diese soll zum einen Arbeitgebern ermöglichen, auf schwankende Auftragslagen und wechselnde Marktbedingungen durch befristete Einstellungen zu reagieren, und für Arbeitnehmer eine Brücke zur Dauerbeschäftigung schaffen. Zum andern sollen … Befristungsketten und der Missbrauch befristeter Arbeitsverträge verhindert werden. Das Verbot kann allerdings auch zu einem Einstellungshindernis werden. Seine Anwendung ist daher nur insoweit gerechtfertigt, als dies zur Verhinderung von Befristungsketten erforderlich ist. … **Bundesarbeitsgericht, Urteil vom 6. April 2011 – 7 ZR 716/09 …**

LArbG Baden-Württemberg: Urteil vom 13.10.2016, 3 Sa 34/16
1. Das Anschlussverbot des § 14 Abs. 2 Satz 2 TzBfG besteht zeitlich uneingeschränkt. …

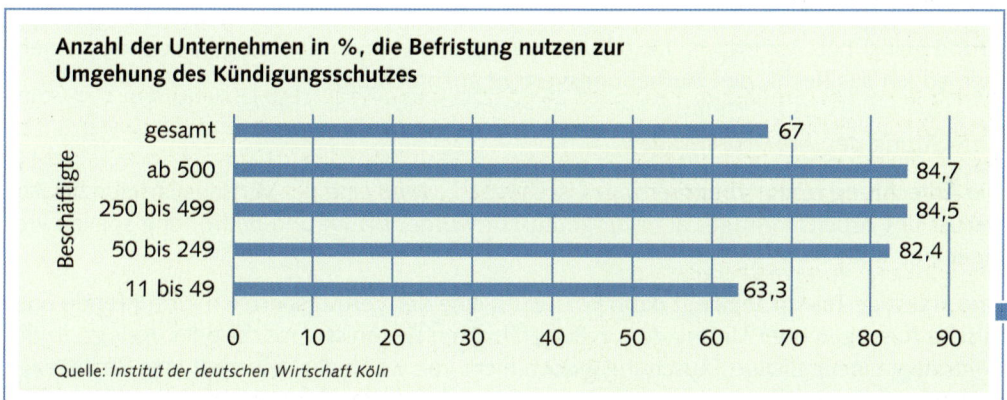

Anzahl der Unternehmen in %, die Befristung nutzen zur Umgehung des Kündigungsschutzes

Beschäftigte	%
gesamt	67
ab 500	84,7
250 bis 499	84,5
50 bis 249	82,4
11 bis 49	63,3

Quelle: *Institut der deutschen Wirtschaft Köln*

Aufgaben

1 Erklären Sie die Entscheidung des Bundesarbeitsgerichts und welche Folgen sich daraus für Arbeitgeber und Arbeitnehmer ergeben.

2 Erläutern Sie, weshalb der Gesetzgeber bei befristeten Verträgen strenge Maßstäbe anlegt.

3 Stellen Sie einen Zusammenhang zwischen Befristung und Kündigungsschutz her und begründen Sie Ihre Aussage.

Erreichen der Altersgrenze

Das Erreichen eines bestimmten Lebensalters bedeutet nicht automatisch das Ende des Arbeitsverhältnisses. Ohne Kündigung endet ein Arbeitsverhältnis in diesem Fall nur dann, wenn eine entsprechende **Altersgrenze** im Arbeitsvertrag, in einem gültigen Tarifvertrag oder einer Betriebsvereinbarung festgelegt wurde. Diese Grenze muss üblicherweise der Altersgrenze in der gesetzlichen Rentenversicherung entsprechen.

HERZLICHEN GLÜCKWUNSCH ZUM NEUNZIGSTEN! SIE SIND JETZT DEUTSCHLANDS ÄLTESTER ARBEITNEHMER. WAS IST IHR WUNSCH FÜR DIE ZUKUNFT?

MIT 102 VORZEITIG IN RENTE GEHEN!

Aufhebungsvertrag

Aufhebungsvertrag

Der Arbeitgeber und der Arbeitnehmer können jederzeit schriftlich den Arbeitsvertrag aufheben. Tarifverträge oder Klauseln im Arbeitsvertrag können die Schriftform vorschreiben.

Abfindung

Die Zahlung einer **Abfindung** an den Arbeitnehmer, damit er den Aufhebungsvertrag annimmt, ist zulässig. Bei Abschluss des Vertrags gelten keine Kündigungsvorschriften. Auch Personen, die besonderen Kündigungsschutz genießen, können Aufhebungsverträge abschließen. Der Betriebsrat wird bei Aufhebungsverträgen nicht gehört.

Abfindungszahlungen unterliegen der Steuerpflicht. Aufgrund einer Abfindungszahlung kann der Anspruch auf Arbeitslosengeld ruhen. Außerdem tritt eine Sperrzeit bei der Arbeitslosengeldzahlung ein, wenn der Arbeitnehmer das Arbeitsverhältnis ohne wichtigen Grund gelöst hat. Bei Irrtum, Täuschung oder rechtswidriger Drohung hat der Arbeitnehmer jedoch das Recht, den Aufhebungsvertrag anzufechten.

Anfechtung

Anfechtung des Arbeitsvertrages

Die **Anfechtung** eines Arbeitsvertrages ist möglich, wenn eine der Vertragsparteien bei Abschluss des Arbeitsvertrages arglistig getäuscht wurde, Irrtum und Bedrohung spielen weniger eine Rolle.

Eine arglistige Täuschung liegt dann vor, wenn eine der Vertragsparteien irreführende oder falsche Aussagen oder Unterlagen, z. B. gefälschten Zeugnisse, macht oder vorlegt. In der Regel liegt eine arglistige Täuschung jedoch nicht vor, wenn der Bewerber eine unzulässige Frage des Arbeitgebers unwahr beantwortet hat. Die Anfechtungsfrist beträgt ein Jahr ab Entdeckung der Täuschung.

Erfolgt die Anfechtung vor Aufnahme der Tätigkeit, so gilt der Vertrag als von vornherein nichtig. Hat der Arbeitnehmer bereits gearbeitet, wird das Arbeitsverhältnis mit sofortiger Wirkung aufgelöst. Da eine „Rückabwicklung" der Arbeitsleistung nicht möglich ist, kann der Vertrag in diesem Fall nicht rückwirkend komplett nichtig werden. Gewisse Sonderleistungen können aber eventuell zurückgefordert werden.

Kündigung

Kündigung

Bei einer Kündigung löst ein Vertragspartner einseitig das Arbeitsverhältnis. Damit die Kündigung wirksam wird, muss sie dem Gekündigten zugehen. Die Schriftform ist gesetzlich vorgeschrieben, dadurch sollen so genannte Spontankündigungen eingeschränkt und Nachweisprobleme reduziert werden. Sowohl Arbeitgeber als auch Arbeitnehmer sind zur Kündigung berechtigt. Grundsätzlich werden zwei Arten der Kündigung unterschieden:

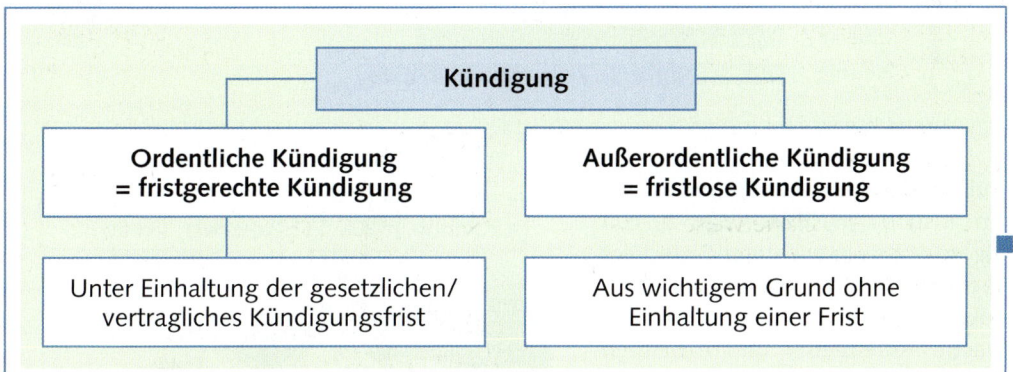

Ordentliche Kündigung

Bei einer ordentlichen Kündigung ist die vereinbarte oder gesetzliche Kündigungsfrist einzuhalten.

Werden die gesetzlichen Regelungen nach **BGB § 622** angewendet, so gibt es neben der Grundkündigungsfrist verlängerte Fristen für die Arbeitgeberkündigung bei längerer Betriebszugehörigkeit des Beschäftigten.

Ordentliche/ fristgerechte Kündigung

Der Arbeitgeber muss auf die Regelungen des Kündigungsschutzes achten.

Bürgerliches Gesetzbuch

BGB §§ 620, 622

§ 620 [Beendigung des Dienstverhältnisses] (2) Ist die Dauer des Dienstverhältnisses weder bestimmt noch aus der Beschaffenheit oder dem Zwecke der Dienste zu entnehmen, so kann jeder Teil das Dienstverhältnis … kündigen.

§ 622 [Kündigungsfristen bei Arbeitsverhältnissen] (1) Das Arbeitsverhältnis … kann mit einer Frist von vier Wochen zum Fünfzehnten oder zum Ende eines Kalendermonats gekündigt werden.

(6) Für die Kündigung … durch den Arbeitnehmer darf keine längere Frist vereinbart werden als für die Kündigung durch den Arbeitgeber.

Kündigungsfristen nach § 622 BGB

Grundkündigungsfrist

Probezeit (max. 6 Monate)   2 Wochen

Grundkündigungsfrist   4 Wochen

zum 15. oder Monatsende

© Tesgro Tessieri – Fotolia.com

**Kündigungs-
fristen bei
langer Betriebs-
zugehörigkeit**

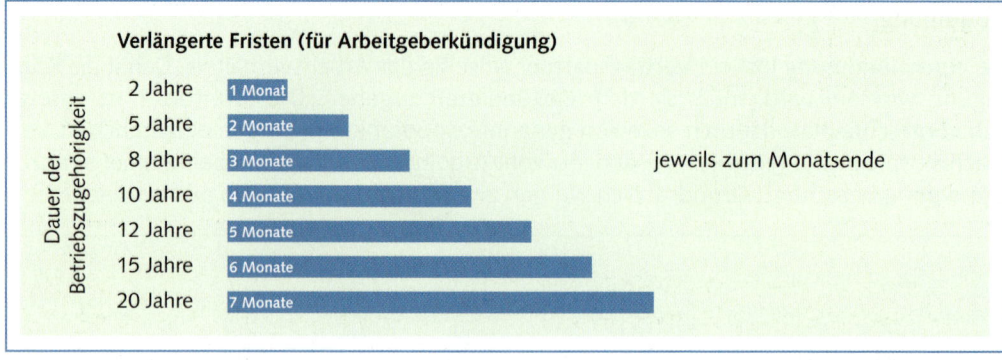

Verlängerte Fristen (für Arbeitgeberkündigung)

Dauer der Betriebszugehörigkeit	
2 Jahre	1 Monat
5 Jahre	2 Monate
8 Jahre	3 Monate
10 Jahre	4 Monate
12 Jahre	5 Monate
15 Jahre	6 Monate
20 Jahre	7 Monate

jeweils zum Monatsende

**Außerordentliche/
fristlose
Kündigung**

Außerordentliche Kündigung

Um fristlos nach **BGB § 626** zu kündigen, muss ein wichtiger Grund vorliegen, der eine Aufrechterhaltung des Arbeitsverhältnisses unzumutbar macht. Arbeitgeber und Arbeitnehmer können unter anderem folgende Gründe geltend machen:

ICH HABE IHREN RESTURLAUB GENEHMIGT!

KÜNDIGUNG

© ROGER SCHMIDT WWW.KARIKATUR-CARTOON.DE

Kündigungsgründe

Kündigungsgründe für eine außerordentliche Kündigung	
Arbeitnehmer	**Arbeitgeber**
■ Arbeitgeber zahlt kein Arbeitsentgelt an den Arbeitnehmer ■ Grobe Beleidigung/Tätlichkeit durch den Arbeitgeber ■ Verletzung der Fürsorgepflicht durch den Arbeitgeber usw.	■ Arbeitsverweigerung durch den Arbeitnehmer ■ Grobe Beleidigung/Tätlichkeit durch den Arbeitnehmer ■ Arbeitnehmer begeht einen Diebstahl, eine Unterschlagung, Täuschung ■ Arbeitnehmer verrät Betriebsgeheimnisse usw.

■ **Bürgerliches Gesetzbuch**

§ 626 [Fristlose Kündigung]

(2) Die Kündigung kann nur innerhalb von zwei Wochen erfolgen. Die Frist beginnt mit dem Zeitpunkt, in dem der Kündigungsberechtigte von den … maßgebenden Tatsachen Kenntnis erlangt. …

Wer zu spät kommt, ist selbst schuld

ERFURT (...) – Wer notorisch zu spät zur Arbeit kommt und deswegen bereits abgemahnt worden ist, sollte sich einen lauteren Wecker besorgen, sein Auto regelmäßig überprüfen und früh zu Bett gehen. Diese Empfehlungen hat das Erfurter Bundesarbeitsgericht (BAG) einem 35 Jahre alten Arbeiter aus Duisburg gegeben, der vergeblich gegen seine Kündigung wegen wiederholten Zuspätkommens geklagt hatte. Von einschlägig Abgemahnten könne in einem erhöhten Maße Vorsorge gegen erneute Verspätungen erwartet werden, befanden die Richter in ihrem Urteil ...

Fristlose Kündigung wegen vorgetäuschter Krankheit

ERFURT (...) – Wer sich in der Firma krank schreiben lässt und danach bei privater Arbeit beobachtet wird, muss mit fristloser Kündigung rechnen – unter Umständen sogar ohne Abmahnung. Das hat das Erfurter Bundesarbeitsgericht entschieden. Ein Arbeiter hatte sich für zehn Tage wegen Grippe krank schreiben lassen und seiner Frau beim Aufbau eines Imbissstandes geholfen. Dabei überraschte ihn der Sohn des Geschäftsführers. Der Mann wurde entlassen ...

Aufgaben

1. Begründen Sie, warum für den Arbeitnehmer keine längeren Kündigungsfristen im Arbeitsvertrag vereinbart werden dürfen als für den Arbeitgeber.

2. Erläutern Sie, warum es in den Zeitungsmeldungen zur Kündigung kommt.

3. Für die fristlose Kündigung ist eine stichhaltige Begründung erforderlich.
   a) Erklären Sie diesen Sachverhalt.
   b) Geben Sie je 2 Gründe für den Arbeitnehmer und den Arbeitgeber an.

4. Bestimmen Sie die Kündigungsfrist für eine Kündigung durch den Arbeitgeber:
   a) Arbeitnehmer, 52 Jahre alt, seit 8 Monaten im Betrieb.
   b) Arbeitnehmerin, 34 Jahre alt, seit 12 Jahren im Betrieb.
   c) Arbeitnehmer, 42 Jahre alt, seit 1 ½ Jahren im Betrieb.
   d) Arbeitnehmerin, 26 Jahre alt, seit 2 Monaten im Betrieb.

5. Erklären Sie den Unterschied zwischen einer Kündigung und einem Aufhebungsvertrag

6. Beschreiben Sie zwei Gründe, die für einen Arbeitnehmer einen befristeten Arbeitsvertrag interessant machen könnten.

1.5 Kündigungsschutz

Durch die Staffelung der Kündigungsfristen für die Arbeitgeberkündigung sind langjährige Beschäftigte vor kurzfristiger Kündigung geschützt. Darüber hinaus wurden weitere Vorschriften erlassen, um Arbeitnehmer vor ungerechtfertigter Kündigung zu bewahren.

Vorschriften des Kündigungsschutzes anwenden.

1.5.1 Allgemeiner Kündigungsschutz

Kündigungsschutzgesetz

Das **Kündigungsschutzgesetz** gilt in folgenden Fällen:

- Das Arbeitsverhältnis besteht ohne Unterbrechung seit 6 Monaten.
- Der Betrieb beschäftigt in der Regel mehr als fünf Arbeitnehmer (ohne Auszubildende). **Achtung:** In Betrieben mit 10 oder weniger Arbeitnehmern gilt der Kündigungsschutz nicht für Arbeitnehmer, deren Arbeitsverhältnis nach dem 31.12.2003 begonnen hat, d.h. grundsätzlichen Kündigungsschutz gibt es in Betrieben ab 11 Mitarbeitern.

In diesen Fällen kann die Kündigung durch den Arbeitgeber nur wirksam werden, wenn sie **sozial gerechtfertigt** ist. Arbeitnehmer, deren Kenntnisse/Fähigkeiten für den Betrieb besonders wichtig sind, müssen in die Sozialauswahl nicht mit einbezogen werden.

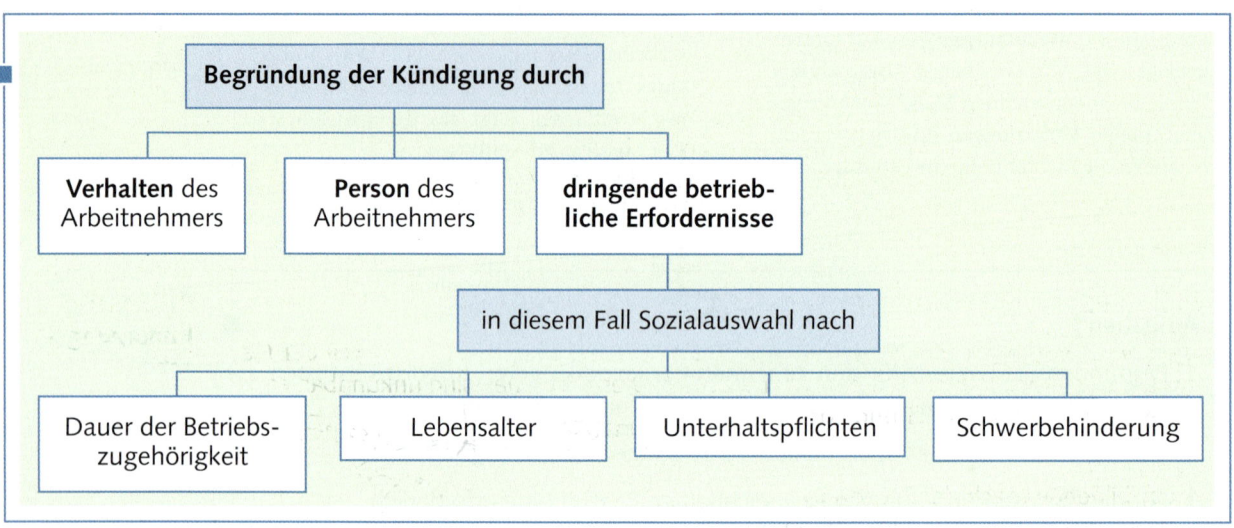

Kündigungsgründe		
Verhaltensbedingt	**Personenbedingt**	**Betriebsbedingt**
■ Nichterfüllung der Arbeitspflicht ■ Geringe, schlechte Leistung ■ Verletzung der Schweigepflicht ■ Beleidigung des Arbeitgebers ■ Störung des Betriebsfriedens ■ Diebstahl	■ Lang anhaltende Krankheit, falls Überbrückungsmaßnahmen für den Arbeitgeber unzumutbar sind ■ Alkoholabhängigkeit, sonstige Suchtkrankheiten	■ Rationalisierung ■ Einstellung der Produktion ■ Umsatzrückgang ■ Auftragsmangel

Abmahnung

In vielen Fällen werden Arbeitnehmer vor der Kündigung abgemahnt. Durch die **Abmahnungen** sichert sich der Arbeitgeber gegen Einsprüche des Arbeitnehmers ab. Vor jeder Kündigung ist grundsätzlich der **Betriebsrat** zu hören. Der Betriebsrat kann unter bestimmten Voraussetzungen der Kündigung widersprechen. Der betroffene Arbeitnehmer kann Einspruch beim Betriebsrat gegen seine Kündigung einlegen. Bleibt der Einspruch ohne Erfolg, kann er gegen die Kündigung klagen.

Abmahnung   12.01. .....

Sehr geehrter Herr Müller,

am 18.12. ..... hat uns Herr Schmid, Ihr Abteilungsleiter, gemeldet, dass Sie seit 17.12. ..... unentschuldigt fehlen. Erst am 18.12. ..... gegen 17.00 Uhr haben Sie uns telefonisch über eine Krankheit informiert. Die Arbeitsunfähigkeitsbescheinigung ist am 23.12. ..... bei uns eingegangen.

Herr Schmid hat Sie bei einem persönlichen Gespräch ausdrücklich noch einmal auf Ihre Verpflichtung hingewiesen, dass bei Krankheit am ersten Tag morgens der Betrieb zu informieren ist und spätestens innerhalb von 3 Tagen eine Arbeitsunfähigkeitsbescheinigung vorliegen muss.

Wir mahnen Sie daher mit diesem Schreiben wegen Ihres Fehlverhaltens ab. Weitere Verstöße gegen Ihre Vertragspflichten werden wir nicht mehr tolerieren. Sollten Sie Ihr Verhalten nicht ändern, sehen wir uns gezwungen, das Arbeitsverhältnis zu lösen. Eine Abschrift des Schreibens geht an den Betriebsrat.

Unterschrift

Betriebsverfassungsgesetz

§ 102 [Mitbestimmung bei Kündigung]
(2) Hat der Betriebsrat gegen eine ordentliche Kündigung Bedenken, so hat er diese ... dem Arbeitgeber spätestens innerhalb einer Woche schriftlich mitzuteilen ...
(3) Der Betriebsrat kann ... der ordentlichen Kündigung widersprechen, wenn
1. der Arbeitgeber ... soziale Gesichtspunkte nicht oder nicht ausreichend berücksichtigt hat...

**Betriebsverfassungsgesetz
§ 102**

1.5.2 Besonderer Kündigungsschutz

**Besonderer
Kündigungs-
schutz**

Einige Personengruppen genießen einen noch stärkeren Kündigungsschutz, weil der Gesetzgeber sie für besonders schützenswert erachtet. Diese Personen sind unkündbar, es sei denn, es läge ein wichtiger Grund vor.

Dazu gehören:
- Auszubildende (nach der Probezeit)
- Betriebsratsmitglieder und Jugend- und Auszubildendenvertreter (bis ein Jahr nach Ende der Amtszeit)
- Schwangere, Mütter nach der Entbindung (4 Monate)
- Schwerbehinderte
- Personen in Elternzeit

Aufgaben

1 Erklären Sie, aus welchem Grund der Arbeitnehmer im obigen Schreiben abgemahnt wird. Welche Folgen hat die Abmahnung für den Arbeitnehmer?

2 Worin unterscheiden sich verhaltensbedingte und personenbedingte Kündigung?

3 Begründen Sie, warum der Betriebsrat bei Kündigungen zu hören ist und ein Widerspruchsrecht hat.

4 Erläutern Sie den Zweck des besonderen Kündigungsschutzes.

1.6 Arbeitszeugnis

Qualifiziertes Arbeitszeugnis prüfen.

Bei Beendigung eines Arbeitsverhältnisses hat der Arbeitnehmer einen Anspruch auf ein Arbeitszeugnis von seinem Arbeitgeber.

Es lassen sich zwei Arten von Arbeitszeugnis unterscheiden:

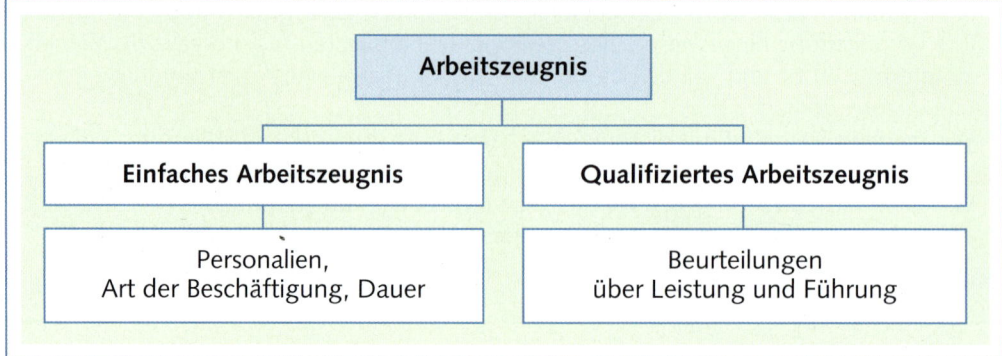

BAG: Arbeitszeugnis muss sauber und ordentlich sein

ERFURT (...) – Ein Arbeitszeugnis muss sauber und ordentlich geschrieben sein, darf keine Flecken, Radierungen und nachträglichen Änderungen enthalten und muss vom Arbeitgeber auf einem Firmenbogen ausgestellt werden. Das entschied das Bundesarbeitsgericht (BAG).

Das Zeugnis darf auch nicht den Eindruck erwecken, dass sich der Arbeitgeber vom Wortlaut distanziert. Zudem darf wegen der Form nicht klarwerden, dass der Unternehmer lediglich nachträglich einen Zeugnisentwurf des Arbeitnehmers unterzeichnet hat. ...

Als grundsätzliche Regelungen gelten für die Erstellung von Arbeitszeugnissen:
- Die Form muss so gestaltet sein, dass der Eindruck entsteht, der Arbeitgeber stehe hinter dem Wortlaut des Zeugnisses.
- Das Zeugnis muss der Wahrheit entsprechen. Alle wesentlichen Punkte, die für die Beurteilung erforderlich sind, müssen enthalten sein.
- Es soll wohlwollend gegenüber dem Arbeitnehmer formuliert sein und sein berufliches Fortkommen in der Zukunft nicht unnötig behindern. Eindeutig negative Formulierungen sind damit nicht möglich.

Um dennoch auch solche Aussagen treffen zu können, hat sich im Laufe der Zeit eine Art Code zur Formulierung von Arbeitszeugnissen entwickelt.

Formulierung im Zeugnis	Bedeutung
Leistungsbeurteilungen	
Hat seine Aufgaben	
■ stets zu unserer vollsten Zufriedenheit erfüllt.	Sehr gute Leistungen
■ stets zu unserer vollen Zufriedenheit erfüllt.	Gute Leistungen
■ zu unserer vollen Zufriedenheit erfüllt.	Befriedigende Leistungen
■ zu unserer Zufriedenheit erfüllt.	Ausreichende Leistungen
■ im Großen und Ganzen zu unserer Zufriedenheit erfüllt.	Mangelhafte Leistungen
Hat sich bemüht, die übertragenen Aufgaben zu unserer Zufriedenheit zu erledigen.	Ungenügende Leistungen

Weitere Formulierungen	
Zeigte für seine Arbeit Verständnis.	Hat wenig/nichts getan.
War mit Interesse bei der Sache.	Keine guten Leistungen.
Trug durch seine Geselligkeit zur Verbesserung des Betriebsklimas bei.	Trinkt häufig Alkohol im Dienst.
Hat sich stets um gute Verbesserungsvorschläge bemüht.	Ist ein Besserwisser.
Ist wegen seiner Pünktlichkeit ein gutes Vorbild.	Ist ansonsten ein Totalausfall.

Paul Tobler Bau GmbH

Paul Tobler Bau GmbH

Mörikestraße 20
76543 Hausen

Tel.: 07182/2345-0
Fax: 07182/2345-10

Arbeitszeugnis

Herr Siegbert Müller, geb. 27.02.1990, wohnhaft in … war bei uns in der Zeit von … bis … als Straßenbaufacharbeiter beschäftigt.

In dieser Zeit hat Herr Müller vor allem in den Bereichen Asphalteinbau und Kanalbau gearbeitet. Er war in Kolonnen beschäftigt, die das Asphaltieren kleinerer Straßenabschnitte durchführten und Kanäle aushoben sowie die entsprechenden Rohre und Leitungen verlegten. Er hat die ihm übertragenen Aufgaben stets zu unserer vollen Zufriedenheit erledigt. Im letzten Jahr seiner Beschäftigung wurde Herr Müller wegen seiner Zuverlässigkeit und Pünktlichkeit über einen längeren Zeitraum als Vertreter des Vorarbeiters seiner Arbeitskolonne eingesetzt. Er meisterte diese Aufgabe mit großem Interesse und Einsatz. Sein Verhalten gegenüber der Geschäftsleitung war stets einwandfrei. Er wurde von seinen Kollegen als freundlicher und fleißiger Mitarbeiter sehr geschätzt.

Herr Müller verlässt uns auf eigenen Wunsch, um sich beruflich weiterzubilden. Wir wünschen ihm beruflich und privat alles Gute.

Paul Tobler
Paul Tobler
Geschäftsführer

Aufgaben

1 Geben Sie 3 formale Anforderungen an ein Arbeitszeugnis an. Begründen Sie die hohen Ansprüche an Gestaltung und Inhalt des Zeugnisses.

2 Erklären Sie, warum für Zeugnisformulierungen eine Art „Code" entwickelt wurde und welche Folgen dies für Arbeitnehmer hat.

3 Beurteilen Sie das obige Arbeitszeugnis.

1.7 Mitbestimmung der Arbeitnehmer – Betriebsrat

Errichtung, Aufgaben und **Bedeutung** eines **Betriebsrates darstellen.**

1.7.1 Errichtung des Betriebsrates

Das wichtigste Vertretungsorgan der Arbeitnehmer im Betrieb ist der **Betriebsrat**.

Überlegen und notieren Sie:

Begründen Sie, warum Sie bereit wären, für den Betriebsrat zu kandidieren.

BetrVG §2

■ **Betriebsverfassungsgesetz**

§2 (1) Arbeitgeber und Betriebsrat arbeiten … vertrauensvoll … zum Wohl der Arbeitnehmer und des Betriebs zusammen.

Wahl und Zusammensetzung des Betriebsrats

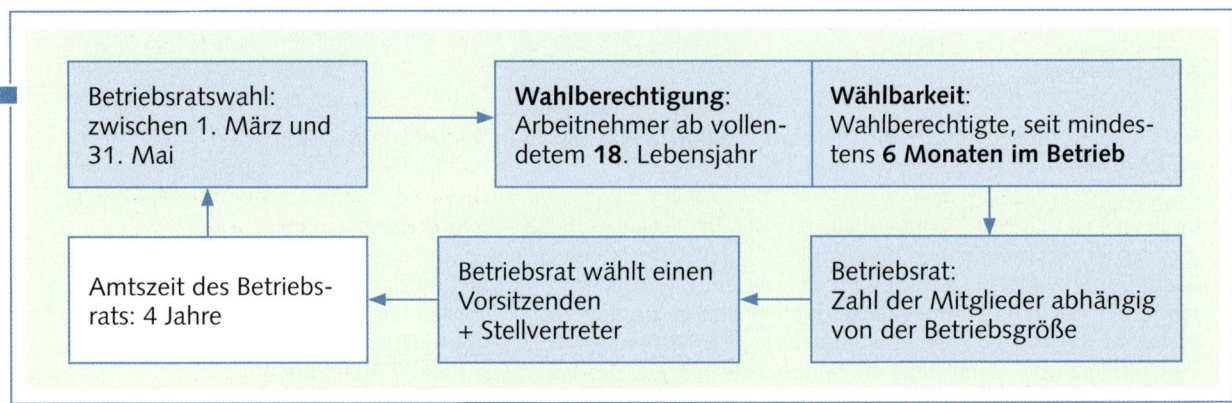

Das Geschlecht, das zahlenmäßig in der Minderheit ist, muss mindestens entsprechend seinem Anteil an der Belegschaft im Betriebsrat berücksichtigt werden, sofern dieser aus mindestens drei Mitgliedern besteht.

BetrVG §20

■ **Betriebsverfassungsgesetz**

§20 [Wahlschutz und Wahlkosten]
(1) Niemand darf die Wahl des Betriebsrats behindern. Insbesondere darf kein Arbeitnehmer in der Ausübung des aktiven und passiven Wahlrechts beschränkt werden.
(3) Die Kosten der Wahl trägt der Arbeitgeber. …

Betriebsratsgröße		
Beschäftigtenzahl im Betrieb		Betriebsratsmitglieder
Mindestzahl	Höchstzahl	
5*	20*	1
21*	50*	3
51*	100	5
101	200	7
201	400	9
401	700	11
…	…	…
7001	9000	35

* wahlberechtigte Beschäftigte

Quelle: ver.di

In Betrieben mit mehr als 9000 Arbeitnehmern erhöht sich die Zahl der Mitglieder des Betriebsrats für je angefangene weitere 3000 Arbeitnehmer um 2 Mitglieder.

1.7.2 Aufgaben und Bedeutung des Betriebsrats

In Deutschland gibt es nur in ca. zehn Prozent der Betriebe einen Betriebsrat. Da vor allem in Großbetrieben Betriebsräte existieren, vertreten sie etwa 40 Prozent der Beschäftigten in Deutschland, im Westen liegt die Quote etwas höher als im Osten. Die Betriebsratstätigkeit richtet sich nach folgenden Regeln.

Die Arbeit des Betriebsrats	
Betriebsratssitzungen ▪ während der Arbeitszeit möglich ▪ Information über Termin an den Arbeitgeber ▪ Rücksicht auf betriebliche Belange **Freistellungen von Betriebsräten** ▪ falls zur Erfüllung der Aufgaben erforderlich ▪ ab 200 Arbeitnehmern Freistellung eines Teils der Betriebsräte Pflicht ▪ kein Entgeltausfall **Sprechstunden für Arbeitnehmer** ▪ während der Arbeitszeit **Betriebsversammlungen** ▪ zur Information der Arbeitnehmer ▪ vierteljährlich	**Allgemeine Aufgaben** (BetrVG § 80): ▪ **Überwachung** der Einhaltung von Bestimmungen, Gesetzen und Vorschriften zugunsten der Arbeitnehmer ▪ **Beantragung** von **Maßnahmen** beim Arbeitgeber ▪ Durchsetzung der **Gleichberechtigung** ▪ Entgegennahme von **Anregungen** der Arbeitnehmer, gegebenenfalls Verhandlungen mit dem Arbeitgeber ▪ **Förderung** der **Eingliederung** von Schwerbehinderten und schutzbedürftigen Personen sowie ausländischen Mitarbeitern ▪ Vorbereitung und Durchführung der **Wahl** einer **Jugend- und Auszubildendenvertretung**

Der Arbeitgeber hat den Betriebsrat rechtzeitig und umfassend zu informieren, damit er seine Aufgaben wahrnehmen kann. Arbeitgeber und Betriebsrat können Betriebsvereinbarungen schließen.

Gericht stärkt Rechte von Betriebsräten

ERFURT (...) – Betriebsräte, die sich zur Betriebsratsarbeit abmelden, müssen keine Angaben zu den Inhalten ihrer Tätigkeit mehr machen. ... In einem anderen Urteil verbot es den Arbeitgebern, in der Betriebsversammlung demonstrativ die Kosten der Betriebsratstätigkeit zu veröffentlichen. Das Mitbestimmungsorgan dürfe nicht unter Rechtfertigungsdruck geraten ...

Betriebsratsmitglieder genießen Kündigungsschutz während ihrer Amtszeit und noch ein Jahr nach Beendigung ihrer Betriebsratstätigkeit. Fristlose Kündigungen aus wichtigem Grund sind möglich. Während der Amtszeit muss dafür allerdings die Zustimmung des Betriebsrats oder des Arbeitsgerichts vorliegen.

Aufgaben

1 Erklären Sie, was „vertrauensvolle Zusammenarbeit" zwischen Arbeitgeber und Betriebsrat nach § 2 (1) Betriebsverfassungsgesetz bedeutet.

2 Begründen Sie, weshalb die Zahl der Betriebsräte nach Betriebsgröße gestaffelt wird.

3 Beschreiben Sie die Karikatur. Welche unterschiedlichen Ansichten der Beschäftigten zum Betriebsrat werden erkennbar?

4 Warum hat das Bundesarbeitsgericht die Rechte der Betriebsräte gestärkt?

1.7.3 Die Beteiligungsrechte des Betriebsrats

Die Beteiligungsrechte des Betriebsrats sind abgestuft.

Informations-recht

Informationsrecht

Die geringste Stufe der Beteiligungsrechte des Betriebsrats stellt das Informationsrecht dar. Der Betriebsrat ist berechtigt, vom Arbeitgeber unterrichtet zu werden und sich mit dem Arbeitgeber zu beraten.

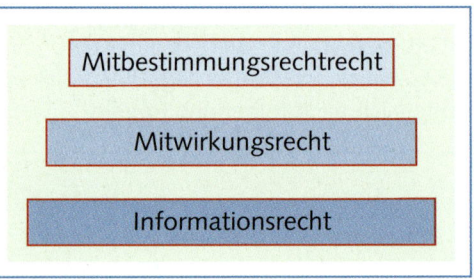

Informationsrecht	
Unterrichtung durch den Arbeitgeber Beratung des Arbeitgebers	**Planung von** ■ Arbeitsplätzen ■ Arbeitsablauf ■ Arbeitsumgebung
	Wirtschaftliche Angelegenheiten* ■ wirtschaftliche Lage des Unternehmens ■ Produktions-, Absatzlage ■ Rationalisierungsvorhaben ■ Fabrikationsmethoden *In Betrieben mit mehr als 100 Arbeitnehmern wird ein Wirtschaftsausschuss gebildet, der den Arbeitgeber berät und den Betriebsrat informiert*
	Personalplanung

Mitwirkungs-recht

Mitwirkungsrecht

Beim Mitwirkungsrecht kann der Betriebsrat in eingeschränktem Maße mitbestimmen, allerdings kann er seine Zustimmung zu einer Maßnahme nur verweigern oder Widerspruch einlegen, wenn dazu ein wichtiger Grund vorliegt.

Mitwirkungsrecht	
Eingeschränkte Mitbestimmung ■ Unterrichtung durch den Arbeitgeber ■ Anhörung des Betriebsrates	**personelle Einzelmaßnahmen** (Beteiligung des Betriebsrates in Betrieben mit mehr als 20 wahlberechtigten Arbeitnehmern) ■ Einstellung ■ Eingruppierung ■ Umgruppierung ■ Versetzung
	Kündigungen[1] ■ fristgerechte Kündigung: Widerspruch innerhalb einer Woche ■ fristlose Kündigung: Widerspruch innerhalb von drei Tagen

[1] Siehe Abschnitt 1.5 Kündigungsschutz
[2] Mitglieder werden je zur Hälfte von Arbeitgeber und Betriebsrat bestellt.

Mitbestim-mungsrecht

Mitbestimmungsrecht

Das uneingeschränkte Mitbestimmungsrecht besitzt der Betriebsrat in sozialen Angelegenheiten. Arbeitgeber und Arbeitnehmer müssen sich einigen, damit eine Regelung in Kraft treten kann. Kommt eine Einigung nicht zustande, entscheidet die Einigungsstelle.[2]

Mitbestimmungsrecht

Volle Mitbestimmung ■ Zustimmung des Betriebsrates erforderlich	**Soziale Angelegenheiten** ■ Ordnung des Betriebes ■ Verhalten der Mitarbeiter ■ Beginn/Ende der täglichen Arbeitszeit ■ Aufstellung von allgemeinen Urlaubsgrundsätzen und des Urlaubsplans ■ Regelungen zur Verhütung von Arbeitsunfällen und Berufskrankheiten ■ Einführung und Anwendung technischer Einrichtungen zur Verhaltens- und Leistungsüberwachung usw.

Gericht stärkt Einspruchsmöglichkeiten von Betriebsräten

ERFURT (...) – Das Bundesarbeitsgericht hat eine umstrittene Entscheidung geändert, mit der die Einspruchsmöglichkeiten von Betriebsräten beschränkt worden waren.

Der Erste Senat billigte Betriebsräten in der Entscheidung wieder einen Anspruch darauf zu, eine Missachtung der Mitbestimmung durch den Arbeitgeber auch per gerichtlichem Eilantrag zu stoppen. Nach der bisherigen Rechtsprechung konnten die Arbeitnehmervertreter nur im Nachhinein eine Verletzung ihrer Rechte feststellen lassen.

Mehr Urlaub mit Betriebsrat

So viele Urlaubstage stehen Beschäftigten im Schnitt zu in Betrieben ...

mit Betriebsrat

ohne Betriebsrat

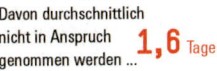

30,1 Tage

28,8 Tage

Davon durchschnittlich nicht in Anspruch genommen werden ...

1,6 Tage

2,6 Tage

Der Anteil der Beschäftigten, die den Urlaubsanspruch voll ausschöpfen, liegt bei ...

74,8 %

63,6 %

Quelle: Goerke, Jeworrek 2016
Grafik zum Download: bit.do/impuls0380

Hans Böckler Stiftung

Aufgaben

1 Erklären Sie den Unterschied zwischen Mitwirkungs- und Mitbestimmungsrecht des Betriebsrates. Weshalb hat der Betriebsrat nicht in allen Bereichen ein Mitbestimmungsrecht?

2 Untersuchen Sie, wie sich das Vorhandensein eines Betriebsrats beim Urlaub der Arbeitnehmer auswirkt.

3 Geben Sie in eigenen Worten die Entscheidung des Bundesarbeitsgerichts wieder. Begründen Sie, warum das Gericht die Stellung der Betriebsräte verbessert hat.

4 Entscheiden Sie in den nachfolgenden Fällen, ob der Betriebsrat ein Informations-, Mitwirkungs- oder Mitbestimmungsrecht hat. Begründen Sie Ihre Antwort.
   a) Umgruppierung eines Mitarbeiters
   b) Festlegung der Pausenzeiten
   c) Urlaubsplan erstellen
   d) Rationalisierungsvorhaben
   e) fristlose Kündigung einer Mitarbeiterin wegen Diebstahls
   f) Einstellung eines neuen Mitarbeiters im Vertrieb

1.8 Tarifverträge

Arbeitgebervertreter und Arbeitnehmervertreter schließen Tarifverträge ab, um die Beschäftigungsbedingungen zu vereinheitlichen. Die Arbeitnehmer erlangen dadurch auch einen gemeinsamen Schutz.

Tarifvertragsarten unterscheiden, Tarifautonomie und Tarifbindung erklären.

TVG §§ 1 und 4

> ■ **Tarifvertragsgesetz**
>
> **§ 1 [Inhalt und Form des Tarifvertrages]**
> (1) Der Tarifvertrag regelt die Rechte und Pflichten der Tarifvertragsparteien und enthält Rechtsnormen, die den Inhalt, den Abschluss und die Beendigung von Arbeitsverhältnissen sowie betriebliche und betriebsverfassungsrechtliche Fragen ordnen können.
> (2) Tarifverträge bedürfen der Schriftform.
> **§ 4 [Wirkung der Rechtsnormen]**
> (1) Die Rechtsnormen des Tarifvertrages, die den Inhalt, den Abschluss oder die Beendigung von Arbeitsverhältnissen ordnen, gelten unmittelbar und zwingend zwischen den beiderseits Tarifgebundenen, …

1.8.1 Tarifvertragsarten

Tarifverträge sind kollektive (gemeinschaftliche) Arbeitsverträge, in denen die Beziehungen (Regeln, Rechte und Pflichten) der Vertragspartner festgelegt werden. Die Vertragspartner werden auch **Tarifpartner** oder Sozialpartner genannt. Dies sind die Gewerkschaften sowie die Arbeitgeberverbände und einzelne Arbeitgeber. Das Recht, Gewerkschaften und Arbeitgeberverbände zu gründen, ist durch das Grundgesetz (Artikel 9, Abs. 3) gesichert.

Tarifpartner

Sowohl Arbeitnehmer als auch Arbeitgeber können einer Interessenvertretung beitreten. Bei ihren Verhandlungen sind die Tarifparteien unabhängig von staatlichen Eingriffen, sie besitzen **Tarifautonomie**.

Tarifautonomie

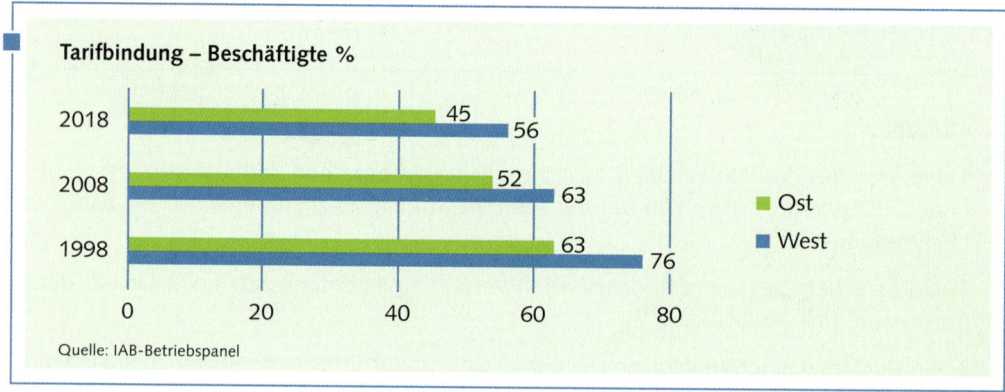

Tarifbindung – Beschäftigte %

Quelle: IAB-Betriebspanel

Die Zielsetzungen der Gewerkschaften und Arbeitgeberverbände sind teilweise identisch, teilweise widersprechen sie sich. Beide Seiten sind an einer florierenden Wirtschaft interessiert. Während die Gewerkschaften jedoch die Verbesserung der Arbeits- und Einkommensbedingungen der Arbeitnehmer im Auge haben, wollen die Arbeitgeber hohe Gewinne erzielen. Daher kann ein Tarifvertrag üblicherweise nur ein Kompromiss zwischen Arbeitnehmer- und Arbeitgeberinteressen sein.
Grundsätzlich unterscheidet man mehrere Arten von Tarifverträgen:

Tarifverträge		
Arten	**Inhalte**	**Laufzeit**
Entgelttarifvertrag	▪ Höhe des Gehalts, Lohns, Entgelts ▪ Höhe der Ausbildungsvergütung.	Kurzfristig, meist ein Jahr.

Entgeltrahmentarifvertrag	▪ Lohn-, Gehalts- oder Entgeltgruppen-
	  einteilung,
	▪ Einteilungskriterien (Gesichtspunkte
	  für die Einstufung in bestimmte Lohn-,
	  Gehalts-, Entgeltgruppen).
		Mittel- oder längerfristig.

Manteltarifvertrag (Rahmentarifvertrag)	Allgemeine Arbeitsbedingungen, z. B. ▪ Arbeitszeit, ▪ Überstundenregelung, ▪ Urlaub, ▪ Beginn/Beendigung des Arbeitsverhält- nisses, ▪ Probezeit.	Längerfristig, meist mehrere Jahre.

Die Angaben in den Tarifverträgen sind **Mindestbedingungen**, d. h. der Arbeitgeber kann seine Beschäftigten jederzeit besserstellen.

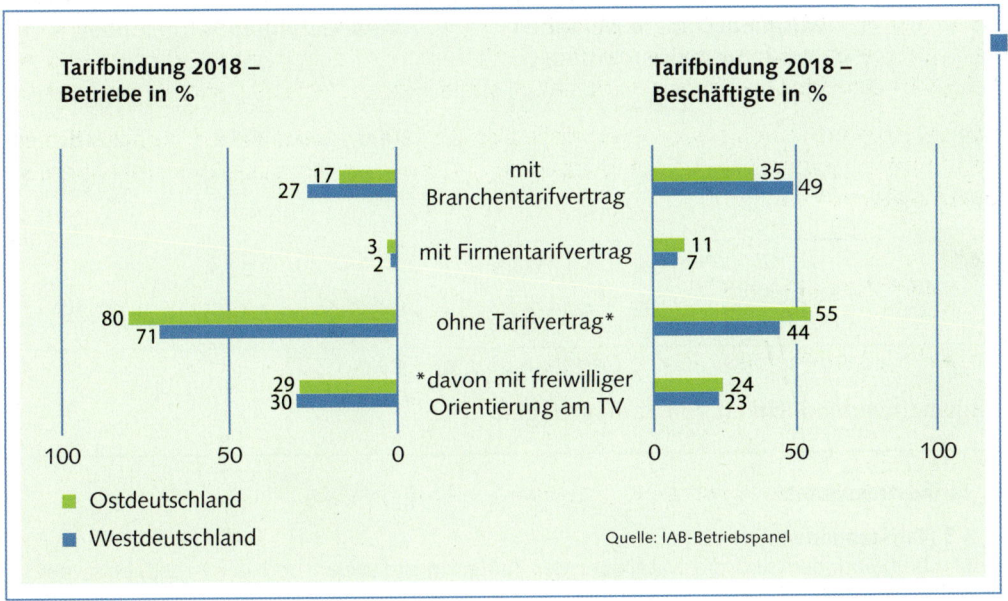

Aufgaben

1 Erklären Sie, warum Tarifverträge Kompromisslösungen darstellen.

2 Analysieren Sie die beiden Grafiken auf dieser Doppelseite:
   a) Beschreiben Sie, inwieweit für Beschäftigte Tarifverträge gelten.
   b) Zeigen Sie die Unterschiede zwischen Ost- und Westdeutschland auf.
   c) Erläutern Sie mögliche Folgen einer geringen Tarifbindung für Arbeitnehmer und Arbeitgeber.

Bedeutung von **Tarifverträgen** erörtern.

1.8.2 Bedeutung von Tarifverträgen

Tarifverträge bringen allen am Arbeitsprozess Beteiligten Vorteile. Durch Tarifverträge werden für die Arbeitnehmer Mindestbedingungen festgeschrieben. Damit genießen die Arbeitnehmer neben den gesetzlichen Regelungen einen gemeinschaftlichen (kollektiven) Schutz.

Prinzipiell gilt der Tarifvertrag eigentlich nur für Mitglieder der Tarifvertragsparteien. Dennoch wenden viele Arbeitgeber die Tarifverträge unabhängig von der Gewerkschaftsmitgliedschaft der Arbeitnehmer auf alle Arbeitsverträge mit ihren Beschäftigten an. Durch eine Gleichbehandlung wird der Betriebsfrieden besser gewahrt. Außerdem erspart sie langwierige Verhandlungen bei jeder Neueinstellung. Die Zahl der organisierten Arbeitnehmer, für die die Tarifverträge unmittelbar gelten, nimmt in den letzten Jahren allerdings beständig ab.

Mitgliederentwicklung der Gewerkschaften						
Gewerkschaft/ Gewerkschaftsbund	**Mitgliederzahl in Millionen am Jahresende** (gerundet)			**Veränderung in %** (gerundet)		
	1991	2000	2018	1991– 2000	2000– 2018	1991– 2018
Deutscher Gewerkschaftsbund (DGB)	11,80	7,73	5,97	– 34,5	– 22,8	– 49,4
IG BAU (seit 1995)	–	0,54	0,25	–	– 53,7	–
IG Metall	3,62	2,76	2,27	– 23,8	– 17,75	– 37,29

Allgemeinverbindlichkeit

TVG §§ 3 und 5

Allgemeinverbindlichkeit von Tarifverträgen

■ **Tarifvertragsgesetz**

§ 3 [Tarifgebundenheit]
(1) Tarifgebunden sind die Mitglieder der Tarifvertragsparteien und der Arbeitgeber, der selbst Partei des Tarifvertrages ist.

§ 5 [Allgemeinverbindlichkeit]
(1) Der Bundesminister für Arbeit und Sozialordnung kann einen Tarifvertrag … auf gemeinsamen Antrag der Tarifvertragsparteien für allgemeinverbindlich erklären, wenn die Allgemeinverbindlicherklärung im öffentlichen Interesse geboten erscheint. Die Allgemeinverbindlicherklärung erscheint in der Regel im öffentlichen Interesse geboten, wenn
1. der Tarifvertrag in seinem Geltungsbereich für die Gestaltung der Arbeitsbedingungen überwiegende Bedeutung erlangt hat oder
2. die Absicherung der Wirksamkeit der tarifvertraglichen Normsetzung gegen die Folgen wirtschaftlicher Fehlentwicklung eine Allgemeinverbindlicherklärung verlangt.

(4) Mit der Allgemeinverbindlicherklärung erfassen die Rechtsnormen des Tarifvertrages … auch die bisher nicht tarifgebundenen Arbeitgeber und Arbeitnehmer.

Grundsätzlich profitieren alle davon, wenn durch Tarifverträge klare Rechtsverhältnisse geschaffen werden und für die Dauer der Laufzeit des Vertrags der Arbeitsfrieden gesichert ist. Wird der Tarifvertrag vom Bundesminister für Arbeit und Sozialordnung für **allgemeinverbindlich** erklärt, gilt er für alle Arbeitnehmer und Arbeitgeber des Geltungsbereichs.

Öffnungsklauseln

Tarifverträge können so genannte **Öffnungsklauseln** enthalten. Diese erlauben Abweichungen vom Tarifvertrag zuungunsten der Arbeitnehmer. Ein Beispiel ist die Vereinbarung der Entlohnung in einem Betrieb unterhalb des Tariflohns aufgrund einer derartigen Öffnungsklausel.

Gerade in wirtschaftlich schwierigen Zeiten versuchen viele Arbeitgeber, durch Öffnungsklauseln mehr Spielraum bei der Ausgestaltung der Tarifverträge zu erhalten. Solche Regelungen werden von der Arbeitnehmerseite nur hingenommen, um Arbeitsplätze zu erhalten.

Nutzungsbereiche für Öffnungsklauseln
(Prozentanteil tarifgebundener Betriebe mit Betriebsrat/ mind. 20 Beschäftigten)

Quelle: Institut der deutschen Wirtschaft Köln

■ Öffnungsklauseln

	Öffnungsklauseln	
Art der Klausel	**Rolle der Tarifparteien**	
Härteklausel	Arbeitgeber oder Betriebsrat beantragen Härtefallregelung aus wirtschaftlichen Gründen/in Notfällen bei den Tarifvertragsparteien. Tarifparteien vereinbaren eine Sonderregelung, z. B. Lohnkürzung.	
Öffnungsklausel mit Zustimmungsvorbehalt	Arbeitgeber und Betriebsrat können Betriebsvereinbarungen aushandeln. Gültigkeit ist abhängig von der Zustimmung der Tarifparteien.	
Öffnungsklausel ohne Zustimmungsvorbehalt	Arbeitgeber und Betriebsrat können Betriebsvereinbarungen aushandeln. Gültigkeit ist nicht abhängig von der Zustimmung der Tarifparteien.	

Aufgaben

1 Weshalb sind Tarifverträge für Arbeitgeber und Arbeitnehmer sinnvoll?

2 Analysieren Sie die Tabelle auf der linken Seite.
   a) Welche Entwicklung zeichnet sich ab?
   b) Beschreiben Sie die sich daraus ergebenden Konsequenzen.

3 In Deutschland gibt es einen Mindestlohn. Außerdem gelten Mindestlöhne durch Allgemeinverbindlichkeit für alle Arbeitnehmer mancher Branchen (z. B. Bau). Erläutern Sie mögliche Vor- und Nachteile.

4 Erklären Sie, welche Zusammenhänge zwischen der allgemeinen wirtschaftlichen Lage und den Ergebnissen bei Tarifverhandlungen bestehen.

5 Erläutern Sie den Begriff „Öffnungsklauseln".

1.8.3 Tarifverhandlungen und Arbeitskampf

Ablauf von Tarifverhandlungen und Arbeitskampf

Tarifverhandlungen

Schlichtung

Scheitern

Einigung
↓
neuer TV

Schlichtung

Friedenspflicht

Arbeits-
kampf
↓
Streik, evtl.
Aussperrung

Einigung
↓
neuer TV

Urabstimmung

Streik

neue
Verhand-
lungen

Aussperrung

Einigung
↓
neuer TV

TV = Tarifvertrag

Mit dem Ende der Laufzeit eines Tarifvertrages müssen zwischen Gewerkschaften und Arbeitgeberseite neue **Tarifverhandlungen** geführt werden. Ist ein Kompromiss nicht zu erzielen, so können die Verhandlungen für gescheitert erklärt werden.

Häufig schließt sich nun ein sogenanntes **Schlichtungsverfahren** an. Dafür wird eine Kommission eingerichtet, in die beide Seiten die gleiche Zahl von Mitgliedern entsenden. Zusammen mit einem neutralen Schlichter (z. B. eine von beiden Seiten akzeptierte Persönlichkeit aus der Politik) versuchen sie, doch noch zu einem Ergebnis zu kommen. Scheitert auch das Schlichtungsverfahren bzw. wird der Schlichterspruch von den Tarifvertragsparteien nicht angenommen, beginnt der Arbeitskampf.

Die **Friedenspflicht**, die während der Laufzeit eines Tarifvertrages gilt, ist aufgehoben. Die Gewerkschaften führen nun normalerweise eine **Urabstimmung** durch, d. h. sie befragen ihre Mitglieder, ob sie einen Arbeitskampf **(Streik)** befürworten. Bei den meisten Gewerkschaften müssen 75 % der Mitglieder zustimmen. Tritt dieser Fall ein, werden die Mitglieder von der Gewerkschaftsführung zur Arbeitsniederlegung aufgefordert. Eventuell werden gezielt nur einige bestimmte Unternehmen bestreikt.

Die Gegenmaßnahme der Arbeitgeber kann in der so genannten **Aussperrung** bestehen. Hierbei verweigern die Arbeitgeber den Arbeitnehmern die Arbeitsmöglichkeit. Die Arbeitsverträge sind für die Zeit der Aussperrung ausgesetzt (suspendiert), die Arbeitgeber entrichten keine Löhne und Gehälter. Die Gewerkschaften zahlen an ihre vom Arbeitskampf betroffenen Mitglieder ein **Streikgeld**. Um den Streik zu beenden, bedarf es einer weiteren Urabstimmung. Meist müssen mindestens 25 % der Gewerkschafter das Verhandlungsergebnis der Tarifparteien befürworten. Stimmen auch die Arbeitgeber dem gefundenen Kompromissvorschlag zu, so ist der Arbeitskampf beendet.

Elemente eines Arbeitskampfes

Streik

Das Streikrecht ist durch Art 9, Abs. 3 des Grundgesetzes geschützt. Das Streikrecht dient den Gewerkschaften zur Durchsetzung ihres Rechts auf Interessenvertretung.

Grundgesetz Artikel 9	■ GG Art. 9
(3) Vereinigungen zur Wahrung und Förderung der Arbeits- und Wirtschaftsbedingungen Vereinigungen zu bilden, ist für jedermann und für alle Berufe gewährleistet. … Maßnahmen … dürfen sich nicht gegen Arbeitskämpfe richten, die zur Wahrung und Förderung der Arbeits- und Wirtschaftsbedingungen von Vereinigungen im Sinne des Satzes 1 geführt werden.	

Es werden mehrere **Streikarten** unterschieden.

Streik		
Kriterium	Art	Erläuterungen
Organisations-form	Organisierter Streik	Von der Gewerkschaft beschlossen und durchgeführt.
	Wilder Streik	Nicht von der Gewerkschaft organisiert; stellt eine Arbeitsverweigerung dar (fristlose Kündigung möglich).
Dauer und Zahl der Betroffenen	Warnstreik	Kurzfristig (z. B. eine oder zwei Stunden), um den Kampfwillen der Gewerkschaft zu demonstrieren.
	Schwerpunkt-streik	Nur einige (wichtige) Betriebe eines Wirtschaftszweiges werden bestreikt.
	Flächenstreik	Das ganze Tarifgebiet wird bestreikt.
	Generalstreik	Lähmung des gesamten Wirtschaftslebens (politischer Streik); in Deutschland nur in Ausübung des Widerstandsrechts im Sinne des Grundgesetzes erlaubt.

Organisierter Streik

Wilder Streik

Warnstreik

Schwerpunktstreik

Flächenstreik
Generalstreik

Beamte, z. B. Lehrer oder Polizisten, dürfen nicht streiken. Sie können in entsprechenden Situationen als Druckmittel nur den „Dienst nach Vorschrift" einsetzen. Falls es im öffentlichen Dienst zu Arbeitskampfmaßnahmen kommt, dürfen Beamte auch nicht als Streikbrecher eingesetzt werden, um streikende Arbeiter oder Angestellte für die Zeit des Streiks zu ersetzen. Dies hat das Bundesverfassungsgericht 1993 entschieden.

In Deutschland wurde im Verlauf der letzten Jahre unterschiedlich oft gestreikt.

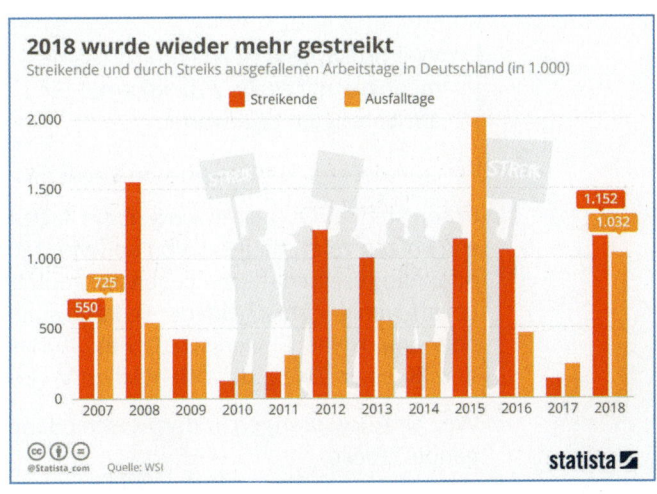

2018 wurde wieder mehr gestreikt
Streikende und durch Streiks ausgefallenen Arbeitstage in Deutschland (in 1.000)
Streikende / Ausfalltage

Quelle: WSI
statista

Aussperrung

Die Aussperrung ist für die Arbeitgeber die schärfste Waffe gegen gewerkschaftliche Streiks. Dabei handelt es sich um das grundgesetzlich abgesicherte und vom Bundesarbeitsgericht mit Einschränkungen anerkannte Recht der Arbeitgeber, Arbeitnehmer kollektiv von der Arbeit auszuschließen. Bei einer Aussperrung wird das Arbeitsverhältnis zeitweilig gelöst, der Arbeitgeber zahlt keinen Lohn. In seinem Grundsatzentscheid von 1980 hat das Bundesarbeitsgericht die Angriffsaussperrung ohne einen vorhandenen Streik für unzulässig erklärt. Dagegen erkannte das Bundesarbeitsgericht die Abwehraussperrung besonders dann als zulässig an, wenn die Gewerkschaft mit Taktiken wie Teil- oder Schwerpunktstreiks bedeutsame Vorteile in der Auseinandersetzung erzielen kann. Es gilt als unverhältnismäßig, wenn die Arbeitgeber auf Schwerpunktstreiks mit der Aussperrung aller Arbeitnehmer reagieren. Ebenso unzulässig ist die selektive Aussperrung lediglich der Gewerkschaftsmitglieder.

Jurassic-Park-Fortsetzung?

Auswirkungen von Arbeitskämpfen

> ■ **Überlegen Sie:**
>
> Welche Auswirkungen sind im Zusammenhang mit einem Arbeitskampf für alle Beteiligten zu erwarten?

Die Begleiterscheinungen eines Arbeitskampfes haben alle Beteiligten sowie die Gesellschaft und die gesamte Volkswirtschaft zu tragen. Daher müssen sich Arbeitnehmer- und Arbeitgebervertreter gut überlegen, ob ihre Kampfmaßnahmen und deren Auswirkungen in einem angemessenen Verhältnis zu den erreichbaren Ergebnissen stehen. Ob und inwieweit ein Arbeitskampf auch außerhalb der umkämpften Branche Folgen zeigt, hängt davon ab, wie stark deren Einfluss auf andere Wirtschaftsbereiche oder das gesellschaftliche Leben ausgeprägt ist. Die Mitgliederzahl der Tarifparteien ist dabei oft weniger entscheidend. So kann auch eine kleine Gruppe streikbereiter Arbeitnehmer oder eine kleine Gewerkschaft viel „Außenwirkung" erzielen und Druck aufbauen, wenn sie z. B. einen Zweig des öffentlichen Verkehrs wie die Bahn lahmlegen kann.

Welche Auswirkungen in den verschiedenen Bereichen möglich sein können, zeigt die folgende Tabelle.

Wirkungen eines Arbeitskampfes	
Betroffene	**Folgen**
Arbeitnehmer	Verdienstausfälle: ■ Streikgeld < Lohn/Gehalt; ■ nicht Organisierte erhalten kein Streikgeld, es wird keine Arbeitslosenunterstützung gewährt
Unternehmen	Produktionsausfälle, Umsatz- und Gewinneinbußen, Verlust von Aufträgen und Kunden möglich
Gewerkschaften	Finanzielle Belastungen durch Streikgeldzahlung
Volkswirtschaft	Verringerung der Wirtschaftsleistung
Staat	Weniger Steuereinnahmen, weniger Sozialversicherungsbeiträge
Gesellschaft	Beeinträchtigung der Infrastruktur, z. B.: ■ Störungen/Ausfälle im öffentlichen Nahverkehr ■ Störungen im Flugverkehr ■ Fehlende Entsorgung, z. B. Müllabfuhr ■ Schlechtere Versorgung im Gesundheitswesen usw.

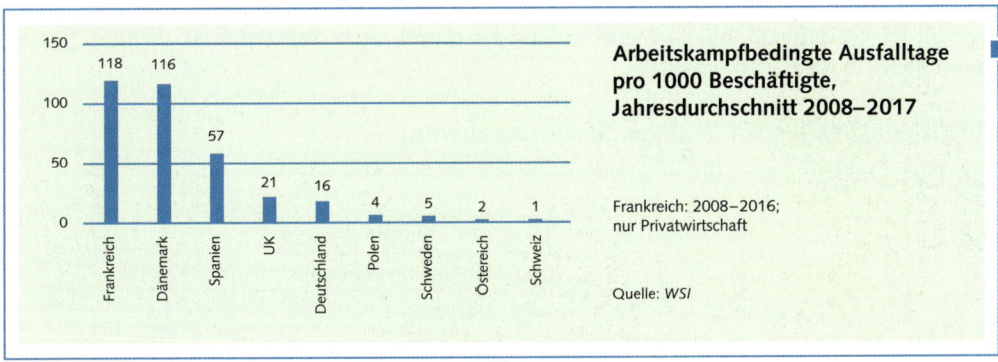

Arbeitskampfbedingte Ausfalltage pro 1000 Beschäftigte, Jahresdurchschnitt 2008–2017

Frankreich: 2008–2016;
nur Privatwirtschaft

Quelle: *WSI*

Aufgaben

1 Betrachten Sie die Karikatur.
Beschreiben Sie die Einstellung, die der Zeichner in Bezug auf Streik und Aussperrung hat. Suchen Sie eine Begründung für seine Haltung.

2 Vergleichen Sie die Länder bezüglich der Zahl der verlorenen Arbeitstage.
a) Wodurch könnten die großen Unterschiede in der Zahl der Streiktage zustande kommen? (s. Grafik oben)
b) Beschreiben Sie die möglichen Auswirkungen für Frankreich und die Schweiz im Vergleich.

3 In Deutschland schwankte in den vergangenen Jahren die Zahl der durch Arbeitskampf verlorenen Arbeitstage stark (siehe Grafik vorhergehende Doppelseite).
a) Geben Sie die beiden am stärksten betroffenen Jahre an.
b) Was könnte die Streikbereitschaft in diesen Jahren gefördert haben?
c) Erläutern Sie, weshalb das Arbeitsgericht die Aussperrung nur mit gewissen Einschränkungen als Kampfmittel der Arbeitgeber zugelassen hat.

1.9 Sozialversicherung

Die fünf **Zweige** der **gesetzlichen Sozialversicherung** beschreiben.

„Kaiserliche Botschaft"

Die Entwicklung des Sozialstaats Deutschland nahm vor über 100 Jahren ihren Anfang mit der „Kaiserlichen Botschaft" zur Zeit des Reichskanzlers Otto von Bismarck. 1883 wurde die erste der heute fünf Säulen der Sozialversicherung geschaffen. Wie die Geschichte zeigt, hat das System der sozialen Sicherung entscheidend zum sozialen Frieden beigetragen und die Marktwirtschaft zur sozialen Marktwirtschaft weiterentwickelt.

Zweige der Sozialversicherung

Die Sozialversicherungen sind **gesetzliche Pflichtversicherungen**. Sie sollen vor existentiellen Einkommensrisiken, wie sie aus Alter, Krankheit, Arbeitslosigkeit und Unfall entstehen können, schützen. Der Staat verpflichtet bestimmte Personengruppen (i. d. R. Arbeitnehmer und Arbeitgeber), Beiträge in die **fünf Zweige der Sozialversicherung** (Kranken-, Unfall-, Renten-, Arbeitslosen- und Pflegeversicherung) zu zahlen. Ohne diese Zwangsmitgliedschaft würden viele Arbeitnehmer auf die Absicherung der Lebensrisiken in diesen Solidargemeinschaften verzichten und wären in Notfällen auf die Barmherzigkeit der Mitbürger oder die Sozialhilfe angewiesen. Der Staat ist bei der Verwaltung und Aufbringung der Mittel wesentlich beteiligt und entspricht damit dem **Sozialstaatsauftrag („Sozialstaatsgebot") des Grundgesetzes**.

Sozialstaatsauftrag

Entwicklungsstufen zur heutigen Sozialversicherung

1995	Pflegeversicherung
1927	Arbeitslosenversicherung
1911	Rentenversicherung für Angestellte
1889	Alters- und Invalidenversicherung für Arbeiter
1884	Unfallversicherung
1883	Krankenversicherung
1881	„Kaiserliche Botschaft" – Beginn der Arbeit an Sozialgesetzen

Geringverdienergrenze

Geringverdiener

Als **Geringverdiener** werden Personen bezeichnet, die zur Berufsausbildung beschäftigt sind oder ein freiwilliges soziales Jahr absolvieren und ein Arbeitsentgelt erzielen, das auf den Monat bezogen 325 € [Stand 2020] nicht übersteigt **(Geringverdienergrenze)**. Bei den Geringverdienern hat der Arbeitgeber den Gesamtsozialversicherungsbeitrag alleine zu tragen.

Geringfügigkeitsgrenze

Geringfügige Beschäftigung

Als geringfügig gilt eine Beschäftigung mit einem monatlichen Arbeitsentgelt bis zur **Geringfügigkeitsgrenze** von maximal 450 € [Stand 2020].
Versicherungsfrei sind Personen, die eine geringfügige Beschäftigung ausüben. Davon ausgenommen sind Auszubildende und Personen, die ein soziales Jahr ableisten. In diesen Fällen besteht ohne Rücksicht auf die Höhe der Vergütung immer Versicherungspflicht.

1.9.1 Krankenversicherung

Die Krankenversicherung ist der älteste Sozialversicherungszweig. Ihr gehört der weitaus größte Teil der deutschen Bevölkerung an.

Versicherte Personen

- **Arbeitnehmer** (Ausnahme: Beamte), Auszubildende, Arbeitslose und Rentner. **Versicherungspflichtgrenze** der Krankenversicherung: Versicherungsfrei sind Arbeitnehmer, deren Einkommen 5.212,50 € [Stand: 2020] monatlich übersteigt. Sie unterliegen nicht mehr der gesetzlichen Versicherungspflicht und können sich freiwillig versichern.
- Ehepartner und Kinder (sog. **Familienversicherung**). Sofern deren eigenes monatliches Einkommen die **Geringfügigkeitsgrenze** übersteigt, sind sie selbst gesetzlich versichert.

Versicherungspflichtgrenze

Familienversicherung

Aufgaben und Leistungen

- Schutz der Mitglieder und ihrer Angehörigen gegen die Folgen von Krankheit sowie von Unfällen im privaten Bereich.
- Zahlung von **Krankengeld** ab der 7. Woche. Es beträgt 70 % des regelmäßigen Bruttoarbeitsentgelts (max. 90 % des Nettoarbeitsentgelts). Das Bruttoeinkommen wird nur bis zur Beitragsbemessungsgrenze berücksichtigt. In den ersten sechs Wochen gilt **Lohnfortzahlungspflicht** des Arbeitgebers.

Krankengeld

Lohnfortzahlung

Was kostet ein Krankenhausaufenthalt?
Durchschnittliche Kosten der Krankenhäuser in Deutschland je Behandlungsfall in €

Jahr	Kosten in €
1996	2.992
2000	2.989
2005	3.362
2010	3.862
2012	4.060
2014	4.239
2017	4.695

Quelle: *Statistisches Bundesamt 2017*

Träger

Träger der gesetzlichen Krankenversicherung sind die **Krankenkassen**. Der Arbeitnehmer kann unter den Krankenkassen frei wählen. Es werden unterschieden:

Ortskranken-kassen	Betriebskran-kenkassen	Innungskran-kenkassen	Ersatzkassen	Sonstige

Beiträge

Die allgemeine Beitragsgrenze beträgt 14,6 % des Bruttoentgelts. Diese Beiträge und auch ein etwaiger Zusatzbeitrag der Krankenkasse tragen Arbeitnehmer und Arbeitgeber je zur Hälfte [Stand: 2020].

Beitragsbemessungsgrenze der Krankenversicherung: 4.687,50 € [Stand: 2020]. Für Einkommen über dieser Grenze bleibt der zu zahlende Beitrag gleich.

Beitragsbemessungsgrenze

Aufgaben

1 Warum gibt es die Sozialversicherungspflicht?

2 Ulrich verdient im Monat 320 € und Inga 390 €. Welche Auswirkung auf ihre Sozialversicherungsbeiträge hat dies für die beiden Auszubildenden?

3 Begründen Sie, warum die Ausgaben für die Gesundheit steigen.

1.9.2 Rentenversicherung

Die Rentenversicherung schützt ihre Mitglieder bei Gefährdung oder Minderung der Erwerbsfähigkeit, im Alter sowie bei Tod des Versicherten dessen Hinterbliebene. Kern der **Generationen-** Rentenversicherung ist der **Generationenvertrag**, d. h. die jeweils erwerbstätige Generati-
vertrag on sichert mit ihren Beiträgen die Renten der nicht mehr aktiv im Erwerbsleben Stehenden. Die Rentenbeiträge werden somit nicht „auf die hohe Kante gelegt", sondern direkt an die Rentenempfänger weitergeleitet (sog. **Umlageverfahren**).

Um die Renten an die Einkommensentwicklung der Beitragszahler anzupassen, wird die
Dynamisierung Rentenhöhe jährlich angepasst **(„Dynamisierung")**.

Die umlagefinanzierte Rentenversicherung entstammt einer Zeit, als die Bevölkerungspyramide noch ihren Namen verdiente und auf einem breiten Fundament junger Menschen fußte. Die Anpassung an die veränderte Bevölkerungsstruktur stellt die Rentenversicherung, aber auch die Kranken- und Pflegeversicherung vor große Herausforderungen.

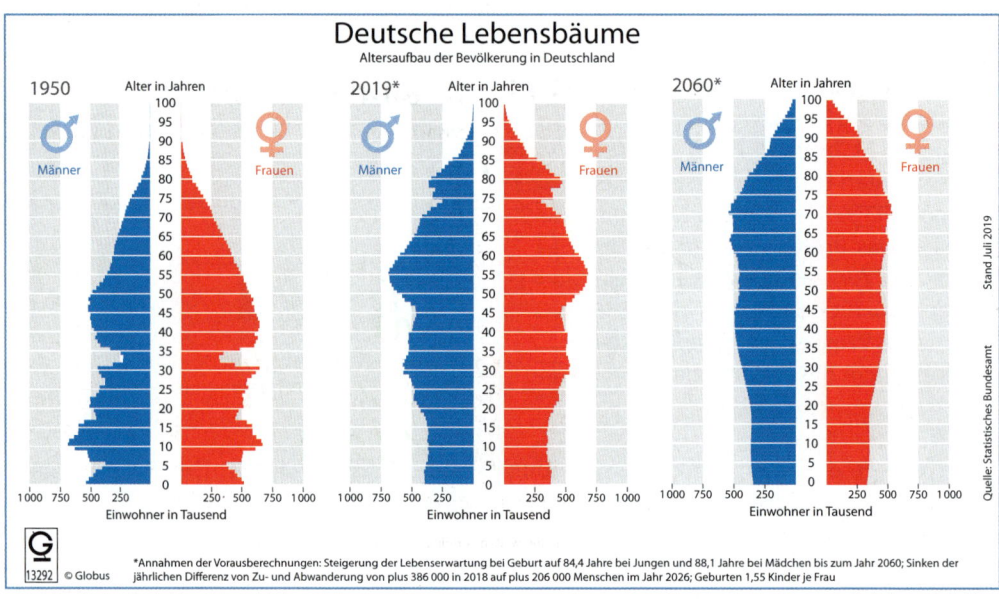

Deutsche Lebensbäume
Altersaufbau der Bevölkerung in Deutschland

*Annahmen der Vorausberechnungen: Steigerung der Lebenserwartung bei Geburt auf 84,4 Jahre bei Jungen und 88,1 Jahre bei Mädchen bis zum Jahr 2060; Sinken der jährlichen Differenz von Zu- und Abwanderung von plus 386 000 in 2018 auf plus 206 000 Menschen im Jahr 2026; Geburten 1,55 Kinder je Frau

© Globus 13292

Quelle: Statistisches Bundesamt   Stand Juli 2019

Der demographische Wandel in Deutschland führt zu Veränderungen in der Arbeitswelt, der Gesellschaft und der Politik.

> ■ **Überlegen Sie:**
>
> Welchen Herausforderungen müssen sich Renten-, Kranken- und Pflegeversicherung durch die veränderte Bevölkerungsstruktur stellen?

> ■ **Überlegen Sie:**
>
> Welche Veränderungen in der Arbeitswelt sind Folgen des demographischen Wandels?

Versicherte Personen
Pflichtversichert sind Arbeitnehmer, Auszubildende, Handwerker und andere. Versicherungsfrei sind geringfügig Beschäftigte.

Rentenversicherung		
Leistungsfälle	**Leistungen**	**Voraussetzungen**
Berufs- oder Erwerbsunfähigkeit	Rente u. Rehabilitationsmaßnahmen (Heilbehandlung und andere Leistungen zur Erhaltung, Besserung und Wiederherstellung der Erwerbsfähigkeit).	Wartezeit von **fünf** Jahren ist erreicht. Pflichtbeiträge wurden über mindestens drei Jahre in diesem Zeitraum entrichtet.
Erreichen der Altersgrenze[1]	Altersrente	Wartezeit von **fünf** Jahren ist erfüllt.
Tod des Versicherten	Rentenzahlung an Hinterbliebene (Witwe, Witwer und Waisen).	Wartezeit von **fünf** Jahren ist erfüllt.

Unter „Wartezeit" versteht man eine bestimmte Mindestversicherungszeit, um Leistungen aus der Rentenversicherung in Anspruch nehmen zu können. Sie setzt sich aus Beitragszeiten und Ersatzzeiten (z. B. Kindererziehungszeiten) zusammen.

Träger

Träger der Rentenversicherung ist die **Deutsche Rentenversicherung**.

Beiträge

Die Rentenversicherungsbeiträge werden je zur Hälfte von Arbeitnehmer und Arbeitgeber getragen (Ausnahme: Geringverdiener). Die Beiträge richten sich nach dem Arbeitnehmereinkommen und betragen 18,6 % des Bruttoverdienstes [Stand: 2020]. Obergrenze für die Beitragshöhe ist die **Rentenbeitragsbemessungsgrenze**.

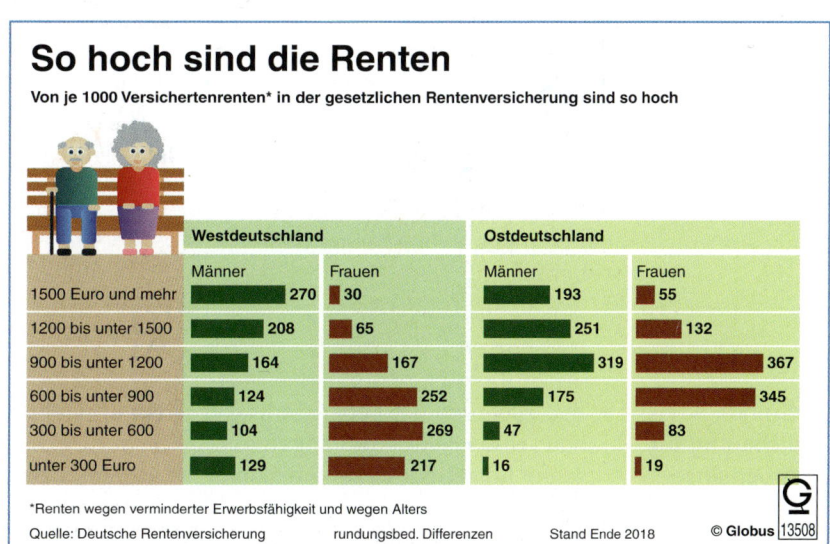

So hoch sind die Renten

Von je 1000 Versichertenrenten* in der gesetzlichen Rentenversicherung sind so hoch

	Westdeutschland		Ostdeutschland	
	Männer	Frauen	Männer	Frauen
1500 Euro und mehr	270	30	193	55
1200 bis unter 1500	208	65	251	132
900 bis unter 1200	164	167	319	367
600 bis unter 900	124	252	175	345
300 bis unter 600	104	269	47	83
unter 300 Euro	129	217	16	19

*Renten wegen verminderter Erwerbsfähigkeit und wegen Alters
Quelle: Deutsche Rentenversicherung   rundungsbed. Differenzen   Stand Ende 2018   © Globus 13508

Rentenbeitragsbemessungsgrenze 2020		
Alte Bundesländer	6.900 € mtl.	82.800 € jährl.
Neue Bundesländer	6.450 € mtl.	77.400 € jährl.

Aufgaben

1 Wer ist rentenversicherungspflichtig?

2 Unter welchen Voraussetzungen kann ein Versicherter Rente erhalten?

3 Welches Problem wird mit der Karikatur und dem Schaubild auf Seite 52 angesprochen?

4 Berechnen Sie den Gesamtbeitrag und den Arbeitnehmeranteil zur Rentenversicherung für die nachstehenden Monatsbruttoverdienste (alte Bundesländer): Arbeitnehmer A verdient 2.800 €, B verdient 6.900 € und C 10.000 €.

[1] *Die Altersgrenze wird schrittweise beginnend ab Geburtsjahrgang 1947 angehoben; ab dem Geburtsjahrgang 1964 gilt die Altersgrenze 67.*

1.9.3 Arbeitslosenversicherung

Die dritte Säule der Sozialversicherung dient der sozialen Absicherung bei Arbeitslosigkeit.

Versicherte Personen

Versichert sind alle Arbeitnehmer und Auszubildende.

Überlegen Sie:

Welche Folgen hätte es für Arbeitslose, wenn es keine Arbeitslosenversicherung gäbe?

Arbeitslosenversicherung		
	Leistungen	**Anspruchsvoraussetzungen**
Arbeitslosengeld I (ALG I)	■ mit mind. 1 Kind 67 % ■ bei den übrigen 60 % des durchschnittlichen Nettoarbeitsentgelts der letzten 12 Monate. Die Dauer der Leistungen richtet sich nach der vorangegangen Zeit der Beitragszahlungen und dem Lebensalter.	■ **Gemeldet** bei der **Bundesagentur für Arbeit** und der Arbeitsvermittlung zur Verfügung stehend. ■ Das Versäumen von Meldeterminen kann eine Aussetzung des Arbeitslosengeldes zur Folge haben. ■ **Erfüllung** der **Anwartschaft:** Beitragszahlungen über mind. 360 Tage innerhalb der letzten 2 Jahre. ■ **Neubeginn der Anwartschaftszeitberechnung:** Mit Ablauf eines Arbeitslosengeldbezuges.
Grundsicherung für Arbeitslose (ALG II) „Hartz IV"	■ Zur Sicherung des Lebensunterhalts einschließlich der angemessenen Kosten für Unterkunft und Heizung ■ Das zu berücksichtigende Einkommen und Vermögen mindert die Geldleistungen, soweit es bestimmte Freibeträge übersteigt.	■ **Erwerbsfähigkeit** ■ **Bedürftigkeit.** Die Bedürftigkeit wird überprüft. ■ **Aktives Bemühen** um die Integration am Arbeitsmarkt

Der Anspruch auf Arbeitslosengeld ist zeitlich abgestuft:

■ in den ersten 12 Monaten der Arbeitslosigkeit ALG I
■ danach ALG II

Monatliche Hartz-IV-Regelsätze (Stand: 2020)	
Alleinstehende, Alleinerziehende	432 €
In einem Haushalt zusammenlebende Partner	389 €
18- bis 24-Jährige	345 €
14- bis 17-Jährige	328 €
6- bis 13-Jährige	308 €
Unter 6-Jährige	250 €

Arbeitslosengeld I

Anspruch auf Arbeitslosengeld hat nur, wer in den letzten 2 Jahren vor der Arbeitslosmeldung mindestens 12 Monate Versicherungszeit nachweist.

Sperrzeit

Gründe für eine Sperrzeit des Arbeitslosengeldes von 12 Wochen sind:

- Auflösung des Beschäftigungsverhältnisses ohne wichtigen Grund
- Ablehnung einer zumutbaren Beschäftigung
- Teilnahmeverweigerung an einer vom Arbeitsamt vorgeschlagenen Trainings-, Aus- oder Weiterbildungsmaßnahme
- Abbruch der Trainings-, Aus- oder Weiterbildungsmaßnahme ohne Grund

Träger

Träger der Arbeitslosenversicherung ist die **Bundesagentur für Arbeit** in Nürnberg.

 Bundesagentur für Arbeit

Beiträge

Arbeitslosenversicherungsbeiträge werden je zur Hälfte von Arbeitnehmer und Arbeitgeber getragen (Ausnahme: Geringverdiener). Die Beiträge richten sich nach dem Arbeitnehmereinkommen und betragen 2,4 % des Bruttoverdienstes [Stand: 2020]. Obergrenze für die Beitragshöhe ist die **Rentenbeitragsbemessungsgrenze**.

Anspruch auf Arbeitslosengeld I		
Versicherungspflicht in den letzten 5 Jahren in Monaten	Lebensalter	Anspruchsdauer in Monaten
12		6
16		8
20		10
24		12
30	50	15
36	55	18
48	58	24

Aufgaben der Bundesagentur für Arbeit	
Arbeitsförderung	<ul><li>Arbeitsmarkt- und Berufsforschung</li><li>Arbeitsvermittlung</li><li>Berufsberatung</li><li>Förderung der beruflichen Bildung</li><li>Existenzgründungsförderung</li><li>Erhaltung und Schaffung von Arbeitsplätzen</li></ul>
Soziale Absicherung bei Arbeitslosigkeit	<ul><li>Arbeitslosengeld I</li><li>Arbeitslosengeld II</li><li>Kurzarbeitergeld</li><li>Arbeitsbeschaffungsmaßnahmen (ABM)</li><li>Zahlung von Wintergeld im Baugewerbe</li></ul>

Aufgaben

1 Nennen Sie 2 Voraussetzungen, um als Arbeitsloser Anspruch auf Arbeitslosengeld zu haben.

2 Franz wird nach der dreijährigen Berufsausbildung nicht übernommen. Für wie viele Monate hat er Anspruch auf Arbeitslosengeld I?

3 Steffen plant mit seiner Freundin für den Juli eine Urlaubsreise. Sein Arbeitgeber lehnt dies mit der Begründung ab, dass in dieser Zeit die Familienväter Vorrang hätten. Er bietet ihm den September an. Steffen ist sauer und kündigt. Wann kann er mit Arbeitslosengeld rechnen, wenn er nicht sofort wieder eine Arbeitsstelle findet?

1.9.4 Unfallversicherung

Die gesetzliche Unfallversicherung schützt die Arbeitnehmer vor den Unfallrisiken im Arbeitsleben.

Versicherte Personen
Versichert sind alle Beschäftigten und Schüler.

Aufgaben und Leistungen
Wichtige Aufgaben und Leistungen sind:
- Verhütung von Arbeitsunfällen und Berufskrankheiten.
- Heilbehandlung, Berufsförderung zur Erhaltung, Besserung und Wiederherstellung der Erwerbsfähigkeit nach einem Arbeitsunfall, Wegeunfall oder aufgrund einer Berufskrankheit.
- Zahlung von Verletztengeld für die Zeit der Arbeitsunfähigkeit. Es beträgt 80 % des zuvor erzielten regelmäßigen Bruttoarbeitsentgelts. Es darf allerdings nicht höher ausfallen als das Nettoarbeitsentgelt.
- Zahlung von Renten an Versicherte und Hinterbliebene.

Krank durch den Beruf:
Die häufigsten angezeigten Berufskrankheiten in Deutschland 2017

Quelle: BAuA

allergische Atemwegserkrankungen	
Infektionskrankheiten	
durch Asbest ausgelöste Lungenerkrankungen (Asbestose)	
Lungen- und Kehlkopfkrebs	
Wirbelsäulenschäden durch Heben und Tragen	
Hautkrebs durch UV-Strahlung	
Lärmschwerhörigkeit	
Hauterkrankungen	

0   5.000   10.000   15.000   20.000   25.000   30.000

Wegeunfall

Wegeunfall
Als Wegeunfälle gelten Unfälle auf einem mit der versicherten Tätigkeit zusammenhängenden Weg nach und vom Ort der Tätigkeit. Umwege, die der Versicherte macht, weil sein Kind wegen seiner oder seines Ehegatten beruflicher Tätigkeit fremder Obhut anvertraut wird, oder die gemacht werden, weil der Versicherte für den Weg nach und vom Ort der Tätigkeit mit anderen Personen eine Fahrgemeinschaft bildet, schließen die Versicherung nicht aus.

Träger
Träger der Unfallversicherung sind die **Berufsgenossenschaften**.

Beiträge
Die Finanzierung der Unfallversicherung erfolgt durch Beiträge, die **allein vom Arbeitgeber** getragen werden.

1.9.5 Pflegeversicherung

Die Pflegeversicherung als jüngste Säule der Sozialversicherung deckt die Folgen von Pflegebedürftigkeit ab.

Überlegen Sie:

Welche Belastungen sind bei einem Pflegefall gegeben?

Versicherte Personen
Der **sozialen Pflegeversicherung** gehören diejenigen an, die in der gesetzlichen Krankenversicherung pflichtversichert sind.
Ehegatten und Kinder sind beitragsfrei mitversichert, sofern ihr Einkommen die Geringfügigkeitsgrenze nicht überschreitet.

Nach dem Pflegestärkungsgesetz II liegt eine **Pflegebedürftigkeit** vor, wenn Beeinträchtigungen der Selbstständigkeit oder Fähigkeitsstörungen in den nachfolgenden sechs Bereichen vorliegen:

1. **Mobilität** (z. B. Fortbewegen innerhalb des Wohnbereichs, Treppensteigen)
2. **Geistige und kommunikative Fähigkeiten** (z. B. örtliche, zeitliche Orientierung)
3. **Verhaltensweisen und psychische Problemlagen** (z. B. nächtliche Unruhe)
4. **Selbstversorgung** (z. B. Körperpflege, Ernährung)
5. **Bewältigung von und selbstständiger Umgang mit krankheits- oder therapiebedingten Anforderungen und Belastungen** (z. B. Medikation)
6. **Gestaltung des Alltagslebens und sozialer Kontakte**

Pflegebedürftigkeit

> Die Zuordnung zu einem der **fünf Pflegegrade** erfolgt nach einer Begutachtung. Eine geringe Beeinträchtigung der Selbstständigkeit entspricht dem **Pflegegrad 1** und die schwerste Beeinträchtigung der Selbstständigkeit mit besonderen Anforderungen an die pflegerische Versorgung dem **Pflegegrad 5.**

■ **Pflegegrad**

Leistungen
Pflegebedürftige erhalten Geld- oder Sachleistungen.

Leistungen der Pflegeversicherung		
Häusliche Pflege		**Stationäre Pflege**
Geldleistungen	**Sachleistungen**	**Sachleistungen**
Wahlweise, aber auch kombiniert, können Geldleistungen oder Sachleistungen in Anspruch genommen werden.		Unmittelbare Pflegeleistungen (nicht Kosten für Unterkunft und Verpflegung)
Je nach Pflegegrad zwischen 125 € und 2.005 € (Stand 2020)		

Träger
Träger der sozialen Pflegeversicherung sind die **Pflegekassen**, die unter dem Dach der **Krankenkassen** eingerichtet sind.

Beiträge
Der Pflegeversicherungsbeitrag wird je zur Hälfte von Arbeitnehmer und Arbeitgeber getragen (Ausnahme: Geringverdiener). Die Beiträge richten sich nach dem Arbeitseinkommen und betragen 3,05 % des Bruttoverdienstes; für Kinderlose ist der Arbeitnehmerbeitrag um 0,25 % höher, wenn sie mind. 23 Jahre alt sind [Stand: 2020]. Obergrenze für die Beitragshöhe ist die **Beitragsbemessungsgrenze** der Krankenversicherung.

> **Aufgaben**
>
> 1 Wer zahlt die Beiträge für die gesetzliche Unfallversicherung?
>
> 2 Begründen Sie die Notwendigkeit der Pflegeversicherung.
>
> 3 a) Welchen Belastungen sind Pflegehaushalte ausgesetzt?
>   b) Warum ist häusliche Pflege trotzdem die Regel?

1.10 Private Zusatzversicherungen

Notwendigkeit privater Zusatzversicherungen begründen.

Bedeutung der privaten Zusatzversicherung

Um den einmal erreichten Lebensstandard zu halten, reicht die Absicherung über die Sozialversicherungen möglicherweise nicht mehr aus.

Es ist anzunehmen, dass die Sozialversicherungen in der Zukunft nur noch Existenzrisiken abdecken. Jeder einzelne muss sich deshalb überlegen, welche zusätzlichen Versicherungen er für sich persönlich benötigt. Private Zusatzversicherungen sind **Individualversicherungen**, die im Gegensatz zu den gesetzlich verpflichtenden Mitgliedschaften in den Sozialversicherungen **freiwillig** abgeschlossen werden.

Überlegen Sie:

Welches Problem ist mit dieser Karikatur angesprochen?

Träger

Träger der privaten Zusatzversicherungen sind privatwirtschaftliche Unternehmen. Derartige Unternehmen stehen in Konkurrenz zueinander und sind auf Gewinnmaximierung aus. Da die Angebote sehr verlockend, aber durch das Vermischen der abzusichernden Risiken schwer vergleichbar und für Laien oft verwirrend sind, empfiehlt es sich, diese Offerten sehr sorgfältig zu prüfen.

Versicherungsarten

Die vielen möglichen Versicherungen werden nach den Risiken, die sie abdecken in drei grundsätzliche Arten eingeteilt:

Versicherungsarten		
Personenversicherungen Z. B. Lebensversicherung, Private Rentenversicherung, Berufsunfähigkeitsversicherung, Private Unfallversicherung, Private Zusatzkrankenversicherung	**Sachversicherungen** Z. B. Hausratversicherung, Handyversicherung	**Vermögensversicherungen** Z. B. Haftpflichtversicherung, Rechtsschutzversicherung

1.10.1 Personenversicherungen

Der Versicherungsschutz bezieht sich auf unterschiedliche Lebensrisiken.

Private Altersvorsorge

Die gesetzliche Rente ist sicher, die Frage ist nur in welcher Höhe. Zusätzliche Altersvorsorge – egal in welcher Form – ist zwingend notwendig.

Lebensversicherung

Dynamisierung

Zweck der Lebensversicherung ist die Alters- und Hinterbliebenenversorgung. Häufig werden Lebensversicherungen **dynamisiert** abgeschlossen, d. h. die Versicherungsbeiträge werden jährlich erhöht, um die Versicherungssumme der Einkommensentwicklung und den Lebenshaltungskosten anzugleichen.

Lebensversicherungsarten

Risikolebensversicherung

Diese Versicherung dient ausschließlich der Vorsorge gegen das finanzielle Risiko eines vorzeitigen Todesfalles. Bei Tod des Versicherten erhalten die Hinterbliebenen die volle Versicherungssumme, auch wenn der Vertrag gerade erst abgeschlossen wurde und nur ein einziger Beitrag eingezahlt wurde.

Kapitallebensversicherung

Diese Lebensversicherung wird auf den Todes- und Erlebensfall abgeschlossen. Die Leistungen entsprechen der Risikolebensversicherung, zusätzlich erhält der Versicherte bei Erreichen einer bestimmten Altersgrenze eine vereinbarte Versicherungssumme zuzüglich Gewinnanteile ausbezahlt. Die Kapitallebensversicherung ist die häufigste Lebensversicherungsform. Je länger in diese gemischte Lebensversicherungsform eingezahlt wird, desto höher ist i. d. R. die Versicherungsleistung.

Risiko-
lebensversicherung

Kapital-
lebensversicherung

Private Zusatzrentenversicherungen mit staatlicher Förderung der Altersvorsorge

Wer in 10, 20 oder 40 Jahren in Rente geht, kann sich mit seinen Rentenbezügen aus der gesetzlichen Rentenversicherung weniger leisten als ein Rentner heute. Grund dafür ist der veränderte Altersaufbau der deutschen Bevölkerung. Als Ausgleich für diese Rentenentwicklung unterstützt der Staat den Aufbau einer privaten Altersvorsorge durch Zulagen und Steuererleichterungen. Gefördert werden alle Personen, die später einmal eine gesetzliche Rente oder Pension beziehen.

Staatlich geförderte Programme sind:

„Riesterrente"[1]

Die Riesterrente ist eine vom Staat durch Zulagen und Sonderausgabenabzugsmöglichkeiten geförderte, privat finanzierte Rente.

„Riesterrente"

Sparleistung	Sparleistung	Staatl. Zuschuss	
max. 4 % vom Vorjahresbruttoeinkommen (max. 2.100 € können als Sonderausgaben** steuermindernd geltend gemacht werden.	(inkl. staatl. Zulagen) Bruttoeinkommen z. B. 30.000 €	je Sparer	je Kind*
	1.200 €	175 €	185€/300€

*185 € für vor 2008 geborene Kinder; ** siehe Abschnitt 1.12.2 Sonderausgaben

„Rürup-"[2] oder „Basisrente"

Ansparleistungen von Nicht-Rentenversicherungspflichtigen können als Sonderausgaben steuermindernd geltend gemacht werden. Der angesparte Betrag darf nicht in einer Summe ausgezahlt werden, sondern wird lebenslang verrentet.

„Rüruprente" oder „Basisrente"
Betriebliche Altersversorgung (BAV)

Betriebsrente

Die **Betriebliche Altersversorgung (BAV)** sieht vor, dass der Arbeitnehmer über den Arbeitgeber eine Versicherung abschließt. Die Beiträge zu dieser Altersvorsorge werden direkt vom Gehalt abgezogen. Pro Jahr können bis zu vier Prozent der Beitragsbemessungsgrenze der gesetzlichen Rentenversicherung für den Aufbau einer betrieblichen Zusatzrente eingesetzt werden. Auf diese Beiträge entfallen keine Steuern und Sozialversicherungsbeiträge.

[1] Walter Riester, Bundesminister für Arbeit und Sozialordnung (1998–2002)
[2] Hans-Adalbert „Bert" Rürup, ehemaliger Wirtschaftsweiser

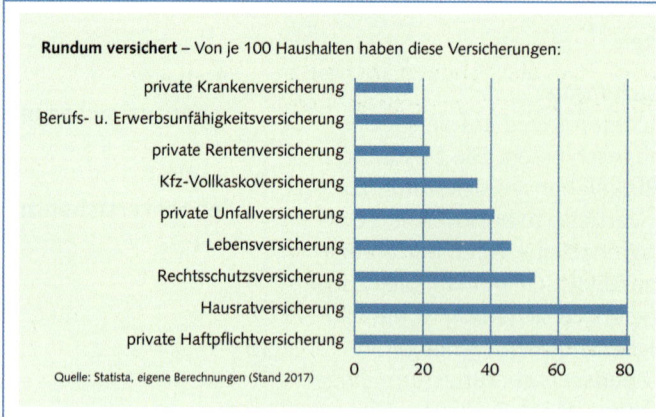

Rundum versichert – Von je 100 Haushalten haben diese Versicherungen:

- private Krankenversicherung
- Berufs- u. Erwerbsunfähigkeitsversicherung
- private Rentenversicherung
- Kfz-Vollkaskoversicherung
- private Unfallversicherung
- Lebensversicherung
- Rechtsschutzversicherung
- Hausratversicherung
- private Haftpflichtversicherung

Quelle: Statista, eigene Berechnungen (Stand 2017)

Sonstige Personenzusatzversicherungen

Je nach Bedarf können Zusatzversicherungen wie in einem Baukastensystem ausgewählt werden.

Berufsunfähigkeitsversicherung

Die Berufsunfähigkeitsversicherung deckt das Risiko der Berufsunfähigkeit ab, die durch Krankheit oder Unfall im privaten Bereich eintreten kann. Sie ist vor allem für Selbstständige und jüngere Arbeitnehmer interessant, da sie bei Berufsunfähigkeit keine oder noch geringe Leistungen aus der gesetzlichen Rentenversicherung erhalten. Der Versicherte in der Berufsunfähigkeitsversicherung erhält im Versicherungsfall die vereinbarte Rente unabhängig von einer gesetzlichen Rentenzahlung.

Private Zusatzkrankenversicherung

Die private Zusatzkrankenversicherung deckt Kosten wie z. B. Zuschläge für höhere Leistungen (Chefarztbehandlung, Zwei- oder Einbettzimmer).

Unfallbericht an eine Versicherung

„Im hohen Tempo näherte sich mir die Straßenlaterne. Ich schlug einen Zickzackkurs ein, aber dennoch erwischte mich die Straßenlaterne am Kühler. Leider wurde durch den heftigen Aufprall der Airbag ausgelöst und seither sehe ich doppelt."

Zahnzusatzversicherung

Die Eigenanteilskosten für Zahnersatz und Zahnbehandlungen steigen in Deutschland ständig an. Eine Zahnzusatzversicherung übernimmt anteilig die Kosten für Leistungen wie Zahnimplantate oder kieferorthopädisch notwendige Behandlungen. Manche Versicherungen übernehmen sogar bis zu 100 % der Kosten.

Private Unfallversicherung

Die private Unfallversicherung deckt Unfallrisiken in allen Lebensbereichen ab, nicht nur den Arbeits- oder Schulbereich wie die gesetzliche Unfallversicherung. Der Versicherungsfall tritt bei einem bestimmten **Grad der Beschädigung (Invaliditätsgrad)**, der auf Dauer sein muss, ein. (Z. B. beträgt der Invaliditätsgrad bei Verlust des Daumens 20 %, eines Beines bis zu 70 % und beider Augen 100 %; die Versicherungsleistung ist dem Invaliditätsgrad entsprechend gestaffelt.)

Invaliditätsgrad

1.10.2 Sachversicherungen

Es werden Sachen gegen Feuer, Wasserschäden, Diebstahl und Ähnliches versichert. Wichtig dabei ist, dass der Sachwert der vereinbarten Versicherungssumme entspricht. Der tatsächliche Sachwert wird im Versicherungsfall bei einer Unterversicherung nicht und bei einer Überversicherung nur zu 100 % erstattet.

**Hausrat-
versicherung**

- **Hausratversicherung**
  Eine Hausratversicherung ist sinnvoll, wenn nach einem Schadensereignis die dann notwendige Neuanschaffung des Hausrats finanziell nicht verkraftet werden könnte. Versichert werden kann z. B. gegen Brand, Einbruchdiebstahl, Schaden durch Leitungswasser, Vandalismus, Sturm und Hagel, Fahrraddiebstahl.

Handyversicherung

- **Handyversicherung**
  Liegt eine Hausratversicherung nicht vor, empfiehlt sich eine separate Handyversicherung dann, wenn z. B. ein sehr teures Premium-Smartphone beschädigt oder abhanden kommt.

1.10.3 Vermögensversicherungen

Die Versicherungsleistung erfolgt hier für den Fall, dass ein finanzieller Schaden am Vermögen – nicht jedoch an einer Sache – entsteht. Die wichtigsten Vermögensversicherungen sind die Haftpflicht- und die Rechtsschutzversicherung.

Haftpflichtversicherungen

Jeder, der einem Dritten einen Schaden zufügt, ist nach dem Gesetz zu Schadensersatz verpflichtet. Eine Unachtsamkeit kann ohne Versicherungsschutz den finanziellen Ruin bedeuten. Da der Gesetzgeber für bestimmte Risiken eine Versicherung verpflichtend macht, wird zwischen gesetzlichen und privaten Haftpflichtversicherungen unterschieden.

Gesetzliche Haftpflichtversicherungen
- **Kfz-Haftpflichtversicherung.** Unfälle im Straßenverkehr können extrem hohe Schadenersatzansprüche nach sich ziehen. Der Gesetzgeber hat deshalb eine Kfz-Haftpflichtversicherung für alle Fahrzeughalter verbindlich vorgeschrieben.
- **Sonstige**. Z. B. Berufshaftpflichtversicherung für Rechtsanwälte und Notare.

Privathaftpflichtversicherung
Es ist eine freiwillige Versicherung. Die Versicherungsleistung erfolgt, wenn der Versicherte jemand anderem durch Unachtsamkeit einen finanziellen Schaden zufügt. Die häufig abgeschlossene **Familienhaftpflichtversicherung** tritt z. B. ein, wenn Kinder Schäden verursachen und die Eltern ihre Aufsichtspflicht vernachlässigt haben.

Familienhaftpflichtversicherung

Rechtsschutzversicherung

Unstimmigkeiten kommen vor und können schnell im Streit enden. Wenn man dann an sein Recht kommen möchte wird dies oft teuer. Denn neben dem Honorar für den eigenen Anwalt können diverse weitere Kosten anfallen, beispielsweise Gerichtskosten, benötigte Sachverständige, Zeugen.
Rechtsschutzversicherungen sind in der Regel modular aufgebaut. Der Versicherungsnehmer entscheidet, ob er sich mit einem Komplettpaket, das alle angebotenen Leistungsarten abdeckt, versichert oder sich auf den Versicherungsschutz für bestimmte Bereiche beschränkt, wie z. B. auf Verkehrs-Rechtsschutz oder Arbeits-Rechtsschutz.

Aufgaben

1 Welche Entwicklungen lassen die bisherige soziale Absicherung für die Zukunft fraglich erscheinen?

2 Was ist unter einer Dynamisierung von Versicherungsbeiträgen zu verstehen?

3 Warum unterstützt der Staat den Aufbau einer privaten Altersvorsorge?

4 Für wen ist es sinnvoll eine Berufsunfähigkeitsversicherung abzuschließen?

5 Welche Risiken deckt die gesetzliche, welche die private Unfallversicherung ab?

6 Lars hat sich ein Smartphone für 800 € gekauft. Um sich im Versicherungsfall ein noch teureres Handy leisten zu können, schließt er einen Versicherungsschutz für 1000 € ab. In welcher Höhe leistet im Schadensfall die Versicherung?

7 Carlotta ist Auszubildende. Ein Versicherungsvertreter hat ihr empfohlen eine Privathaftpflicht- und Rechtsschutzversicherung abzuschließen. Was würden Sie ihr raten?

8 Welche Zusatzversicherungen sind Ihrer Meinung nach wichtig? Begründen Sie.

1.11 Lohnabrechnung

Lohnabrechnung durchführen.

© benjaminnolte – Fotolia.com

Jeden Monat erhält ein Arbeitnehmer eine Lohn- oder Gehaltsabrechnung. Daraus kann er Informationen über seine Entlohnung erhalten.

■ **Überlegen Sie:**

Aus welchen Bestandteilen setzt sich Ihr Lohn bzw. Gehalt zusammen?

1.11.1 Berechnung des Bruttolohns

Bruttolohn

Der **Bruttolohn** umfasst alle Einnahmen, die ein Beschäftigter aus seinem Arbeitsverhältnis erzielt.

Bruttolohnermittlung			
Bruttolohn =	**Grundlohn**	■ Vertraglich vereinbart ■ Tariflich geregelt	Zeitlohn Akkordlohn Prämienlohn
	+ Zulagen	■ Gefahrenzulage ■ Schmutzzulage ■ Erschwerniszulage usw.	
	+ Zuschläge	■ Überstundenzuschlag ■ Feiertagszuschlag/Sonntagszuschlag ■ Nachtarbeitszuschlag usw.	
	+ vL-Anteil	Eventuell Arbeitgeberanteil an den vermögenswirksamen Leistungen	

Grundlohn

Zulagen

Zuschläge

Welche der angeführten Zuschläge, Zulagen usw. der Arbeitnehmer erhält, hängt von seinem Beruf bzw. Arbeitsplatz ab. Manche Arbeitnehmer erhalten eventuell nur den Grundlohn. Einen Anteil für die vermögenswirksamen Leistungen entrichtet der Arbeitgeber nur, wenn der Arbeitnehmer einen Nachweis für eine entsprechende Geldanlage (z. B. Bausparvertrag) erbringt und die Zahlung eines Anteils mit dem Arbeitgeber vereinbart ist (Einzelarbeitsvertrag, Bestimmung in einer Betriebsvereinbarung oder einem Tarifvertrag).

1.11.2 Berechnung des Nettolohns und des auszuzahlenden Lohns

Aufgrund gesetzlicher Vorschriften muss der Arbeitgeber den Bruttolohn um die **gesetzlichen Abzüge** verringern, die er direkt an die zuständigen Stellen abführt. Diese sind für die Steuern das Finanzamt und für die Sozialversicherungsbeiträge die Sozialversicherungsträger. Der verbleibende Betrag stellt den **Nettolohn** dar. Eventuell kommen weitere Abzüge dazu.

Berechnung des auszuzahlenden Lohns		
Bruttolohn		
– gesetzliche Lohnabzüge	Lohnsteuer	Entsprechend der Lohnsteuertabelle
	Kirchensteuer	8 % */** der Lohnsteuer
	Solidaritätszuschlag	5,5 % * der Lohnsteuer
	Sozialversicherungs-beiträge	Rentenversicherung, Arbeitslosen-versicherung, Krankenversicherung, Pflegeversicherung
= Nettolohn		
– vL	Vermögenswirksame Leistungen einschließlich Arbeitgeberanteil	
– Lohnpfändungen	Falls gerichtlich angeordnet; an den Gläubiger auszuzahlen	
= auszuzahlender Lohn		

* *Falls Kinderfreibeträge zu berücksichtigen sind, vermindern sich diese Abzüge*

***8 % in Baden-Württemberg und Bayern,*

9 % in den anderen Bundesländern

■ **Nettolohn =
Bruttolohn – gesetzliche Abzüge**

**Auszuzahlender Lohn =
Nettolohn – weitere Abzüge**

Die Steuerabzüge bei der Entlohnung richten sich nach:

■ Lohnhöhe
■ Lohnsteuerklasse
■ Zahl der Kinderfreibeträge

Die Abzüge für die Sozialversicherung richten sich nach den Beitragssätzen. In der Renten-, Kranken- und Arbeitslosenversicherung müssen Arbeitnehmer und Arbeitgeber die Beiträge je zur Hälfte finanzieren. Dies gilt auch für den Zusatzbeitrag in der Krankenversicherung. In der Pflegeversicherung müssen kinderlose Arbeitnehmer ab dem vollendeten 23. Lebensjahr einen Zusatzbeitrag in Höhe von 0,25 Prozentpunkten entrichten.

„Unser junger Kollege sieht die Dinge immer optimistisch."...

Aufgaben

1 Erläutern Sie die Zusammensetzung des Bruttolohnes
   a) allgemein,
   b) in Ihrem Beruf.

2 Erklären Sie den Unterschied zwischen Bruttolohn, Nettolohn und Auszahlungsbetrag.

3 Interpretieren Sie die Karikatur.

Beispiele für Lohnabrechnungen (Zeitlohn)

Lohn-/Gehaltsabrechnung

für:
Klaus Thaler
Grabenweg 7
76543 Althausen

Häberle GmbH
Schillerstr. 5
76543 Althausen

Zeitraum: 01. – 28.02. ….				
Gehalt/Lohn:	Arb.-Stunden:	142	à 18,00 €	2556,00 €
	Überstunden:	12	à 18,00 €	216,00 €
	Überstundenzuschlag:		à 4,50 €	54,00 €
	vL Arbeitgeberanteil			20,00 €
Bruttolohn:				**2846,00 €**
Abzüge:	Lohnsteuer (Klasse I)			369,41 €
	Kirchensteuer (ev.)			29,55 €
	Solidaritätszuschlag			20,31 €
Sozialversicherungs-	Krankenversicherung			223,41 €
beiträge –	Arbeitslosenversicherung			34,15 €
Arbeitnehmeranteil:	Rentenversicherung			264,67 €
	Pflegeversicherung			50,51 €
Summe Abzüge:				**− 992,01 €**
Nettolohn:				**1853,99 €**
	vL			− 39,88 €
Auszahlungsbetrag:				**1814,11 €**

Lohn-/Gehaltsabrechnung

für:
Peter Maier
Poststraße 15
76543 Althausen

Häberle GmbH
Poststraße 15
76543 Althausen

Zeitraum: 01. – 31.03. ….				
Gehalt/Lohn:	Arb.-Stunden:	157	à 18,00 €	2826,00 €
	Überstunden:	0	à 18,00 €	0,00 €
	Überstundenzuschlag:		à 4,50 €	0,00 €
	vL Arbeitgeberanteil			20,00 €
Bruttolohn:				**2846,00 €**
Abzüge:	Lohnsteuer (Klasse III)			131,50 €
	Kirchensteuer (ev.)			10,52 €
	Solidaritätszuschlag			0,00 €
Sozialversicherungs-	Krankenversicherung			223,41 €
beiträge –	Arbeitslosenversicherung			34,15 €
Arbeitnehmeranteil:	Rentenversicherung			264,67 €
	Pflegeversicherung			50,51 €
Summe Abzüge:				**− 714,76 €**
Nettolohn:				**2131,24 €**
	vL			− 39,88 €
Auszahlungsbetrag:				**2091,36 €**

Auszug aus einer Monatslohnsteuertabelle   Lohnsteuertabelle

| Kinderfreibetrag | | | | 0 | | 0,5 | | 1 | | 1,5 | |
ab €	StK	Steuer	SolZ	KiStr	SolZ	KiStr	SolZ	KiStr	SolZ	KiStr	SolZ
2.838,00											
	1	367,91	20,23	29,43	15,11	21,98	10,28	14,96	4,75	8,38	-
	2	321,75	-	-	12,71	18,50	8,03	11,69	-	5,34	-
	3	130,33	-	10,42	-	5,09	-	0,76	-	-	-
	4	367,91	20,23	29,43	17,63	25,65	15,11	21,98	12,66	18,42	10,28
	5	672,83	37,00	53,82	-	-	-	-	-	-	-
	6	708,50	38,96	56,68	-	-	-	-	-	-	-
2.841,00											
	1	368,66	20,27	29,49	15,15	22,04	10,32	15,02	4,86	8,42	-
	2	322,50	-	-	12,75	18,55	8,07	11,74	-	5,38	-
	3	131,00	-	10,48	-	5,13	-	0,78	-	-	-
	4	368,66	20,27	29,49	17,67	25,71	15,15	22,04	12,70	18,47	10,32
	5	673,83	37,06	53,90	-	-	-	-	-	-	-
	6	709,50	39,02	56,76	-	-	-	-	-	-	-
2.844,00											
	1	369,41	20,31	29,55	15,18	22,09	10,35	15,06	4,98	8,47	-
	2	323,16	-	-	12,79	18,60	8,10	11,79	-	5,43	-
	3	131,50	-	10,52	-	5,17	-	0,81	-	-	-
	4	369,41	20,31	29,55	17,71	25,76	15,18	22,09	12,73	18,52	10,35
	5	674,83	37,11	53,98	-	-	-	-	-	-	-
	6	710,66	39,08	56,85	-	-	-	-	-	-	-
2.847,00											
	1	370,08	20,35	29,60	15,22	22,14	10,39	15,12	5,11	8,52	-
	2	323,91	-	-	12,82	18,66	8,14	11,84	-	5,48	-
	3	132,00	-	10,56	-	5,21	-	0,84	-	-	-
	4	370,08	20,35	29,60	17,75	25,82	15,22	22,14	12,77	18,57	10,39
	5	675,83	37,17	54,06	-	-	-	-	-	-	-
	6	711,66	39,14	56,93	-	-	-	-	-	-	-

Quelle: www.imacc.de – Ratgeber für Finanzen, Steuer, Lohn und Gehalt

Aufgaben

1 Wie setzt sich der Bruttolohn in der oben links abgebildeten Lohnabrechnung zusammen, und welche Abzüge werden vorgenommen? Berechnen Sie den prozentualen Anteil des Nettolohns am Bruttolohn.

2 Erklären Sie, warum der Nettolohn in der zweiten Abrechnung trotz gleichem Bruttobetrag höher ausfällt.

3 Berechnen Sie den Nettolohn eines Arbeiters:
Bruttolohn: 1.720,00 €; Lohnsteuer (Klasse I): 114,58 €; Solidaritätszuschlag 5,5 % der Lohnsteuer; Kirchensteuer 8 % der Lohnsteuer; Sozialversicherungsbeiträge gesamt: Rentenversicherung 18,6 %, Krankenversicherung 14,6 % (+ Zusatzbeitrag 1,1 %), Pflegeversicherung 3,05 % (+ 0,25 % Kinderlosenzuschlag), Arbeitslosenversicherung 2,4 % des Bruttolohns.

4 Lesen Sie in der Tabelle ab, wie viel Lohnsteuer man bei Erhalt des Verdienstes auf der linken Seite zu entrichten hätte, wenn man
a) alleinerziehend wäre,
b) verheiratet und nach Steuerklasse V besteuert würde.

1.12 Einkommensteuer und Steuererklärung

1.12.1 Grundlagen der Einkommensbesteuerung

Die Besteuerung von Einkommen ist eine der ertragreichsten Finanzierungsquellen des Staates. Einkommensteuern werden in Deutschland seit dem Anfang des 19. Jahrhunderts erhoben. Wichtigste Rechtsgrundlage ist heute das **Einkommensteuergesetz (EStG).**

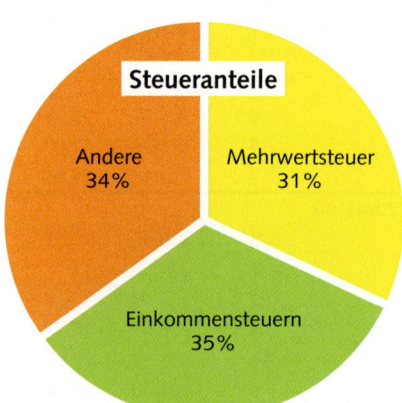

Einkommensteuerpflichtig ist, wer im Inland wohnt. Bemessungsgrundlage für die Steuerschuld ist das zu **versteuernde Einkommen** eines Jahres. Die Höhe der individuellen Steuerschuld ergibt sich aus dem **Einkommensteuertarif.**

Bei der Besteuerung der Einkommen sollen im Interesse der **Steuergerechtigkeit** die *persönliche Leistungsfähigkeit* und die *persönlichen Lebensverhältnisse* des Steuerpflichtigen berücksichtigt werden. Diesem Anliegen dienen zum einen der **Steuertarif** und zum anderen die Berücksichtigung von Familienstand und besonderen Aufwendungen.

Einkommensteuertarif

Der Einkommensteuertarif legt über den Steuersatz fest, wie hoch Einkommen besteuert werden. Bis zur Höhe des Existenzminimums werden Einkommen nicht versteuert (**Nullzone**). Oberhalb der Nullzone steigt der Steuersatz progressiv an (**Steuerprogression**); d.h. für niedrige Einkommen sind geringe, für hohe Einkommen hohe Steuern zu zahlen. Sein Verlauf ist in mehrere Zonen unterteilt, für die jeweils unterschiedliche Prozentsätze und unterschiedliche Einkommensgrenzen gelten. Prozentsätze und Einkommensgrenzen wechseln häufig. Im Schaubild ist der typische Verlauf des Steuertarifs dargestellt.

Steuerprogression

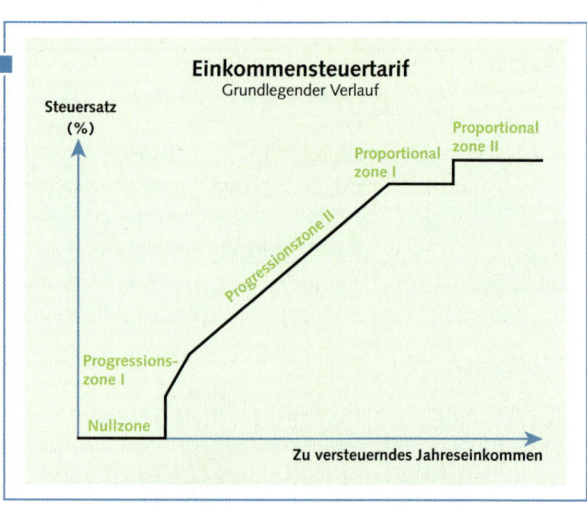

Unterschieden werden der Grundtarif und der Splittingtarif. Der **Splittingtarif** gilt für Ehegatten und eingetragene Lebenspartner mit Zusammenveranlagung, der **Grundtarif** für alle anderen Steuerpflichtigen (Ledige, dauernd getrennt lebende Ehegatten, Geschiedene und Verwitwete).

Splittingtarif
Grundtarif

Steuern auf Einkünfte aus nichtselbstständiger Arbeit

Die für Arbeitnehmer wichtigste Einkommensart sind die Einkünfte aus nichtselbstständiger Arbeit. Auf diese Einkommen wird die Einkommensteuer in der besonderen Form der **Lohnsteuer** durch Abzug vom monatlichen Arbeitslohn erhoben

Lohnsteuer

Um die Monatszahlung möglichst exakt auf die Jahressteuerschuld abstimmen zu können, bestehen unterschiedliche Steuerklassen.

Eine **einfache Steuererklärung** ausfüllen und dabei **steuermindernde Faktoren** berücksichtigen.

1.12.1 Grundlagen der Einkommensbesteuerung
1.12.2 Steuererklärung für Einkünfte aus nichtselbstständiger Arbeit

67

Steuerklasse

Steuerklasse	Personenstand	
I	Allein stehend (ledig, verwitwet, geschieden)	Ohne Kind
II		Mit Kind(ern)
III	Verheiratet, nur ein Partner berufstätig oder einer ist in Klasse V	
IV	Verheiratet, beide Ehepartner berufstätig	
V	Verheiratet, beide Ehepartner berufstätig, einer ist in Klasse III	
VI	Arbeitnehmer mit mehreren steuerpflichtigen Dienstverhältnissen	

Am Ende des Jahres wird durch den Arbeitgeber der **Lohnsteuerjahresausgleich** durchgeführt. Dadurch sollen während des Jahres eventuell aufgetretene monatliche Schwankungen des Einkommens gleichmäßig über das gesamte Jahr verteilt werden.

Lohnsteuerjahresausgleich

Neben der Einkommensteuer/Lohnsteuer werden Einkommen noch mit weiteren Steuern bzw. Abgaben belastet:

Kirchensteuer: Wird vom Finanzamt für die Religionsgemeinschaften erhoben und – nach Abzug von Verwaltungskosten – an diese weitergeleitet. Höhe: 8 – 9 % (je nach Bundesland) von der Jahreseinkommensteuer. Kirchensteuerpflichtig ist nur, wer Mitglied einer kirchensteuerpflichtigen Religionsgemeinschaft ist.

Kirchensteuer

Solidaritätszuschlag: Sonderabgabe zur Finanzierung der Kosten der deutschen Einheit. Höhe: 5,5 % von der Jahreseinkommensteuer.

Solidaritätszuschlag

1.12.2 Steuererklärung für Einkünfte aus nichtselbstständiger Arbeit

Einkünfte aus nichtselbstständiger Tätigkeit

   Bruttoarbeitslohn
– Werbungskosten
= Einkünfte

Die Einkommensteuererklärung dient der Ermittlung des zu **versteuernden Einkommens**. Für jede Einkunftsart werden zunächst die Einkünfte getrennt ermittelt. Die jeweils erzielten Bruttoeinkünfte sind um die Werbungskosten zu vermindern. **Werbungskosten** sind Kosten, die notwendig sind, um die Einkünfte erzielen zu können

Zu versteuernden Einkommens

Die Einkommensteuererklärung besteht zunächst aus einem **Mantelbogen**, der Angaben zur Person und unter anderem zu den Sonderausgaben und den außergewöhnlichen Belastungen enthält. Dieser Bogen ist zu unterschreiben; mit der Unterschrift wird gleichzeitig versichert, dass alle Angaben vollständig und wahrheitsgemäß gemacht wurden. Steuerhinterziehung ist strafbar. Für jede Einkunftsart aus der der Steuerpflichtige Einkünfte bezogen hat, muss außerdem eine besondere Anlage beigefügt werden; z. B. **Anlage N: Einkünfte aus nichtselbstständiger Arbeit.**

Die Steuererklärung kann schriftlich unter Verwendung der amtlichen Formulare oder elektronisch über **ELSTER** (**el**ektronische **St**euer**er**klärung) beim Finanzamt eingereicht werden. Bei einer Abgabe über ELSTER müssen Belege, die nicht aufgrund gesetzlicher Vorschriften verpflichtend einzureichen sind, nur auf Anforderung durch das Finanzamt eingereicht werden.

ELSTER

Aufgaben

1 Ist ein türkischer Arbeitnehmer, der in Deutschland wohnt und arbeitet, in Deutschland einkommensteuerpflichtig? Begründung.

2 Inwiefern drückt sich im Steuertarif das Leistungsfähigkeitsprinzip aus?

Mantelbogen zur Steuerklärung (Ausschnitt):

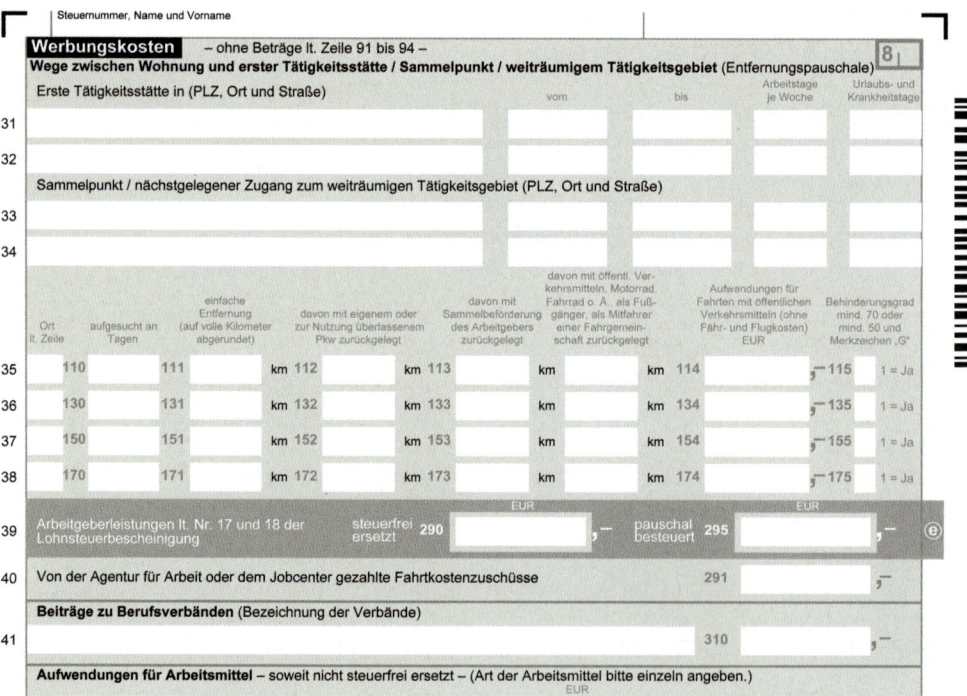

Anlage N: Einkünfte aus nichtselbstständiger Arbeit (Ausschnitt)

Gewisse Aufwendungen vermindern die Steuerschuld. Dazu gehören u. a. **Werbungskosten** und **Sonderausgaben**.

Werbungskosten

Zu den Werbungskosten für Einkünfte aus nichtselbstständiger Tätigkeit gehören u. a.:

- Aufwendungen für Fahrten zwischen Wohnung und Arbeitsstätte (Kilometerpauschale)
- Aufwendungen für Arbeitsmittel (Werkzeuge, Berufskleidung usw.)
- Beiträge zu Berufsverbänden
- Aufwendungen für berufliche Fortbildung
- Aufwendungen für doppelte Haushaltsführung

Einkommensteuergesetz ■ **EStG 9**

§ 9 [Werbungskosten] (1) Werbungskosten sind Aufwendungen zur Erwerbung, Sicherung und Erhaltung der Einnahmen. Sie sind bei der Einkunftsart abzuziehen, bei der sie erwachsen sind. …

Bis zu einem Pauschbetrag von 1.000 Euro müssen keine Belege oder Nachweise vorgelegt werden. Diese **Werbekostenpauschale (Arbeitnehmer-Pauschbetrag)** wird vom Finanzamt in jedem Fall berücksichtigt. Nur wenn Werbungskosten von mehr als 1.000 Euro geltend gemacht werden, müssen Belege vorgelegt werden.

Werbekostenpauschale (Arbeitnehmer-Pauschbetrag)

Sonderausgaben

Vom Gesamtbetrag aller Einkünfte können die Sonderausgaben abgezogen werden. **Sonderausgaben** sind Ausgaben für bestimmte Zwecke. Unterschieden werden

Sonderausgaben

- **Vorsorgeaufwendungen** (u. a. Beiträge zur Renten-, Kranken-, Pflege-, Haftpflicht-, Unfall- und evtl. Lebensversicherung)
- **andere Sonderausgaben** (u. a. Kirchensteuer, Berufsausbildungskosten, Spenden, Kinderbetreuungskosten, Schulgeld an Privatschulen).

Die Höhe des zu versteuernden Einkommens und die Steuerschuld werden vom Finanzamt ermittelt und dem Steuerpflichtigen durch den **Steuerbescheid** mitgeteilt.

Steuerbescheid

Ermittlung des zu versteuernden Einkommens (Musterbeispiel)

		Ehemann	Ehefrau	Insgesamt
Einkünfte	**aus nichtselbstständiger Tätigkeit**			
	Bruttoarbeitslohn	30.000	20.000	
	abzüglich Werbungskosten	2.700	1.700	
	Einkünfte	27.300	18.300	45.600
	aus Vermietung und Verpachtung	3.000	3.000	6.000
	Gesamtbetrag der Einkünfte			51.600
	ab Sonderausgaben			2.400
	ab außergewöhnliche Belastungen			2.100
	Zu versteuerndes Einkommen			?

Aufgabe

Ermitteln Sie für das vorstehende Musterbeispiel die Höhe des zu versteuernden Einkommens.

Zusammenfassung

1.1 Duale Berufsausbildung

Ausbildung findet in Betrieb und Berufsschule statt.

Duale Partner	Betrieb	Berufsschule
Aufgaben	Vermittlung von fachpraktischen Fertigkeiten und Kenntnissen	Vermittlung von Fachtheorie und Vertiefung der Allgemeinbildung
Gesetzliche Grundlagen	Berufsbildungsgesetz/ Handwerksordnung	Schulgesetze der einzelnen Bundesländer

Vorteile: z. B. Mix zwischen vertiefter Theorie und Praxiserfahrungen.
Nachteile: z. B. Abstimmungsprobleme zwischen Theorie und Praxis.

1.2 Ausbildungsvertrag

Form	Schriftlich	
Inhalt	9 Mindestvorschriften: ■ Art u. Ziel der Ausbildung ■ Beginn u. Dauer ■ Ausbildungsmaßnahmen außerhalb des Betriebs	■ tägliche Ausbildungszeit ■ Probezeitdauer ■ Ausbildungsvergütung ■ Urlaubsdauer ■ Kündigungsbestimmungen ■ Hinweis auf anzuwendende Tarifverträge und Betriebsvereinbarungen
Pflichten	Ausbildender: Z. B. Vermittlung der Fertigkeiten und Kenntnisse. Auszubildender: Z. B. Pflicht, die notwendigen Fertigkeiten und Kenntnisse zu erwerben.	

Beendigung	■ Bestehen der Prüfung ■ Aufhebungsvertrag
	■ Kündigung (schriftliche Form)
	   – während der Probezeit: fristlos, ohne Angabe von Gründen
	   – nach Ablauf der Probezeit:
	     a) fristlos aus einem wichtigen Grund (Diebstahl …)
	     b) nur für Azubi mit 4-wö. Kündigungsfrist möglich. Gründe:
	      – Aufgabe der Berufsausbildung
	      – Wechsel des Ausbildungsberufes	

1.3 Arbeitsschutzvorschriften

Die Durchführung und Überwachung der staatlichen Arbeitsschutzvorschriften obliegt den Gewerbeaufsichtsämtern. Die Einhaltung der Unfallverhütungsvorschriften der Berufsgenossenschaften wird durch deren technische Aufsichtsdienste überwacht.

1.3.1 Jugendarbeitsschutz

Jugendliche

Bestimmungen nach dem **Jugendarbeitsschutzgesetz**:
- Die Beschäftigung von Kindern (Personen unter 15 Jahren) ist verboten. Ausnahme: Berufsausbildungsverhältnisse, Betriebspraktikum.
- Arbeitszeit höchstens 8 Std. täglich und 40 Std. in der Woche
- 30 Min. Pause bei mehr als 4 ½ Std. Arbeitszeit
  60 Min. Pause bei mehr als 6 Std. Arbeitszeit
- Urlaubsanspruch, wenn zu Jahresbeginn unter 16 Jahren ⟶ 30 Werktage
  unter 17 Jahren ⟶ 27 Werktage
  unter 18 Jahren ⟶ 25 Werktage
- Keine Beschäftigung von Jugendlichen ohne vorherige ärztliche Untersuchung

1.3.2 Arbeitszeit

Erwachsene

Allgemeine Bestimmungen nach dem Arbeitszeitgesetz:
- Tägliche Arbeitszeit nicht mehr als 8 Stunden
- Mind. 30 Min. Ruhepause bei einer Arbeitszeit von 6 bis 9 Stunden
- Mind. 45 Min. bei einer Arbeitszeit von mehr als 9 Stunden
- Mind. 11 zusammenhängende Ruhezeitstunden nach Arbeitsende
- Keine Beschäftigung an Sonn- und Feiertagen. (Ausnahmen u. a. für Mehrschichtbetriebe, Gastronomiebetriebe, Feuerwehr, Krankenhäuser)

1.3.3 Urlaub

Der Anspruch des Arbeitnehmers auf bezahlten Urlaub ist im Mindesturlaubsgesetz für Arbeitnehmer (Bundesurlaubsgesetz) geregelt. Der gesetzliche Mindesturlaub muss als Freizeit genommen werden und darf nicht ausbezahlt werden.
Der Urlaub beträgt jährlich mindestens 24 Werktage.
Als Werktage gelten alle Kalendertage, die nicht Sonn- oder gesetzliche Feiertage sind.

1.3.4 Mutterschutz

Das Mutterschutzgesetz gilt für alle Frauen, die in einem Arbeitsverhältnis stehen. Es findet auch Anwendung auf Auszubildende, Praktikantinnen, Anlernlinge und Arbeitnehmerinnen, die in einem Teilzeit-, Probe- oder Aushilfsarbeitsverhältnis stehen.

Aufgaben des Mutterschutzes	
Schutz des werdenden Kindes und der Mutter vor Gesundheitsschädigungen am Arbeitsplatz.	Soziale Absicherung der Mutter. Keine beruflichen Nachteile durch Schwangerschaft und Kinderpflege.

1.3.5 Schutz von Erziehenden

Der Schutz soll dazu beitragen, dass sich die Eltern in der für die spätere Entwicklung entscheidenden Lebensphase eines Kindes intensiv der Betreuung und Erziehung des Kindes widmen können. Wichtige Regelungen dazu sind das Bundeselterngeld- und Elternzeitgesetz.

1.4 Einzelarbeitsvertrag

1.4.1 Anbahnung

Anbahnung

Durch den Arbeitgeber	Durch den Arbeitnehmer
Stellenausschreibung	Bewerbung (vollständige Unterlagen)
Bewerbungsgespräch gibt Auskunft über:	
▪ Art der Tätigkeit, ▪ Risiken, Gesundheitsgefahren bei der Arbeit.	▪ seine Person (mit Einschränkungen), ▪ seine Qualifikation.

1.4.2 Abschluss

Notwendig sind:
- Übereinstimmende Willenserklärungen von Arbeitgeber und Arbeitnehmer.
- Volle Geschäftsfähigkeit, ansonsten Einwilligung des gesetzlichen Vertreters.
- Übergabe der Arbeitspapiere

1.4.3 Form und Inhalt

Form
- Grundsatz: formfrei.
- Schriftform empfehlenswert.
- Nach dem Nachweisgesetz Niederschrift der wesentlichen Vertragsbestandteile innerhalb von 1 Monat nach Beginn des Arbeitsverhältnisses.

Inhalt
- Grundsatz: freie Vereinbarung aller Vertragsinhalte möglich.
- Einhaltung der bestehenden Gesetze, eventuell der geltenden Tarifverträge, Betriebsvereinbarungen.
- Wichtige Vertragsinhalte:

  – Name und Anschrift der Vertragspartner   – Beendigung des Arbeitsverhältnisses
  – Beginn des Arbeitsverhältnisses   – Verdienst
  – Arbeitsort   – Zulagen, Zuschläge
  – Probezeit   – Urlaubsanspruch
  – Arbeitszeit   – freiwillige soziale Leistungen

1.4.4 Rechte und Pflichten der Vertragspartner

Pflichten aus dem Arbeitsvertrag	
Arbeitnehmer	**Arbeitgeber**
Arbeitspflicht	Beschäftigungspflicht
Sorgfaltspflicht	Vergütungspflicht
Gehorsamspflicht	Fürsorgepflicht
Treuepflicht	Zeugnispflicht

1.4.5 Beendigung von Arbeitsverhältnissen

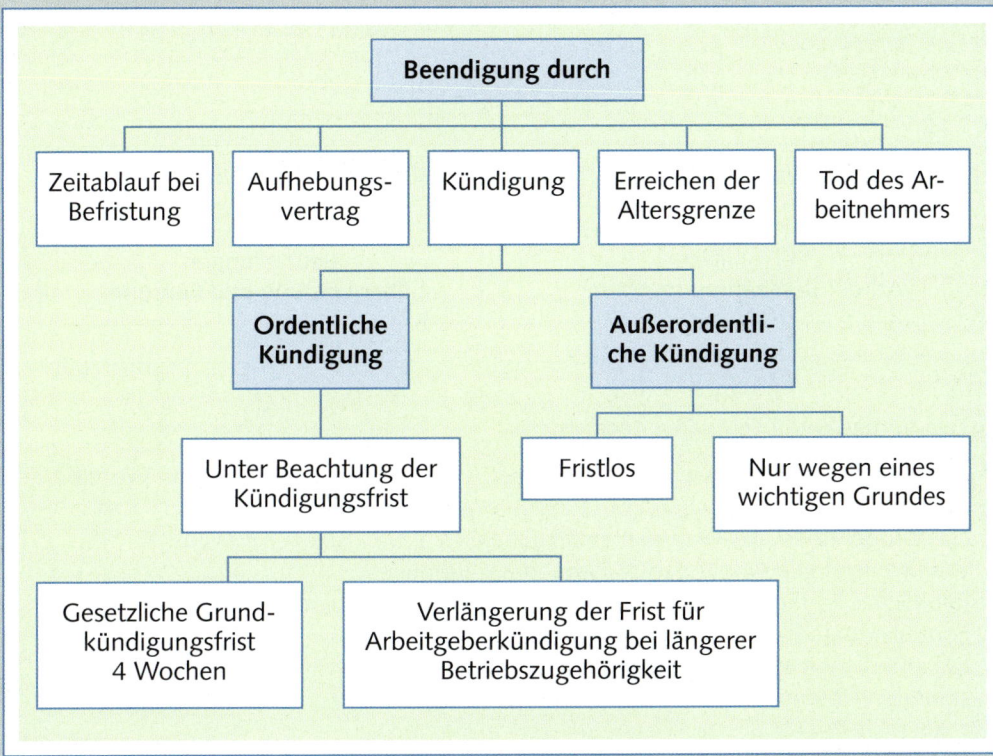

Befristete Arbeitsverträge	
wegen sachlicher Gründe	**ohne sachliche Gründe**
Immer möglich.	Für maximal 2 Jahre möglich.
Gründe: Vertretung, Saisonarbeit, Aushilfsarbeit.	Für ältere Arbeitnehmer großzügigere Regelungen.

1.5 Kündigungsschutz

Allgemeiner Kündigungsschutz

Kündigungen müssen sozial gerechtfertigt sein
Rechtfertigungsgründe:
- Verhalten des Arbeitnehmers,
- Person des Arbeitnehmers,
- Betriebliche Notwendigkeit.
Bei betriebsbedingter Kündigung Beachtung sozialer Gesichtspunkte (Betriebszugehörigkeit, Familienstand usw.).
Gilt für Betriebe mit mehr als 10 Arbeitnehmern.

Besonderer Kündigungsschutz für

- Betriebsratsmitglieder
- Jugend- und Auszubildendenvertreter
- Schwangere
- Personen in Elternzeit
- Auszubildende nach der Probezeit
- Schwerbehinderte

1.6 Arbeitszeugnis

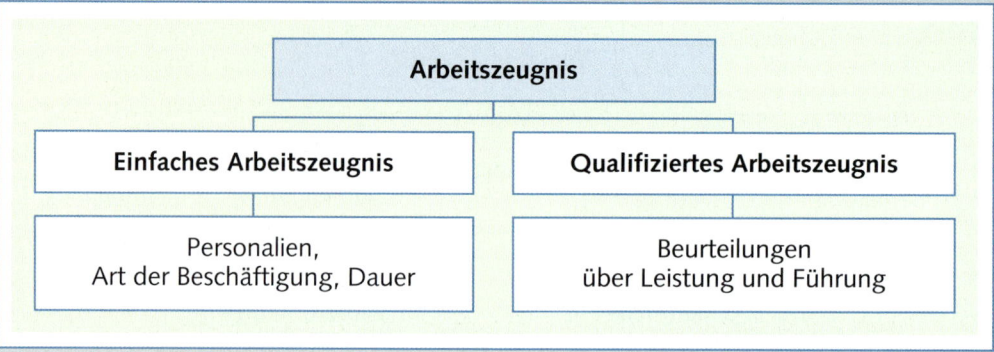

Regeln für das Formulieren von Zeugnissen:

- Die Form muss den Eindruck erwecken, der Arbeitgeber stehe hinter dem Wortlaut des Zeugnisses.
- Das Zeugnis muss der Wahrheit entsprechen.
- Wohlwollend gegenüber dem Arbeitnehmer formuliert.
- Berufliches Fortkommen in der Zukunft nicht unnötig behindern. Eindeutig negative Formulierungen sind damit nicht möglich.
- Es hat sich ein bestimmter Sprachcode entwickelt, der Leistung und Verhalten bestimmten Noten zuordnet.

1.7 Mitbestimmung der Arbeitnehmer – Betriebsrat

Allgemeine Aufgaben des Betriebsrats				
Überwachung der Einhaltung der Gesetze, Bestimmungen	Beantragung von Maßnahmen beim Arbeitgeber	Förderung der Eingliederung aller Arbeitnehmergruppen	Anregungen, Beschwerden weiterleiten	Einrichtung von Sprechstunden

Rechte des Betriebsrats		
Informationsrechte	**Mitwirkungsrechte**	**Mitbestimmungsrechte**
■ Wirtschaftliche Angelegenheiten ■ Planung von Arbeitsplätzen, Arbeitsumgebung ■ Personalplanung	■ Personelle Einzelmaßnahmen (Einstellung, Versetzung, Eingruppierung) ■ Kündigungen	■ Soziale Angelegenheiten ■ Personalfragebogen ■ Beurteilungsgrundsätze
Betriebsrat kann nur beraten.	Betriebsrat muss gehört werden, kann bei wichtigen Gründen Widerspruch einlegen bzw. Zustimmung verweigern.	Einigung zwischen Betriebsrat und Arbeitgeber ist notwendig.

1.8 Tarifverträge

1.8.1 Tarifvertragsarten

Tarifvertragspartner	
Arbeitnehmerseite	**Arbeitgeberseite**
Gewerkschaften	Arbeitgeberverbände Einzelne Arbeitgeber

Tarifvertragsarten		
Entgelttarifvertrag	**Entgeltrahmen- tarifvertrag**	**Manteltarifvertrag/ Rahmentarifvertrag**
Entgelthöhe	Gruppeneinteilung für die Entgelte	Arbeitsbedingungen

Tarifverträge enthalten normalerweise Mindestbedingungen.
Die Tarifvertragsparteien verhandeln ohne staatliche Einmischung = **Tarifautonomie.**

1.8.2 Bedeutung von Tarifverträgen

Durch Tarifverträge werden Mindestbedingungen für Arbeitnehmer festgeschrieben. Werden Tarifverträge für **allgemeinverbindlich** erklärt, so gelten sie für alle Arbeitnehmer des entsprechenden Bereichs.
Durch **Öffnungsklauseln** werden aber auch Abweichungen zuungunsten der Arbeitnehmer möglich.

1.8.3 Tarifverhandlungen und Arbeitskampf

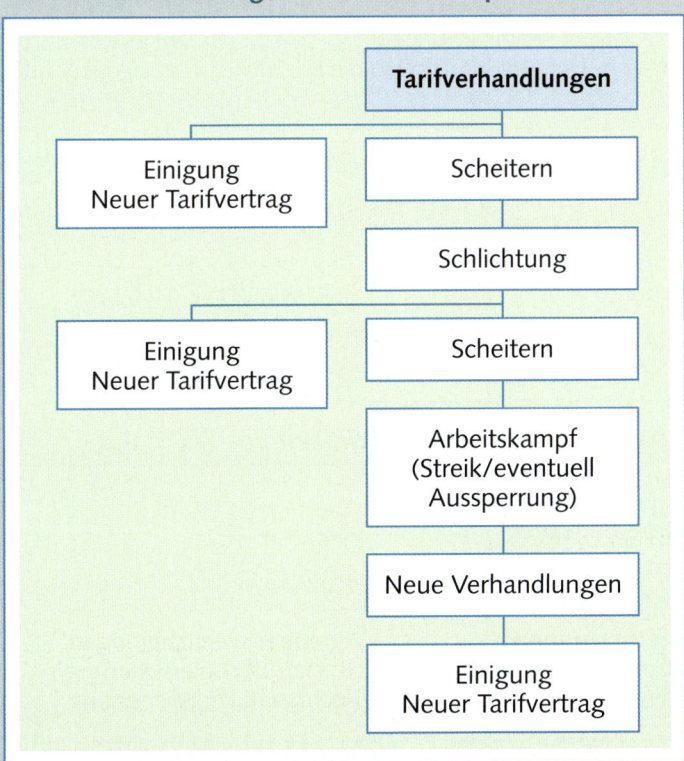

1.9 Sozialversicherung

Die Sozialversicherungen sind gesetzliche Pflichtversicherungen für bestimmte Personengruppen (i.d.R. Arbeitnehmer und Auszubildende).

	Zweige				
	Krankenversicherung	Unfallversicherung	Rentenversicherung	Arbeitslosenversicherung	Pflegeversicherung
Pflichtmitgliedschaft	Arbeitnehmer bis zu einem bestimmten Bruttoeinkommen, Auszubildende	Alle Beschäftigten	Arbeitnehmer und Auszubildende	Arbeitnehmer und Auszubildende	Selbstständige, Arbeitnehmer und Auszubildende
Leistungen	Arzt-, Krankenhauskosten, Krankengeld	Verhütung von Arbeitsunfällen und Berufskrankheiten, Zahlung von Heilkosten und Unfallrente	Rentenzahlung an Versicherte und Hinterbliebene, Rehabilitationsmaßnahmen	Arbeitslosengeld I u. II, Arbeitsvermittlung, Berufsberatung, Kurzarbeitergeld, ABM	Sach- und/oder Geldleistungen bei häuslicher, Sachleistungen bei stationärer Pflege
Beiträge	½ Arbeitgeber ½ Arb.nehmer	Arbeitgeber allein	½ Arbeitgeber ½ Arb.nehmer	½ Arbeitgeber ½ Arb.nehmer	½ Arbeitgeber ½ Arb.nehmer
Träger	Krankenkassen	Berufsgenossenschaften	Deutsche Rentenversicherung	Bundesanstalt für Arbeit	Pflegekassen bei den Krankenkassen

1.10 Private Zusatzversicherungen

Die privaten Zusatzversicherungen decken Risiken ab, die die Sozialversicherung nicht oder nur unzureichend abdeckt.

	Unterscheidungsmerkmale	
	Sozialversicherung	Private Zusatzversicherung
Mitgliedschaft	Pflicht	Freiwillig
Beiträge	Für alle prozentual gleiche Beiträge vom Bruttoeinkommen	Individuelle Beitragssätze je nach Leistungsumfang und Risiko
Leistungen	Gesetzlich festgelegt	Vertraglich vereinbart

Einteilung der Versicherungen nach den Risiken, die sie abdecken:

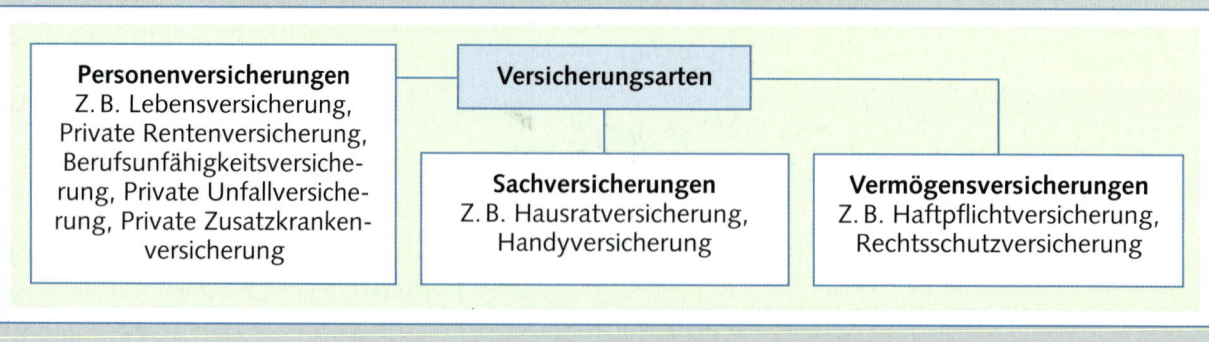

Versicherungsarten

Personenversicherungen
Z. B. Lebensversicherung, Private Rentenversicherung, Berufsunfähigkeitsversicherung, Private Unfallversicherung, Private Zusatzkrankenversicherung

Sachversicherungen
Z. B. Hausratversicherung, Handyversicherung

Vermögensversicherungen
Z. B. Haftpflichtversicherung, Rechtsschutzversicherung

1.10.1 Personenversicherungen

Der Versicherungsschutz bezieht sich auf unterschiedliche Lebensrisiken.

Personenversicherungen		
Versicherungsart		**Versichertes Risiko / Versicherungsleistung wird fällig**
Lebensversicherung	Risikolebensversiche-rung	Todesfall
	Kapitallebensversiche-rung	Todesfall bzw. Erreichen einer bestimmten Altersgrenze
Private Zusatzrenten-versicherung mit staatli-cher Förderung der Al-tersvorsorge	„Riesterrente" „Rürup-" o. Basisrente Betriebsrente	Eintritt in den Ruhestand
Berufsunfähigkeitsversicherung		Berufsunfähigkeit durch Krankheit oder Unfall im privaten Bereich
Private Zusatzkrankenversicherung		Krankheit; Zusatzkosten für höhere Leistungen
Zahnzusatzversicherung		Zusatzkosten für höhere Leistungen
Private Unfallversicherung		Unfall; Voraussetzung: Invaliditätsgrad auf Dauer

Dynamisierung: Bei dynamisierten Versicherungen werden die Versicherungsbeiträge jähr-lich erhöht, um die Versicherungssumme der Einkommensentwicklung und den Lebenshal-tungskosten anzugleichen.

1.10.2 Sachversicherungen

Es werden Sachen versichert, wie z. B. der Hausrat oder das Handy.

1.10.3 Vermögensversicherungen

Die Versicherungsleistung erfolgt hier für den Fall, dass ein finanzieller Schaden am Vermö-gen – nicht jedoch an einer Sache – entsteht.

Haftpflichtversicherungen
Es wird zwischen gesetzlichen und privaten Haftpflichtversicherungen unterschieden.

- Gesetzliche Haftpflichtversicherungen
  - Kfz-Haftpflichtversicherung
  - Sonstige z. B. Berufshaftpflichtversicherung für Rechtsanwälte und Notare
- Freiwillige Haftpflichtversicherung
  - Privathaftpflichtversicherung

Rechtsschutzversicherung
Rechtsschutzversicherungen sind in der Regel modular aufgebaut. Der Versicherungsneh-mer entscheidet, ob er sich mit einem Komplettpaket, das alle angebotenen Leistungsarten abdeckt, versichert oder sich auf den Versicherungsschutz für bestimmte Bereiche be-schränkt, wie z. B. auf Verkehrs-Rechtsschutz oder Arbeits-Rechtsschutz.

1.11 Lohnabrechnung

1.11 1 Berechnung des Bruttolohns

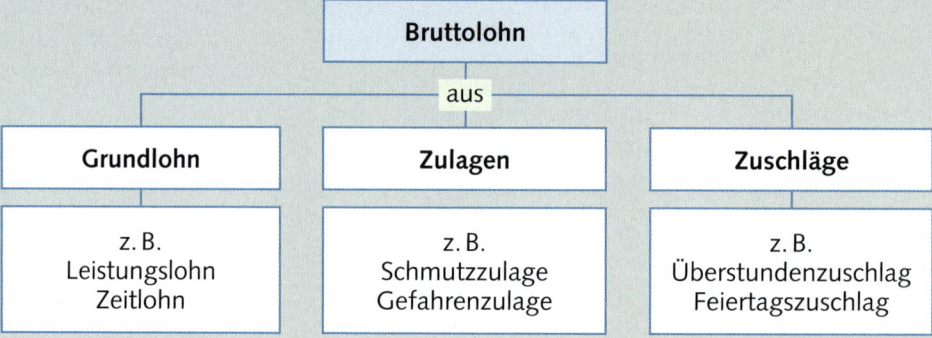

1.11.2 Berechnung des Nettolohns und des auszuzahlenden Lohns

Berechnung des auszuzahlenden Lohns	
Bruttolohn	
– gesetzliche Lohn-abzüge	Lohnsteuer
	Kirchensteuer
	Solidaritätszuschlag
	Sozialversicherungsbeiträge (KV, RV, PV,AV)
= Nettolohn	
– vL	Vermögenswirksame Leistungen einschließlich Arbeitgeber-anteil
– **Lohnpfändungen**	Falls gerichtlich angeordnet; an den Gläubiger auszuzahlen
= auszuzahlender Lohn	

1.12 Einkommensteuer und Steuererklärung

1.12.1 Grundlagen der Einkommensbesteuerung

■ Die Besteuerung von Einkommen ist die wichtigste Einnahmequelle des Staates.

■ Grundsätzlich werden alle Einkommensarten besteuert. Bemessungsgrundlage ist jeweils das **zu versteuernde Einkommen**.

■ Die für Arbeitnehmer bedeutsamste Steuer ist die **Lohnsteuer**; sie wird auf *Einkünfte aus nichtselbstständiger Arbeit* erhoben.

■ Die Höhe der monatlichen Lohnsteuerzahlung richtet sich nach der **Steuerklasse**.

■ Neben der Einkommensteuer/Lohnsteuer werden vom Einkommen auch **Kirchensteuer** und **Solidaritätszuschlag** erhoben.

■ Die Einkommensbesteuerung soll der **Steuergerechtigkeit** entsprechen; es sollen die *persönliche Leistungsfähigkeit* und die *persönlichen Lebensverhältnisse* berücksichtigt werden. Diesem Anliegen dient vor allem der Aufbau des **Steuertarifs**.

1.12.2 Steuererklärung für Einkünfte aus nichtselbstständiger Arbeit

- Die **Einkommensteuererklärung** dient der Ermittlung des zu versteuernden Einkommens.

- Für jede Einkunftsart werden die Einkünfte getrennt ermittelt und um die Werbungskosten vermindert.

- **Werbungskosten** sind Kosten, die notwendig sind, um die Einkünfte zu erzielen.

- Vom Gesamtbetrag aller Einkünfte werden die **Sonderausgaben** und die **außer gewöhnlichen Belastungen** abgezogen.

- Die Höhe des zu versteuernden Einkommens und die Steuerschuld werden vom Finanzamt ermittelt und dem Steuerpflichtigen durch den **Steuerbescheid** mitgeteilt.

2

© Gina Sanders – Fotolia.com

Verbraucher

LS

2.1 Rechtsgeschäfte

2.1.1 Rechts- und Geschäftsfähigkeit

Rechts- und Geschäftsfähigkeit erläutern.

■ Überlegen Sie, ob die Verfügung im Testament rechtlich zulässig ist.

> Testament
> Im Vollbesitz meiner geistigen Kräfte vermache ich, Hugo Gröllmann, mein gesamtes Vermögen meinem Hund Struppi.
> Hugo Gröllmann
> Burgheim, 10.03. ...

Rechtsfähigkeit

Rechtsfähigkeit

Rechtsfähigkeit bedeutet, dass einer Person bestimmte **Rechte** zustehen, dass sie aber auch **Pflichten** zu erfüllen hat. Der Begriff „Person" umfasst zunächst einmal alle Menschen. Sie werden als **natürliche Personen** bezeichnet. Ihre Rechtsfähigkeit beginnt mit der *Geburt* und endet mit dem *Tod*. Die Wahrnehmung einzelner Rechte und Pflichten ist teilweise an ein Mindestalter gebunden, z. B. Schulpflicht ab 6 Jahren, Ehefähigkeit ab 16 Jahren, Wahlrecht ab 18 Jahren usw.

Natürliche Person

Juristische Person

Von den natürlichen Personen zu unterscheiden sind die **juristischen Personen**. Sie besitzen die Rechtsfähigkeit von der Gründung (Eintrag in ein Register/staatliche Verleihung) bis zur Auflösung oder kraft Gesetzes. Juristische Personen sind die Körperschaften des Privatrechts, z. B. Kapitalgesellschaften (AG, GmbH), eingetragene Vereine und die Körperschaften des öffentlichen Rechts, z. B. Bund, Länder, IHK usw.

■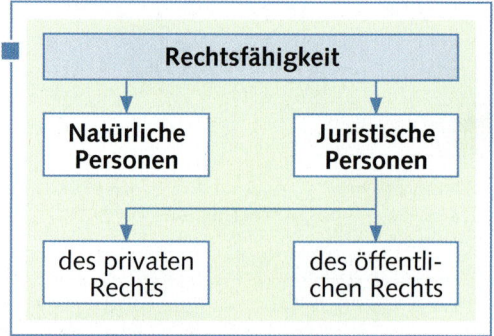

Geschäftsfähigkeit

Geschäftsfähigkeit

Geschäftsfähigkeit ist die Fähigkeit, **rechtsgeschäftliche Erklärungen** wirksam (verbindlich) abzugeben oder entgegenzunehmen.

Stufen der Geschäftsfähigkeit (§§ 104 und 106 BGB)		
Stufen	**Personen**	**Erläuterungen**
Geschäftsunfähigkeit	Kinder unter 7 Jahren, dauernd Geisteskranke	**Alle Rechtsgeschäfte sind nichtig.** Für Geschäftsunfähige handelt der gesetzliche Vertreter.
Beschränkte Geschäftsfähigkeit	Minderjährige ab vollendetem 7. Lebensjahr	**Alle Rechtsgeschäfte sind schwebend unwirksam.** Zustimmung des gesetzlichen Vertreters erforderlich. (Ausnahme: **Taschengeldgeschäfte**)
Volle Geschäftsfähigkeit	Personen ab vollendetem 18. Lebensjahr	**Alle Rechtsgeschäfte sind voll gültig.** (Gilt auch für juristische Personen.)

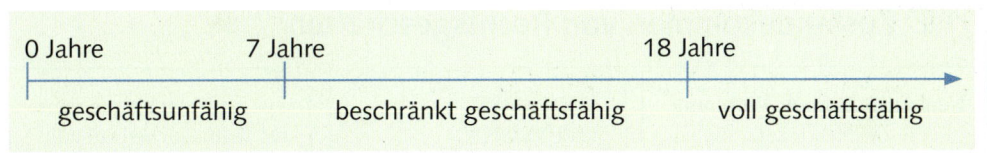

0 Jahre	7 Jahre	18 Jahre
geschäftsunfähig	beschränkt geschäftsfähig	voll geschäftsfähig

Bürgerliches Gesetzbuch

§ 1 [Beginn der Rechtsfähigkeit]
Die Rechtsfähigkeit des Menschen beginnt mit der Vollendung der Geburt.
§ 104 [Geschäftsunfähigkeit] Geschäftsunfähig ist:
1. wer nicht das siebente Lebensjahr vollendet hat;
2. wer sich in einem die freie Willensbestimmung ausschließenden Zustande krankhafter Störung der Geistestätigkeit befindet, sofern nicht der Zustand … ein vorübergehender ist.
§ 106 [Beschränkte Geschäftsfähigkeit Minderjähriger] Ein Minderjähriger, der das siebente Lebensjahr vollendet hat, ist … in der Geschäftsfähigkeit beschränkt.
§ 107 [Einwilligung des gesetzlichen Vertreters]
Der Minderjährige bedarf zu einer Willenserklärung, durch die er nicht lediglich einen rechtlichen Vorteil erlangt, der Einwilligung seines gesetzlichen Vertreters.
§ 110 [Bewirken der Leistung mit eigenen Mitteln] Ein von dem Minderjährigen ohne Zustimmung des gesetzlichen Vertreters geschlossener Vertrag gilt als von Anfang an wirksam, wenn der Minderjährige die vertragsmäßige Leistung mit Mitteln bewirkt, die ihm zu diesem Zwecke oder zu freier Verfügung … überlassen worden sind.
§ 113 [Dienst- oder Arbeitsverhältnis]
(1) Ermächtigt der gesetzliche Vertreter den Minderjährigen, in Dienst oder Arbeit zu treten, so ist der Minderjährige für solche Rechtsgeschäfte unbeschränkt geschäftsfähig, welche die Eingehung oder Aufhebung eines Dienst- oder Arbeitsverhältnisses der gestatteten Art oder die Erfüllung der sich … ergebenden Verpflichtungen betreffen. …
(2) Die Ermächtigung kann … zurückgenommen oder eingeschränkt werden.

BGB
§§ 1, 104, 106 f., 110, 113

2

Aufgaben

1 Erklären Sie den Unterschied zwischen Rechts- und Geschäftsfähigkeit.

2 Weshalb wird die Geschäftsfähigkeit in Stufen je nach Alter erweitert?

3 Am Eingang eines Hauses findet man folgende Angaben am Klingelbrett. Geben Sie an, um welche Art von Rechtsperson es sich jeweils handelt.
  - Magda Knauff
  - Handwerkskammer Berghausen
  - Sturm AG
  - Verwaltungsstelle Gemeinde Hausen
  - Rechtsanwalt C. Schlau – privat
  - Friedemann Schwarz.

4 Prüfen Sie die Fallbeispiele (Stufe der Geschäftsfähigkeit, Rechtslage). Begründen Sie Ihre Antwort.
  a) Der 16-jährige Kurt Flott kauft für 500 € ein gebrauchtes Moped. Sein Vater verweigert die Zustimmung.
  b) Der 6-jährige Knut soll im Auftrag seiner Mutter beim Bäcker einen Laib Brot holen. Die Verkäuferin weigert sich, dem Kind das Brot zu geben.
  c) Petra (15 Jahre) kauft sich von ihrem Taschengeld einen Taschenrechner für 14,98 €. Der Vater will das Geschäft rückgängig machen.
  d) Claudia Fix (17 Jahre) kündigt ihre Stelle als Angestellte ohne Wissen der Eltern.
  e) Der 17-jährige Peer Müller bestellt bei einem Versandhandel Ware im Wert von 350 € und will die Rechnung per Ratenzahlungen begleichen.

2.1.2 Zustandekommen von Rechtsgeschäften

Neubau-2-Zimmer-Wohnung, ca. 55 m², renoviert. Südbalkon, Bad mit Wanne, Dusche, WC, Fenster, Einbauküche mit Essplatz, Abstellraum, diverse Extras, 5 km Umkreis WN, ruhige Lage. Frei ab 1. März, KM 535,- € + Garage + NK. Fax: 07151/… oder ✉ unter WN11… an diese Zeitung	**AUDI AVANT TIPPTRONIC** EZ 05/2002, 133 kW, KMS 163000, ABS, Airbag, Klimaautomatik, Navigationssystem, Tempomat, Parktronic … € 9.880, Tel. 07151/….	Für die Unterstützung unseres Teams suchen wir zum baldmöglichsten Eintritt eine/n **BAUZEICHNER/IN** mit CAD-, Word- und Excelkenntnissen auf 450,00 Euro-Basis. Bewerbungen bitte per E-Mail an: …

Rechtsgeschäfte sind alle Handlungen oder **Willenserklärungen**, mit denen eine bestimmte *rechtliche Wirkung* erzielt wird. Durch Rechtsgeschäfte können rechtliche Verhältnisse zwischen Personen begründet werden (z. B. Abschluss eines Mietvertrags), verändert werden (z. B. Mieterhöhung) oder aufgehoben werden (z. B. Kündigung).

■ Rechtsgeschäfte kommen durch **Willenserklärungen** zustande.

Arten von Willenserklärungen		
Ausdrückliche Äußerung		**Schlüssiges Handeln**
Schriftlich	**Mündlich**	Z. B. Münzeinwurf in einen Automaten, Einsteigen in ein Taxi
Z. B. Angebot, Bestellung		

2.1.3 Ein- und zweiseitige Rechtsgeschäfte

Benötigt ein Rechtsgeschäft nur eine Willenserklärung, spricht man von einem **einseitigen** Rechtsgeschäft. Ist es notwendig, dass ein Betroffener diese Willenserklärung erhält, dann wird das Rechtsgeschäft als **empfangsbedürftig** bezeichnet. Dies trifft z. B. für Kündigungen oder Mahnungen zu. Entfällt diese Anforderung, z. B. bei einem Testament, so ist das Rechtsgeschäft **nicht empfangsbedürftig**.
Sogenannte **zwei- oder mehrseitige** Rechtsgeschäfte kommen nur durch zwei oder mehrere Willenserklärungen zustande. Dabei ist wichtig, dass die Willenserklärungen **übereinstimmen** bzw. sich entsprechen müssen. Zu den zwei- oder mehrseitigen Rechtsgeschäften zählen sämtliche Verträge, z. B. Kauf-, Miet-, Arbeitsvertrag.

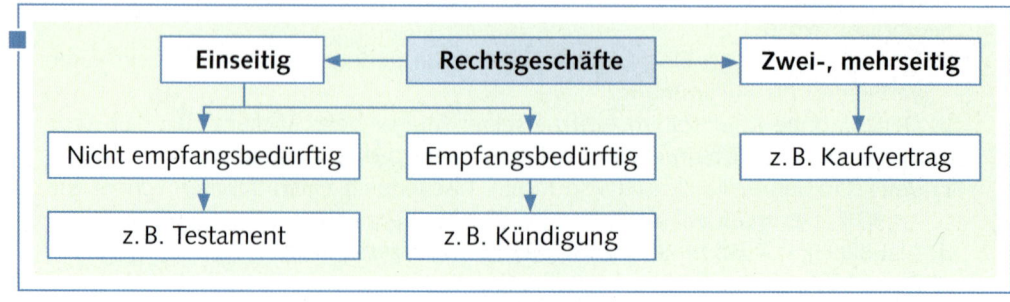

Bürgerliches Gesetzbuch

§ 130 [Wirksamwerden der Willenserklärung gegenüber Abwesenden]
(1) Eine Willenserklärung, die einem anderen gegenüber abzugeben ist, wird, wenn sie in dessen Abwesenheit abgegeben wird, in dem Zeitpunkte wirksam, in welchem sie ihm zugeht…

§ 145 [Bindung an den Antrag]
Wer einem anderen die Schließung eines Vertrags anträgt, ist an den Antrag gebunden, es sei denn, dass er die Gebundenheit ausgeschlossen hat.

§ 147 [Annahmefrist]
(1) Der einem Anwesenden gemachte Antrag kann nur sofort angenommen werden
…
(2) Der einem Abwesenden gemachte Antrag kann nur bis zu dem Zeitpunkt angenommen werden, in welchem der Antragende den Eingang der Antwort unter regelmäßigen Umständen erwarten darf.

§ 148 [Bestimmung einer Annahmefrist]
Hat der Antragende … eine Frist bestimmt, so kann die Annahme nur innerhalb der Frist erfolgen.

BGB
§§ 130, 145, 147 f.

2.1.4 Formvorschriften

Nach dem Grundsatz der **Formfreiheit** können viele Rechtsgeschäfte in jeder beliebigen Form abgeschlossen werden. Oft empfiehlt sich aber allein schon wegen der Beweisbarkeit die Schriftform. Für eine ganze Reihe von bedeutsamen Rechtsgeschäften sieht der Gesetzgeber allerdings bestimmte Vorschriften bezüglich der Gestaltung und Abwicklung vor; werden diese nicht eingehalten, sind die entsprechenden Geschäfte ungültig.

Formvorschriften

Formfreiheit

Formvorschriften	
Form	**Beispiele**
Schriftform	Raten- bzw. Abzahlungskauf, Kündigung eines Arbeitsvertrags
Öffentliche Beglaubigung	Antrag auf Eintragung ins Vereins- oder Handelsregister (Unterschrift wird beglaubigt)
Notarielle Beurkundung	Grundstücksverkäufe (Inhalt der Urkunde wird bestätigt)

Schriftform

Öffentliche Beglaubigung

Notarielle Beurkundung

2

Aufgaben

1 Definieren Sie den Begriff Willenserklärung.

2 Begründen Sie, weshalb bei manchen Rechtsgeschäften die Willenserklärung empfangsbedürftig ist.

3 Prüfen Sie, ob es sich bei folgenden Rechtsgeschäften um ein- oder zweiseitige Rechtsgeschäfte handelt:
- Dienstvertrag ▪ Vollmachtserteilung ▪ Kreditvertrag ▪ Erbvertrag

4 Geben Sie an, in welcher Form die folgenden Rechtsgeschäfte erledigt werden müssen:
- Kauf eines Autos
- Eintrag einer Firma ins Handelsregister
- Kündigung eines Arbeitsvertrags
- Kauf eines Grundstücks

5 Erläutern Sie, inwiefern jemand, der eine Willenserklärung abgibt, an diese gebunden ist.

Nichtige und **anfechtbare** Rechtsgeschäfte unterscheiden.

2.1.5 Nichtigkeit und Anfechtbarkeit

Grundsätzlich gilt das Prinzip der **Vertragsfreiheit**, d.h. Geschäftspartner können den Inhalt eines Vertrages frei aushandeln und gestalten. Außerdem steht es jedem frei, ob und mit wem er Geschäfte abschließen will. Allerdings gibt es Grenzen der Vertragsfreiheit. Die gesetzlichen Vorschriften müssen beachtet werden. Ansonsten sind die Rechtsgeschäfte **nichtig** oder **anfechtbar**.

Kreditvertrag
1. Herr Kuno Weiß erhält einen Kredit von 20.000 €.
2. Rückzahlung in Raten von 1.000 € pro Monat ab 10.10. ....
3. Zinssatz: 30 % pro Jahr
Waldheim, 15.09. ....
… …
Unterschriften

> ■ Überlegen Sie, ob alle Vereinbarungen des obenstehenden Vertrags rechtsgültig sind.

Nichtige Rechtsgeschäfte

Nichtige Rechtsgeschäfte

■ Nichtige Rechtsgeschäfte sind unwirksam, d.h. sie sind von vornherein **ungültig.**

Es gibt mehrere Ursachen, die zur Nichtigkeit führen:
- **Geschäftsunfähigkeit** oder **beschränkte Geschäftsfähigkeit**, falls der gesetzliche Vertreter seine Zustimmung verweigert (Ausnahme: Taschengeldgeschäfte)
- **Zustand der Bewusstlosigkeit** oder **vorübergehende Störung der Geistestätigkeit**, z.B. bei Volltrunkenheit
- **Verstoß gegen ein gesetzliches Verbot**, z.B. Handel mit gestohlenen Waren.
- **Formfehler**, z.B. Grundstücksverkauf ohne notarielle Beurkundung
- **Verstoß gegen die guten Sitten**, z.B. Wucher
- **Scherzgeschäfte**, d.h. nicht ernst gemeinte Geschäfte
- **Scheingeschäfte**, d.h. das Rechtsgeschäft wird in beiderseitigem Einvernehmen nur zum Schein vorgenommen, häufig um einen Dritten zu täuschen.

Anfechtbare Rechtsgeschäfte

Anfechtbare Rechtsgeschäfte

■ Anfechtbare Rechtsgeschäfte sind zunächst gültig. Sie werden erst rückwirkend durch eine erfolgreiche Anfechtung unwirksam.

Mögliche Gründe sind:
1) **Irrtum**
   a) Erklärungsirrtum, z.B. Versprechen, Verschreiben
   b) Eigenschaftsirrtum bezüglich einer Person oder Sache, z.B. Echtheit eines Gemäldes
   Zu beachten ist, dass leichtfertig geleistete Willensäußerungen nicht grundsätzlich mit der Begründung zurückgenommen werden können, es handele sich um einen Irrtum. Außerdem muss bei Anfechtung auch mit Schadenersatzansprüchen des Vertragspartners gerechnet werden.

2) **Falsche Übermittlung**, z. B. Missverständnis am Telefon
3) **Arglistige Täuschung**, z. B. Verschweigen eines Unfalls bei Gebrauchtwagen trotz Nachfrage des Käufers
4) **Widerrechtliche Drohung**, z. B. Drohung mit körperlicher Gewalt zur Erzwingung einer Unterschrift unter einen Vertrag

Die Anfechtung muss in den Fällen 1 und 2 **unverzüglich** erfolgen, d. h. sofort, nachdem der Anfechtungsgrund bekannt wurde. In den Fällen 3 und 4 beträgt die Frist **1 Jahr** ab Entdeckung der Täuschung bzw. ab Ende der Zwangslage.

© Patrick Regout – cartoonstock

„Gut, nun da ein Vertrauensverhältnis geschaffen wurde, lassen Sie uns zum Geschäftlichen kommen, oder?"

Bürgerliches Gesetzbuch   ■ BGB §§ 122 f, 138

§ 122 [Schadensersatzpflicht des Anfechtenden]
(1) Ist eine Willenserklärung … angefochten, so hat der Erklärende … den Schaden zu ersetzen, den der andere … dadurch erleidet, dass er auf die Gültigkeit der Erklärung vertraut, …

§ 123 [Anfechtbarkeit wegen Täuschung oder Drohung]
(1) Wer zur Abgabe einer Willenserklärung durch arglistige Täuschung oder widerrechtlich durch Drohung bestimmt worden ist, kann die Erklärung anfechten.

§ 138 [Sittenwidriges Rechtsgeschäft, Wucher]
(1) Ein Rechtsgeschäft, das gegen die guten Sitten verstößt, ist nichtig.
(2) Nichtig ist insbesondere ein Rechtsgeschäft, durch das jemand unter Ausbeutung der Zwangslage, der Unerfahrenheit, … der erheblichen Willensschwäche eines anderen sich … für eine Leistung Vermögensvorteile versprechen lässt, die in einem auffälligen Missverhältnis zur Leistung stehen.

Aufgaben   ■

1 Es wird zwischen anfechtbaren und nichtigen Rechtsgeschäften unterschieden. Erklären Sie den Unterschied.

2 Untersuchen Sie die unten stehenden Fälle, ob nichtige oder anfechtbare Rechtsgeschäfte vorliegen, und begründen Sie Ihre Antwort.
  a) Für eine Familienfeier benötigen Sie 25 Schnitzel. Auf dem Bestellschein haben Sie versehentlich 250 Stück eingetragen.
  b) Zum Geburtstag bestellt H. Huber seiner Freundin einen Ring, der laut Beschreibung mit einem echten Brillanten besetzt ist. Als er sich eine Uhr kauft, zeigt er den Ring einem Juwelier. Es stellt sich heraus, dass es sich um Kristallglas handelt.
  c) P. Braun ist in einer finanziellen Klemme. Er bittet K. Klein, ihm ein Darlehen über 5.000 € zu geben. Als Klein sich weigert, droht Braun, ihn wegen eines Verkehrsdeliktes anzuzeigen. Klein gibt daraufhin das Geld.
  d) S. Redlich kauft bei einer Bank Aktien. Er glaubt, dass die Aktien im Kurs steigen werden, doch leider sinkt der Wert in der nächsten Zeit ständig.

2.2 Kaufvertrag

Das häufigste Rechtsgeschäft ist der Kaufvertrag.

2.2.1 Abschluss und Inhalt eines Kaufvertrags

Wie bei jedem anderen Vertrag auch, sind zum Abschluss eines Kaufvertrages mindestens **zwei** übereinstimmende **Willenserklärungen** notwendig, die als **Antrag** und **Annahme** bezeichnet werden.

Frischer Knurrhahn		Storck Riesen	Ritter Sport
		Chocolate Chew	Schokolade verschiedene Sorten
100 g	**-.99**		
Makrelen geräuchert		200-g-Beutel	100-g-Tafel
100 g	**-.49**	**1.29**	**-.69**

Abschluss eines Kaufvertrags

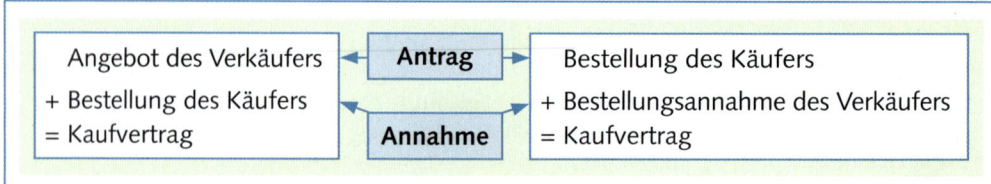

**Antrag
Annahme**

Antrag und Annahme können sowohl durch Käufer als auch Verkäufer erfolgen.

	Antrag	
Angebot des Verkäufers + Bestellung des Käufers = Kaufvertrag		Bestellung des Käufers + Bestellungsannahme des Verkäufers = Kaufvertrag
	Annahme	

■ **Beispiel für ein Angebot**

Muckermann KG   10. Nov. ....

Gebrauchtwagen-Angebot

Sehr geehrter Herr Klein,

wir danken für Ihre Anfrage und unterbreiten Ihnen folgendes Angebot:
Audi A3 Sportback Ambiente, 1.4 TFSI, 6-Gang-Getriebe, 92 kW, Silber metallic, Innenausstattung hellgrau/schwarz, Dekoreinlagen Nussbaumwurzelholz braun, Einparkhilfe hinten, Fahrerinformationssystem, Komfortklimaautomatik, Radioanlage chorus.
Fahrzeugpreis: 25.500,00 € (incl. gesetzl. Mehrwertsteuer)
Angebot gültig bis 24. Nov. ....
Unserem Angebot liegen die derzeit gültigen Verkaufsbedingungen zugrunde.

Mit freundlichen Grüßen

...

Durch den Vertragsabschluss übernehmen Käufer und Verkäufer Pflichten.

→ **Verpflichtungsgeschäft**

Bürgerliches Gesetzbuch

§ 433 [Grundpflichten des Verkäufers und des Käufers]
(1) Durch den Kaufvertrag wird der Verkäufer einer Sache verpflichtet, dem Käufer die Sache zu übergeben und das Eigentum an der Sache zu verschaffen. Der Verkäufer hat dem Käufer die Sache frei von Sach- und Rechtsmängeln zu verschaffen.
(2) Der Käufer ist verpflichtet, dem Verkäufer den vereinbarten Kaufpreis zu zahlen und die gekaufte Sache abzunehmen.

■ BGB § 433

Pflichten des Verkäufers = Rechte des Käufers	Pflichten des Käufers = Rechte des Verkäufers
Rechtzeitige und mängelfreie Lieferung	Annahme der Ware
Übertragung des Eigentums an der Ware	Eigentumsannahme
Annahme des Kaufpreises	Zahlung des Kaufpreises

Beim Abschluss eines Kaufvertrags gibt es grundsätzlich keine Formvorschriften[1]. Allerdings sollte man darauf achten, dass bei wichtigen Kaufverträgen alle bedeutsamen Inhalte möglichst schriftlich niederlegt werden. Dazu gehören:

Inhalt eines Kaufvertrags

- Art der Ware
- Qualität der Ware
- Menge
- Preis
- Lieferbedingungen
- Zahlungsbedingungen einschließlich eventueller Preisnachlässe
- Leistungsort/Gerichtsstand

Aufgaben

1 Erklären Sie, warum es sich bei der Zeitungsanzeige auf der gegenüberliegenden Seite nicht um ein Angebot im rechtlichen Sinne handelt.

2 Begründen Sie, weshalb bei wichtigen Kaufverträgen Schriftform und das genaue Aushandeln aller Bedingungen empfehlenswert ist.

3 Prüfen Sie das links stehende Angebot:
   a) Geben Sie an, welche wichtigen Informationen Herr Klein erhält.
   b) Erläutern Sie, welche Einschränkung der Verkäufer hinsichtlich der Gültigkeit des Angebots macht.
   c) Unterbreiten Sie 2 Vorschläge, was mit den „derzeit gültigen Verkaufsbedingungen" gemeint sein könnte.

[1] *Siehe Abschnitt 2.1.4 Formvorschriften*

Erfüllung des **Kaufvertrags erläutern,** zwischen **Eigentum** und **Besitz** unterscheiden.

2.2.2 Erfüllung des Kaufvertrags

Mit dem Abschluss eines Kaufvertrags verpflichten sich beide Vertragspartner zu bestimmten Leistungen. Man spricht daher von einem **Verpflichtungsgeschäft**. Durch Erbringen der Leistung endet das Schuldverhältnis, das **Erfüllungsgeschäft** ist damit vollzogen. Haben die Vertragspartner keine besonderen Regelungen getroffen, so gelten die gesetzlichen Vorschriften; bei Privatkäufern sind das die entsprechenden BGB-Regelungen.

> ■ Warum hat der Gesetzgeber Regelungen für die Abwicklung eines Kaufvertrages vorgegeben?

BGB § 269 f

> ■ **Bürgerliches Gesetzbuch**
>
> **§ 269 [Leistungsort]**
> (1) Ist ein Ort für die Leistung weder bestimmt noch aus den Umständen … zu entnehmen, so hat die Leistung an dem Orte zu erfolgen, an welchem der Schuldner … seinen Wohnsitz hatte.
> **§ 270 [Zahlungsort]**
> (1) Geld hat der Schuldner im Zweifel auf seine Gefahr und seine Kosten dem Gläubiger an dessen Wohnsitz zu übermitteln.
> (4) Die Vorschriften über den Leistungsort bleiben unberührt.

Leistungsort

■ **Leistungsort**: Der Leistungsort, auch Erfüllungsort genannt, ist der Ort, an dem der Schuldner seine Leistung zu erbringen hat. Der gesetzliche Leistungsort ist der Wohnsitz oder die gewerbliche Niederlassung des Schuldners.

Holschulden

Warenschulden sind nach dem Gesetz **Holschulden**, d. h. der Verkäufer muss die Ware am Ort seiner Niederlassung bereithalten und übergeben. Wird die Ware versendet, so trägt das Risiko der Käufer, d. h. die Gefahr geht nach Übergabe der Ware an den Transporteur auf den Kunden über. Dies gilt nicht beim **Verbrauchsgüterkauf** (Verkäufer = Unternehmer, Käufer = Verbraucher).

Verbrauchsgüterkauf

■ **Zahlungsort**: Geld muss an den Wohnsitz oder die Niederlassung des Gläubigers geschickt werden.

Bringschulden

Geldschulden sind nach dem Gesetz **Bringschulden**. Zwar hat der Käufer den Vertrag erfüllt, wenn er das Geld an seinem Wohnsitz rechtzeitig absendet, aber er trägt das Risiko der Übermittlung, z. B. bei Verlust des Geldes.

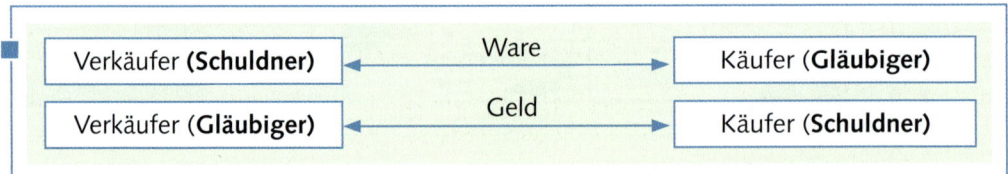

Verpackungs- und Versandkosten

■ **Verpackungs- und Versandkosten**: Übergabekosten (z. B. Produktverpackung) trägt der Verkäufer, die Versandkosten (einschließlich der Versandverpackung) gehen zu Lasten des Käufers (s. Leistungsort).

Transportkosten	
Bezeichnung	**Kostenträger**
frei Haus	Lieferer
ab Werk	Käufer
frachtfrei/frei dort	Lieferer (bis zum Bestimmungsort/-bahnhof)

■ **Gerichtsstand:** Gerichtsstand ist der Gerichtsort, an dem im Fall eines Rechtsstreits die Klage zu führen ist. Bei Streitigkeiten aus Verträgen ist das Gericht des Leistungsortes zuständig. Zum Schutz der privaten Verbraucher können diese nur am Gericht ihres Wohnsitzes verklagt werden.

Gerichtsstand

Käufer und Verkäufer können im Rahmen der gültigen Gesetze andere Absprachen treffen. Verkäufer verwenden der Einfachheit halber oft so genannte **Allgemeine Geschäftsbedingungen (AGB)**[1], in denen die wesentlichen Regelungen festgehalten werden.

Allgemeine Geschäftsbedingungen (AGB)

2.2.3 Eigentum und Besitz

Beim Kauf ist darauf zu achten, dass grundsätzlich das Eigentum an der Sache erworben wird. Davon zu unterscheiden ist der Besitz.

■ Unter **Eigentum** versteht man die **rechtliche Herrschaft** über eine Sache. **Besitz** ist die **tatsächliche Herrschaft**, also Verfügungsgewalt, über eine Sache.

Besitzer und Eigentümer müssen nicht zwangsläufig identisch sein. So sind z. B. Mieter nicht Eigentümer des gemieteten Gegenstands, wohl aber Besitzer. An gestohlenen Sachen kann kein Eigentum erworben werden.

Eigentum
Besitz

Kaufvertrag

zwischen **Firma Maier** und **Herrn/Frau Bürger**

Kaufgegenstand:	Fahrrad Typ Falter City 7
Preis:	489,00 € (incl. gesetzl. Mehrwertsteuer)
Zahlung:	bei Übergabe des Kaufgegenstandes, bar, ohne Skonto
Bereitstellungstermin:	Woche vom 15. Okt.– 22. Okt. ….
Abnahme:	innerhalb von 8 Tagen ab Bereitstellungsanzeige …

Musterstadt, 10. Oktober ….

Unterschriften

2

Aufgaben

1 Erklären Sie in eigenen Worten, was man unter der Erfüllung des Kaufvertrags versteht.

2 Erläutern Sie den Unterschied zwischen „Besitz" und „Eigentum".

3 Überprüfen Sie den oben stehenden Kaufvertrag.
   a) Stellen Sie fest, welche Regelungen bezüglich Zahlungsweise, Lieferung und Abnahme getroffen wurden.
   b) Was bedeutet „ohne Skonto"?

4 Prüfen Sie die vertraglichen Regelungen für die Transportkosten.
   a) Bestimmen Sie, welche Variante der gesetzlichen Regelung entspricht.
   b) Geben Sie an, welche Möglichkeit für den Käufer am günstigsten ist.
   c) Begründen Sie, warum viele Verkäufer diese zweite, für sie ungünstigere Variante anbieten.

5 Begründen Sie, warum die AGB immer weitere Verbreitung finden.

6 Erläutern Sie, worauf Sie achten sollten, wenn der Verkäufer mit Allgemeinen Geschäftsbedingungen arbeitet. Machen Sie 2 Vorschläge.

[1] *Siehe Abschnitt 2.6.2 Allgemeine Geschäftsbedingungen*

2.3 Störungen bei der Erfüllung von Kaufverträgen

Kaufvertragsstörungen feststellen und Folgen aufzeigen.

Bei der Erfüllung von Kaufverträgen kommt es häufiger vor, dass einer der Vertragspartner seinen Verpflichtungen nicht oder nicht in vollem Umfang nachkommt. In diesen Fällen liegt eine sogenannte Vertragsstörung vor.

2.3.1 Arten der Vertragsstörungen

Unter dem Begriff Vertragsstörungen werden der **Leistungsverzug**, der **Annahmeverzug** und der **Mangel** an der Ware zusammengefasst.

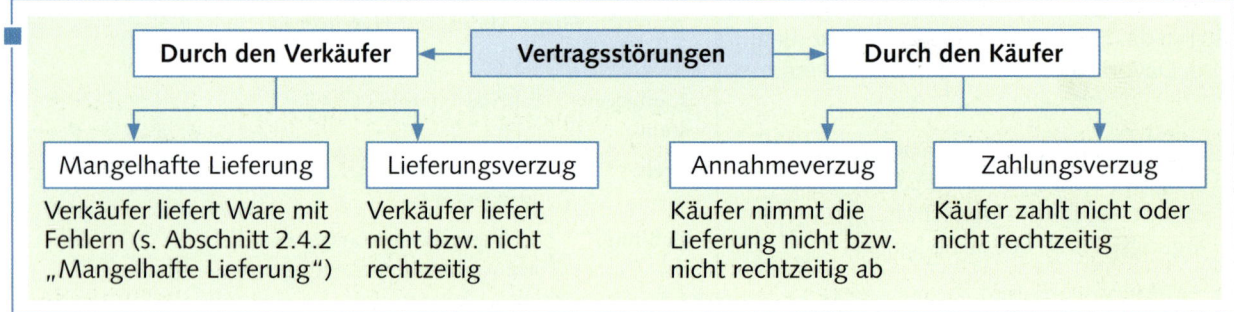

2.3.2 Zahlungsverzug

Ein Zahlungsverzug liegt nur vor, wenn der **Fälligkeitstermin** (Zeitpunkt, an dem die Zahlung zu erbringen war) überschritten ist und ein Verschulden des Leistungspflichtigen vorliegt, d. h. entweder Vorsatz oder Fahrlässigkeit.
Dem Verkäufer stehen bei Zahlungsverzug folgende Rechte zu:

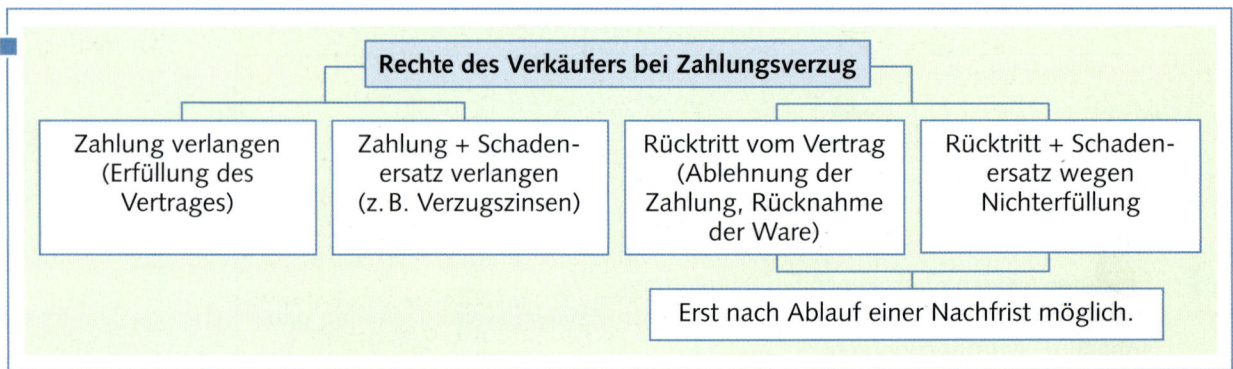

BGB § 286

Bürgerliches Gesetzbuch

§ 286 [Verzug des Schuldners]
(1) Leistet der Schuldner auf eine Mahnung des Gläubigers nicht, die nach dem Eintritt der Fälligkeit erfolgt, so kommt er durch die Mahnung in Verzug. ...
(2) Der Mahnung bedarf es nicht, wenn
1. für die Leistung eine Zeit nach dem Kalender bestimmt ist, ...
(3) Der Schuldner einer Entgeltforderung kommt spätestens in Verzug, wenn er nicht innerhalb von 30 Tagen nach Fälligkeit und Zugang einer Rechnung ... leistet: dies gilt gegenüber einem Schuldner, der Verbraucher ist nur, wenn auf diese Folgen in der Rechnung ... besonders hingewiesen worden ist. ...

Folgen von Zahlungsverzug

Wenn ein Schuldner seiner Verpflichtung zur Zahlung nicht oder nicht rechtzeitig nachkommt, erfordert dies Maßnahmen vom Gläubiger. Insbesondere dann, wenn ein Rücktritt vom Vertrag schwierig oder unmöglich ist, weil die gelieferte Sache nicht mehr existiert (z. B. Lebensmittel) oder mit anderen Sachen unauflöslich verbunden wurde (z. B. Baumaterial).

Außergerichtliche Mahnung

Zahlungsverzug bedeutet für die Zahlungsempfänger, z. B. Handwerker, dass sie einen wenigstens zeitweiligen Einnahmeausfall haben. Daher wird bei ausbleibender Zahlung der säumige Schuldner gemahnt

> Eine **Mahnung** ist die Aufforderung an den Schuldner, seinen Verpflichtungen nachzukommen.

Mahnung

Gerichtliches Mahnverfahren

Reagiert der Schuldner nicht auf Zahlungsaufforderungen, bleibt dem Gläubiger nur noch die Möglichkeit, die Schulden mit Hilfe der Gerichte einzutreiben. Das Mahnverfahren wird durch den **Antrag auf Erlass eines Mahnbescheids** beim Amtsgericht eingeleitet. Das Gericht erlässt einen Mahnbescheid und leitet ihn dem Schuldner zu.
Reagiert der Schuldner nicht, kann der Gläubiger einen **Vollstreckungsbescheid** beantragen. Sollte der Schuldner wieder nicht bezahlen, ist die Zwangsvollstreckung möglich.

> **Der Mahnbescheid ist eine Mahnung durch das Gericht.**

Gerichtliches Mahnverfahren

Mahnbescheid

Haus und Auto bin ich ja schon los geworden, aber der Gerichtsvollzieher hat trotzdem noch etwas zum Pfänden gefunden...

BITTE EINE SPENDE

SCHLEY

Vollstreckungsbescheid

Zwangsvollstreckung

Zwangsvollstreckung

Das Gericht bzw. der Gerichtsvollzieher ziehen zwangsweise aus dem Vermögen des Schuldners die Summe ein, die dem Gläubiger aufgrund eines Urteils oder eines Vollstreckungsbescheids zusteht. Die Zwangsvollstreckung wird als **Pfändung** von Sachen oder Forderungen (z. B. Lohnpfändung) durchgeführt.

Aufgaben

1 Nennen und erklären Sie die verschiedenen Möglichkeiten der Störungen bei der Erfüllung von Kaufverträgen.

2 Erläutern Sie die Rechte eines Verkäufers, dem die gelieferte Ware nicht bezahlt wird.

3 Definieren Sie den Begriff Mahnung.

4 Familie Becker hat das im Dezember gelieferte Heizöl Ende Januar des Folgejahres noch immer nicht bezahlt. Beschreiben Sie, wie der Lieferant vorgehen sollte.

2.3.3 Mangelhafte Lieferung

Arten von Sachmängeln unterscheiden, Gewährleistungsansprüche geltend machen.

Der Verkäufer hat dem Käufer grundsätzlich einwandfreie Ware zu liefern, die die zugesicherten Eigenschaften besitzt **(Sachmangelhaftung)**. Trotzdem tauchen an Waren immer wieder Mängel auf, für die der Verkäufer die Verantwortung übernehmen muss.

■ Liefert ein Verkäufer mangelhafte Ware, muss er dafür haften = Sachmangelhaftung

Es lassen sich verschiedene Arten von Mängeln unterscheiden.

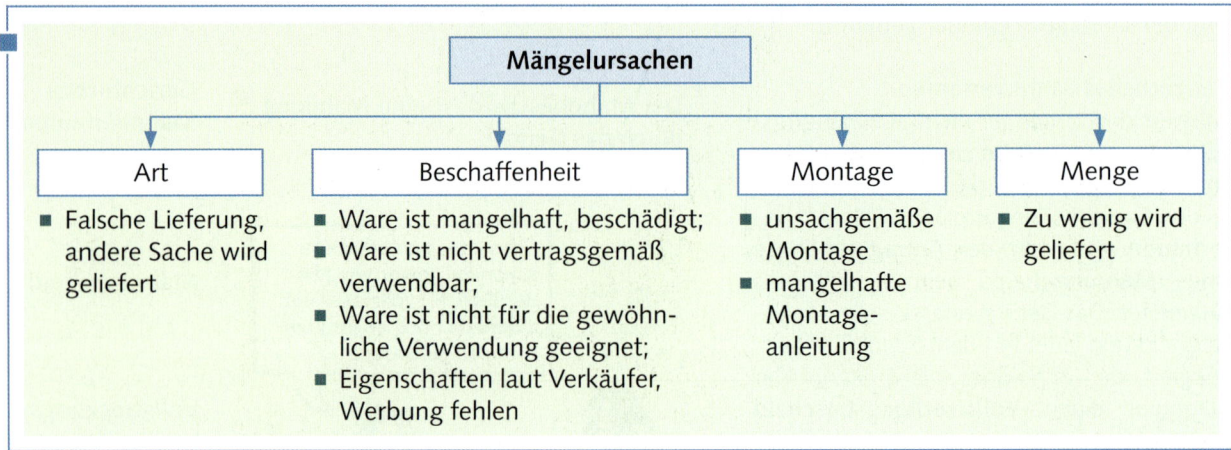

BGB § 434 ■ **Bürgerliches Gesetzbuch**

§ 434 BGB [Sachmangel]
(1) Die Sache ist frei von Sachmängeln, wenn sie … die vereinbarte Beschaffenheit hat. Soweit die Beschaffenheit nicht vereinbart ist, ist die Sache frei von Sachmängeln,
1. wenn sie sich für die nach dem Vertrag vorausgesetzte Verwendung eignet, sonst
2. wenn sie sich für die gewöhnliche Verwendung eignet und eine Beschaffenheit aufweist, die bei Sachen der gleichen Art üblich ist …
Zu der Beschaffenheit … gehören auch Eigenschaften, die der Käufer nach … Äußerungen des Verkäufers, des Herstellers … in der Werbung … erwarten kann, …

Bestellung
Gemäß der uns zugesandten Preis- und Angebotsliste Ihres Hauses bestellen wir:

Menge (Rollen, Liter, m²)	Artikel	Einzelpreis in €
10	Tapete Nr. 2573	25,95
5	Dispersionsfarbe blau	14.95
30	Teppichboden „Flausch 200", Farbe weiß	21,95

Mit freundlichen Grüßen …
Maximilian Meier

Beim Auspacken der Ware macht Herr Meier folgende Feststellungen:
■ Es sind nicht 10 Rollen Tapete geliefert worden, sondern 8.
■ Anstelle der 5 Liter Dispersionsfarbe wurde Klarlack geliefert.
■ Der Teppichboden weist an verschiedenen Stellen bräunliche Verschmutzungen auf.

Mängelrüge

Der Käufer hat die Ware zu prüfen und dem Verkäufer Mängel mitzuteilen (**Mängelrüge**). Ist der Käufer Privatmann, so sind nach § 438 BGB bestimmte Fristen für die Geltendmachung von Rechten (**Gewährleistungsansprüche**) einzuhalten:

Mängelrüge Gewährleistungsansprüche

Verjährung von Gewährleistungsansprüchen	
Anspruchsgrund	**Frist**
Mängel an beweglichen Sachen (Verbrauchsgüter)	2 Jahre ab Lieferung
Mängel an gebrauchten beweglichen Sachen	Verkürzung auf 1 Jahr möglich
Arglistig verschwiegene Mängel	3 Jahre

Verjährung von Gewährleistungsansprüchen

Vertraglich können längere Fristen vereinbart werden. Der Verkäufer haftet nicht für einen Mangel, wenn der Käufer den Mangel beim Abschluss des Kaufes kennt.

Vom Gesetzgeber gibt es keine Formvorschriften für die Mängelrüge. Es ist allerdings ratsam, folgende Gesichtspunkte zu beachten:

- Schriftform, eventuell sogar als Einschreiben mit Rückschein
- Genaue Beschreibung von Art und Umfang der Mängel

Aufgaben

1 Bestimmen Sie jeweils die Art des Mangels, der bei den Waren vorliegt:
   a) Das neue Auto hat am linken Kotflügel mehrere Kratzer.
   b) Firma Maier kauft 12 neue Arbeitsmäntel für die Beschäftigten. Bei allen Mänteln platzt eine bestimmte Naht auf.
   c) Bei Ihrem neuen Motorrad rostet bereits nach wenigen Monaten der Tank durch.
   d) Sie kaufen einen Bausatz für einen Drachen. Die Bauanleitung ist vollkommen unverständlich.
   e) Der neue Regenschirm lässt schon nach wenigen Minuten Wasser durch den Stoff dringen.
   f) Sie haben 2 CDs von AC/DC bestellt, Sie erhalten 2 CDs von den Wildecker Herzbuben.
   g) Die in der Werbung als wasserdicht bis 30 m Tiefe angepriesene Armbanduhr ist bereits nach dem ersten Schwimmbadbesuch innen am Glas mit Wassertröpfchen beschlagen.

2 Geben Sie an, welche Leistungsstörungen bei der Bestellung/Lieferung auf der linken Seite aufgetreten sind. Erklären Sie, was Herr Meier allgemein und bei den einzelnen Artikeln tun sollte.

Gewährleistungs-
ansprüche

Gesetzliche Gewährleistungsansprüche

Sind an einer Ware Mängel aufgetreten und hat der Käufer den Mangel bzw. die Mängel gerügt, so stehen ihm wegen der Sachmangelhaftung des Verkäufers verschiedene Rechte, d. h. Gewährleistungsansprüche, zu.

Nacherfüllung

Zunächst kann der Käufer die **Nacherfüllung** verlangen. Daher bezeichnet man die Nacherfüllung auch als vorrangiges Gewährleistungsrecht.

> **Überlegen Sie:**
> Was würden Sie vom Händler verlangen, wenn Sie defekte Ware erhalten hätten?

Nachbesserung
Ersatzlieferung

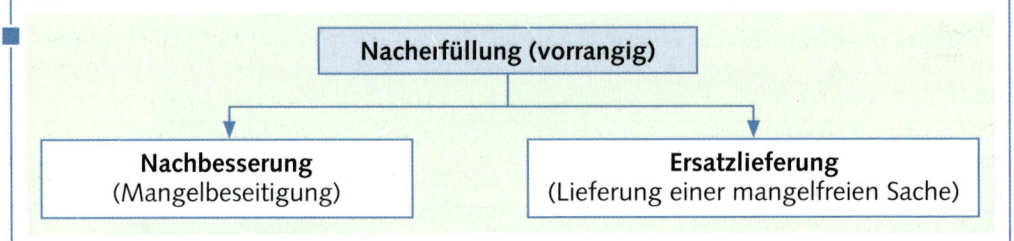

Falls die Nacherfüllung scheitert oder verweigert wird, können sogenannte nachrangige Rechte geltend gemacht werden.

Rücktritt

Minderung

Schadenersatz

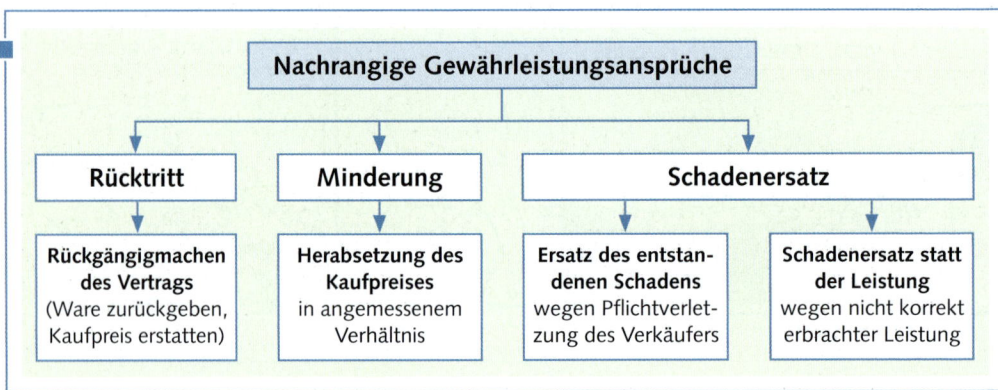

Für Rücktritt und Schadenersatz ist normalerweise zunächst eine Fristsetzung des Käufers zur Leistung bzw. Nacherfüllung nötig. Die Fristsetzung kann entfallen, wenn

- der Verkäufer Ersatzlieferung und Nachbesserung verweigert,
- die Nacherfüllung fehlschlägt (Nachbesserung: zwei erfolglose Versuche),
- die Nacherfüllung unzumutbar ist,
- besondere Umstände vorliegen, die einen sofortigen Rücktritt rechtfertigen.

BGB §§ 437, 476

Bürgerliches Gesetzbuch

§ 437 [Rechte des Käufers bei Mängeln]
Ist die Sache mangelhaft, kann der Käufer, wenn die Voraussetzungen der folgenden Vorschriften vorliegen und soweit nicht ein anderes bestimmt ist,
nach § 439 Nacherfüllung verlangen,
… vom Vertrag zurücktreten oder … den Kaufpreis mindern und
… Schadenersatz oder … Ersatz vergeblicher Aufwendungen verlangen.
§ 476 BGB [Beweislastumkehr]
Zeigt sich innerhalb von sechs Monaten … ein Sachmangel, so wird vermutet, dass die Sache bereits bei Gefahrübergang mangelhaft war, es sei denn, diese Vermutung ist mit der Art der Sache oder des Mangels unvereinbar.

Beziehungen zwischen Käufer, Verkäufer und Hersteller

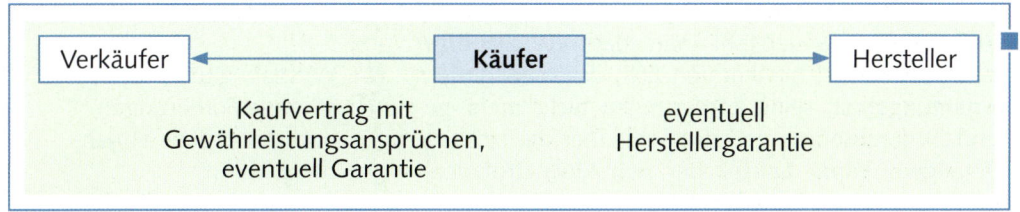

| Verkäufer | ← | **Käufer** | → | Hersteller |

Kaufvertrag mit Gewährleistungsansprüchen, eventuell Garantie

eventuell Herstellergarantie

Garantie

Einzelvertragliche Regelungen

Zwischen Käufer und Verkäufer können einzelvertragliche Abmachungen getroffen werden, die von den Regelungen des BGB abweichen. Besserstellungen des Kunden sind generell erlaubt. Werden Mängel arglistig verschwiegen oder liegt eine Beschaffenheitsgarantie vor, so sind Vereinbarungen, durch die die Rechte des Käufers eingeschränkt oder ausgeschlossen werden, nicht gültig. Beschränkungen der Endverbraucherrechte laut BGB durch den Unternehmer sind kaum möglich. So kann ein Unternehmer sich nicht auf Vereinbarungen berufen, die den Verbraucher in seinen Ansprüchen bei Mängeln an der Ware im Vergleich zu den BGB-Rechten benachteiligen. Der Unternehmer trägt außerdem in den ersten sechs Monaten der Gewährleistung die Beweislast, d. h. er muss im Zweifelsfall darlegen, dass er einwandfreie Ware geliefert hat **(Beweislastumkehr)**. Die Verwendung von **Allgemeinen Geschäftsbedingungen** (AGB)[1] durch den Verkäufer ist ebenfalls möglich. Allerdings müssen dabei ebenfalls die gesetzlichen Vorschriften beachtet werden.

"Er muss Ihnen nass geworden sein."

Beweislastumkehr

Allgemeine Geschäftsbedingungen (AGB)

Aufgaben

1. Unterbreiten Sie jeweils einen Vorschlag, welchen Anspruch der Käufer geltend machen sollte. Begründen Sie Ihre Entscheidung.
   a) Peter Müller kauft für seinen Spanienurlaub einen Reiseführer. Zu Hause stellt er fest, dass acht Seiten fehlen.
   b) Monika Mustermann wäscht ihre neue Bluse („garantiert farbecht") zusammen mit anderen Wäschestücken. Die Bluse färbt ab und verdirbt auch die anderen Kleidungsstücke.
   c) Herr Müller kauft ein gebrauchtes Auto von Schmitz. Der versichert, dass der Wagen wie neu, generalüberholt und unfallfrei sei. Dies wird auch im Vertrag festgehalten. Einen Monat später erfährt Müller von Schneider, dem Ersteigentümer, dass das Auto bereits in zwei Unfälle verwickelt war, was Schmitz auch bekannt sei.

2. Ein Kunde reklamiert berechtigterweise beim Inhaber eines Elektrogeschäfts einen Mangel an einem vor wenigen Wochen gekauften CD-Player. Der Händler wimmelt den Kunden ab und verweist ihn an den Herstellerbetrieb. Er behauptet, dass ihn das nichts angehe. Überprüfen Sie, ob der Elektrohändler den Kunden zu Recht abweist. Erklären Sie, wie man als Kunde in diesem Fall reagieren soll.

[1] Siehe Abschnitt 2.6.2 Allgemeine Geschäftsbedingungen

2.4 Verjährung von Forderungen

Unter Verjährung versteht man, dass ein Gläubiger nach Ablauf einer bestimmten Zeit, der sogenannten **Verjährungsfrist**, seine Forderungen nicht mehr gerichtlich durchsetzen und der Schuldner die Leistung verweigern kann. Leistet der Schuldner trotzdem, kann er es später aber nicht wieder zurückfordern.

■ Weshalb gibt es für bestimmte Forderungen bzw. Ansprüche Verjährungsfristen?

2.4.1 Verjährungsfristen

Verjährungsfristen

Die regelmäßige Verjährungsfrist beträgt 3 Jahre. Es gibt aber für eine ganze Reihe von Ansprüchen auch kürzere Fristen.

Verjährungsfristen		
Frist	**Ansprüche**	**Fristbeginn**
1 Jahr	■ auf Gewährleistung aus Kaufverträgen bei gebrauchter Ware, falls der Verkäufer die gesetzlich mögliche Fristverkürzung nutzt	■ Mit der Übergabe der Sache.
2 Jahre	■ auf Gewährleistung aus Kaufverträgen (bewegliche Sachen)	■ Mit der Übergabe der Sache.
3 Jahre regelmäßige Verjährungsfrist	■ aus Verträgen des täglichen Lebens ■ aus unerlaubten Handlungen ■ wegen arglistigen Verschweigens von Mängeln an Gegenständen	■ Mit dem Schluss des Jahres, in dem der Anspruch entstanden ist und Kenntnis oder Kennenmüssen der Person des Schuldners und des Anspruchsgrundes.*

Die Verjährungshöchstfristen betragen je nach Sachverhalt zehn Jahre ab ihrer Entstehung bzw. 30 Jahre ab Begehung der Handlung, der Pflichtverletzung oder dem Schaden auslösenden Ereignis.

2.4.2 Neubeginn und Hemmung der Verjährung

Neubeginn der Verjährung
Hemmung der Verjährung

Bei einem **Neubeginn** der Verjährung beginnt die Verjährungsfrist komplett noch einmal zu laufen.
Bei der **Hemmung** steht die Verjährung für eine bestimmte Zeit still, danach setzt sich die Verjährung fort, **die Frist verlängert sich also um den Zeitraum der Hemmung**.

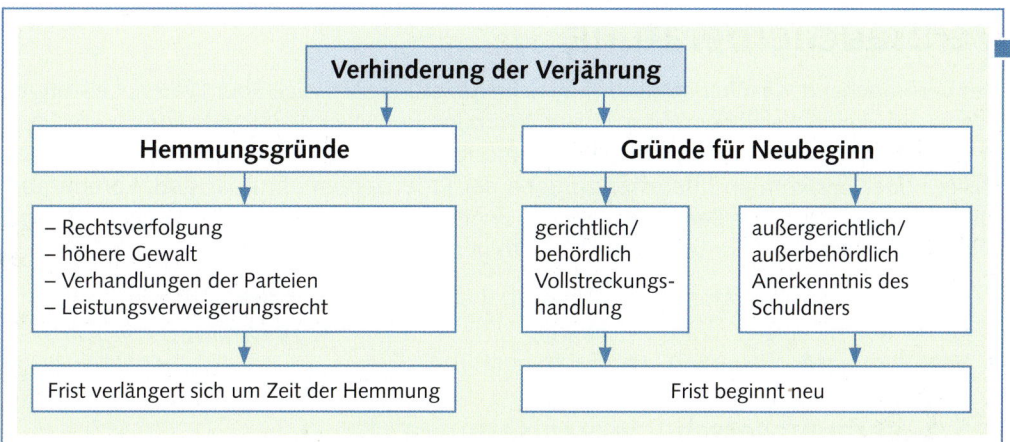

Fallbeispiel

Der Klempnermeister Schmid reparierte am 29. Juni des Vorjahres für Herrn Müller eine undichte Wasserleitung. Die Kosten beliefen sich auf 349,89 €. Die Zahlung des Betrags musste laut Rechnung (Datum: 25. Nov.) bis spätestens 15. Dez. erfolgt sein. Herr Müller vergisst zu zahlen. Schmid stellt erst am 13. Februar des laufenden Jahres (Jahr 01) fest, dass der Betrag nicht eingegangen ist. Schmid schickt daraufhin Müller eine Mahnung. Müller ist die Sache peinlich, denn leider kann er momentan nicht vollständig zahlen. Er leistet eine Teilzahlung von 50 € und bittet Schmid am 24. März um eine Stundung der Restsumme. Schmid gewährt am 1. April die Stundung bis Ende des Monats.
Darstellung des Verjährungsverlaufs für das Fallbeispiel (nicht maßstabsgetreu)

a) mit Berücksichtigung des Neubeginns der Verjährung

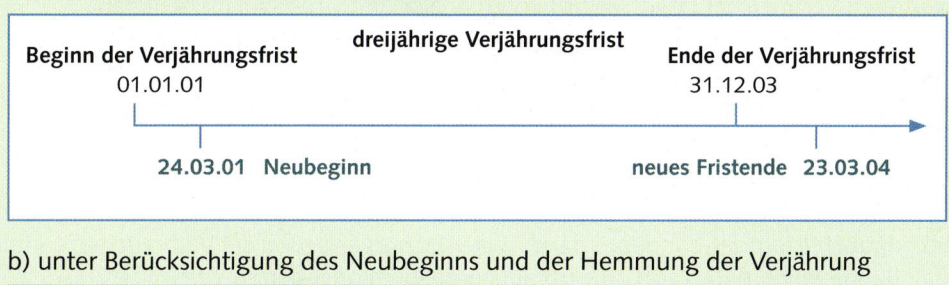

b) unter Berücksichtigung des Neubeginns und der Hemmung der Verjährung

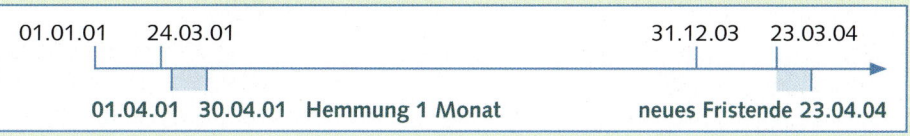

Aufgaben

1 Erklären Sie in eigenen Worten den Begriff „Verjährung".

2 Unterscheiden Sie zwischen „Neubeginn" und „Hemmung" der Verjährung.

3 Lesen Sie in der obigen Darstellung ab, wie sich die Verjährungsfrist durch Neubeginn und Hemmung verschiebt. Zeichnen Sie den Zeitstrahl mit den aktuellen Jahreszahlen.

2.5 Verbraucherberatung

Möglichkeiten der Verbraucherberatung darstellen.

Der Verbraucher hat in Deutschland zahlreiche Möglichkeiten, sich über Waren, Leistungen usw. zu informieren und beraten zu lassen. Werbung und Warenkennzeichnung bieten dem Verbraucher Angaben des Herstellers. Informationen, die unabhängig von einzelnen Herstellern oder bestimmten Interessengruppen der Produzenten abrufbar sind, kommt aber ebenfalls eine besondere Bedeutung zu. Die Beratung oder die Information über Veröffentlichungen erstreckt sich unter anderem auf folgende Bereiche:

- Kredit-, Schuldnerberatung
- Geldanlagen
- Versicherungen
- Haushalt, Freizeit
- Energie
- Geräteberatung
- Patientenrechte
- Ernährung

2.5.1 Verbraucherschutzorganisationen

Stiftung Warentest

Stiftung Warentest

Die Stiftung Warentest soll den Gebrauchswert sowie die Umweltverträglichkeit von Waren und Leistungen überprüfen und die Öffentlichkeit über die Ergebnisse informieren. Die vergleichenden Warentests haben den Vorteil, dass der Markt für den Verbraucher in Bezug auf Produktpalette, Qualitätsunterschiede und Preisspanne bei einem Produkt übersichtlicher wird.

Verbraucherzentrale

Verbraucherzentralen und Verbraucherberatungsstellen

In jedem Bundesland besteht eine Verbraucherzentrale, der die Verbraucherberatungsstellen in vielen größeren Städten angeschlossen sind. Sie

- „verfolgen Rechtsverstöße (etwa durch irreführende Werbung oder unzulässige Vertragsklauseln) durch Abmahnungen und Klagen
- vertreten Verbraucherinteressen auf kommunaler und landespolitischer Ebene
- informieren Medien und Öffentlichkeit über wichtige Verbraucherthemen
- führen verbraucherrelevante Aktionen, Projekte und Ausstellungen durch und
- arbeiten mit Schulen und Einrichtungen der Jugend- und Erwachsenenbildung zusammen.“ [1]

[1] Entnommen der Internetseite der Verbraucherzentralen

Verbraucherzentrale Bundesverband

Verbraucherzentrale Bundesverband

Der Verbraucherzentrale Bundesverband ist die Dachorganisation der Verbraucherzentralen in den Bundesländern und von 26 verbraucherpolitisch orientierten Verbänden.
Er berät die Politik, vertritt gegenüber den Politikern die Verbraucherinteressen und fördert die Verbraucherberatung.

Entnommen www.verbraucherzentrale.de am 25.04.2016

Arsen in Reis – Vorsicht bei Säuglingen und Kleinkindern

Eltern sollten auf Abwechslung beim Getreide achten

In großen Mengen kann anorganisches Arsen Krebs auslösen. Da es oft in Reis vorkommt, ist Vorsicht geboten. Ganz auf Reis verzichten muss man aber nicht. Reis ist häufig mit Arsen belastet. Betroffen von gesundheitlich problematischen Arsenmengen sind Personen, die sehr viel Reis essen sowie (kleine) Kinder. Denn viele Babybreie enthalten Reis, und gerade Kleinkinder essen häufig die besonders belasteten Reiswaffeln. Anorganisches Arsen gilt als krebserregend; es regelmäßig selbst in kleinen Mengen aufzunehmen, schädigt Gefäße und Ner-

ven. Außerdem können Herz-Kreislauf-Erkrankungen gefördert werden. … Das Vorkommen von anorganischem Arsen in Lebensmitteln … lässt sich aber nicht vollständig vermeiden, da das Element natürlicher Bestandteil des Bodens ist. Vor allem Reis und Reisprodukte wie zum Beispiel Reiswaffeln oder Reisbrei für Kleinkinder können relativ hohe Gehalte an anorganischem Arsen aufweisen. Daher wurden Ende Juni in der Europäischen Union Höchstmengen für anorganisches Arsen in Reis, Reiskeksen, Reiswaffeln, … Reis für die Herstellung von Lebensmitteln für Säuglinge und Kleinkinder festgelegt. Diese Werte gelten ab 1. Januar 2016

Mieterbund

In allen Mietrechtsfragen beraten der Deutsche Mieterbund und die angeschlossenen Mietervereine (Landesverbände und Vereine in den größeren Städten) **ihre Mitglieder**. Dadurch soll die Position der Mieter gegenüber den Vermietern gestärkt werden **(Mieterschutz)**. Es gibt folgende Beratungsgebiete:

- Mietvertragsabschluss
- Rechte und Pflichten
- Kündigung
- Miethöhe
- Mietkaution
- Betriebs-/Nebenkostenabrechnung

Mieterbund

Mieterschutz

2.5.2 Publikationen

Die Massenmedien bieten eine breite Palette von Sendungen und Beiträgen, die dem Verbraucher wichtige Tipps und Informationen liefern, z. B. die Sendungen „markt", „Marktcheck", „m€x.das marktmagazin" in den dritten Fernsehprogrammen und „**WISO**" im ZDF. Besonders bekannt ist die Zeitschrift „**test**" der Stiftung Warentest. Die verschiedenen Organisationen, die im Bereich Verbraucherberatung und Verbraucherschutz tätig sind, veröffentlichen ihre Informationen und Untersuchungsergebnisse in Zeitschriften und Broschüren. Eine weitere Informationsquelle sind die Veröffentlichungen der Bundesregierung und der einzelnen Ministerien.

Ab Ende 2012: Ein Tarif für beide Geschlechter

Das Geschlecht ist kein Risikofaktor – Unisex-Tarife kommen für Versicherungen

Versicherungen müssen künftig für Männer und Frauen die gleichen Tarife anbieten. Spätestens Ende 2012 soll es sogenannte Unisex-Tarife geben. Denn der Europäische Gerichtshof hält das Geschlecht als Risikofaktor für diskriminierend. Auch wenn Männer statistisch gesehen mehr Unfälle bauen und Frauen länger leben.

Quelle: WISO, ZDF, 07.03.2011

Aufgaben

1 Es gibt eine ganze Reihe von Verbraucherberatungseinrichtungen.
   a) Begründen Sie, weshalb die Beratung dieser Organisationen meist besser für den Verbraucher ist als die Information durch den Hersteller oder Verkäufer.
   b) Geben Sie 3 Fallbeispiele an, bei denen der Kunde diese Organisationen in Anspruch nehmen sollte.

2 Erläutern Sie, warum die Testergebnisse der Stiftung Warentest einen genaueren Vergleich von gleichartigen Waren verschiedener Hersteller bieten als die Beachtung der Gütezeichen und sonstiger direkt angebrachter Informationen.

3 Lesen Sie den Artikel auf der linken Seite.
   a) Erklären Sie, warum die Europäische Union Höchstmengen von Arsen in Reis und Reisprodukten festgelegt hat.
   b) Stiftung Warentest informiert über das Thema. Begründen Sie, weshalb dies wichtig ist.

4 Untersuchen Sie den oben stehenden WISO-Artikel.
   a) Formulieren Sie in Ihren Worten das Urteil des Europäischen Gerichtshofs.
   b) Erläutern Sie, womit der Gerichtshof das Urteil begründet.
   c) Geben Sie die zu erwartenden Folgen des Urteils für Versicherungsnehmer an. Begründen Sie Ihre Antwort.

2

2.6 Verbraucherschutzbestimmungen

2.6.1 Fernabsatzverträge

Mit dem zunehmenden Handel über das Internet gewinnen die Regelungen zum sogenannten Fernabsatz an Bedeutung. Unter Fernabsatzverträgen versteht man, dass zur Anbahnung oder zum Abschluss eines Vertrages, der der Lieferung von Waren oder Erbringung von Dienstleistungen dient, ausschließlich Fernkommunikationsmittel zwischen Unternehmer und Verbraucher eingesetzt werden. Als Fernkommunikationsmittel gelten u. a.:

- Briefe
- E-Mails
- Kataloge
- SMS
- Telefonanrufe
- Rundfunk
- Telekopien
- Telemedien

**EGBGB
Art. 246, § 1**

> **Einführungsgesetz zum BGB – Art. 246 a**
>
> **§ 1 [Informationspflichten]**
> (1) Der Unternehmer ist … verpflichtet, dem Verbraucher folgende Informationen zur Verfügung zu stellen:
> 1. die wesentlichen Eigenschaften der Ware oder Dienstleistung …
> 2. seine Identität, …
> 4. den Gesamtpreis … einschließlich aller Steuern und Abgaben, …
> 7. die Zahlungs-, Liefer- und Leistungsbedingungen, …
> 11. gegebenenfalls die Laufzeit des Vertrags oder die Bedingungen der Kündigung …

BGB § 312 e, f

> **Bürgerliches Gesetzbuch**
>
> **§ 312 e [Verletzung von Informationspflichten über Kosten]**
> Der Unternehmer kann von dem Verbraucher Fracht-, Liefer- oder Versandkosten und sonstige Kosten nur verlangen, soweit er den Verbraucher über diese Kosten entsprechend … informiert hat.
>
> **§ 312 f [Abschriften und Bestätigungen]**
> (2) Bei Fernabsatzverträgen ist der Unternehmer verpflichtet, dem Verbraucher eine Bestätigung des Vertrags, in der der Vertragsinhalt wiedergegeben ist, … auf einem dauerhaften Datenträger zur Verfügung zu stellen. …

Dem Verbraucher steht ein **Widerrufsrecht** zu. Der Widerruf erfolgt durch Erklärung gegenüber dem Unternehmer. Beim Fernabsatz besteht die Möglichkeit, ein Musterwiderrufsformular zu verwenden, das der Unternehmer zur Verfügung stellt. Dies ist allerdings nicht zwingend. Der Widerruf muss keine Begründung enthalten. Die rechtzeitige Absendung des Widerrufs genügt zur Fristwahrung. Sie beträgt **14 Tage**. Sie beginnt – falls nichts anderes bestimmt wurde – mit Vertragsschluss. Bei Verbrauchsgüterkäufen (Der Verbraucher kauft von einem Unternehmer.) beginnt die Frist mit Erhalt der Ware. Im Falle des Widerrufs ist die Ware sofort, spätestens nach 14 Tagen zurückzusenden. Die Gefahr der Rücksendung trägt der Unternehmer.

Ausnahmen vom Widerrufsrecht gelten bei Fernabsatzverträgen zur Lieferung/Erbringung von
- verderblichen Waren,
- Waren, die aus hygienischen Gründen versiegelt sind, falls die Versiegelung entfernt wurde,
- Ton, Videoaufnahmen oder Computersoftware, falls die Versiegelung entfernt wurde,
- Finanzdienstleistungen, deren Preis von Schwankungen auf dem Finanzmarkt abhängt, z. B. Aktien
- usw.

> **Bürgerliches Gesetzbuch**
>
> **§ 312 g [Widerrufsrecht]**
> (1) Dem Verbraucher steht bei außerhalb von Geschäftsräumen geschlossenen Verträgen und bei Fernabsatzverträgen ein Widerrufsrecht … zu.
> **§ 356 [Widerrufsrecht bei außerhalb von Geschäftsräumen geschlossenen Verträgen und Fernabsatzverträgen]**
> (2) Die Widerrufsfrist beginnt
> 1. bei einem Verbrauchsgüterkauf,
> a) … sobald der Verbraucher oder ein von ihm benannter Dritter, …, die Ware erhalten hat,
> …
> (3) Die Widerrufsfrist beginnt nicht, bevor der Unternehmer den Verbraucher entsprechend … unterrichtet hat. Das Widerrufsrecht erlischt spätestens zwölf Monate und 14 Tage nach dem in Absatz 2 … genannten Zeitpunkt.

■ BGB § 312g, 356

Außerhalb von Geschäftsräumen geschlossene Verträge (Haustürgeschäfte)

Von „Haustürgeschäften" wird gesprochen, wenn bei folgenden Gelegenheiten Geschäfte abgeschlossen werden:
- durch mündliches Verhandeln in einer Privatwohnung,
- durch mündliches Verhandeln am Arbeitsplatz,
- bei einer „Kaffeefahrt" oder entsprechenden Freizeitveranstaltung,
- im Anschluss an ein überraschendes Ansprechen in Verkehrsmitteln oder im Bereich öffentlicher Verkehrswege.

Diese Geschäfte unterliegen den Regelungen des BGB bei Haustürgeschäften. Sie entsprechen im Großen und Ganzen den Regelungen für den Fernabsatz.

Neben den bereits beim Fernabsatz genannten Gründen ist ein Widerruf auch dann nicht möglich, wenn der Wert der Ware oder Leistung maximal 40 € beträgt und sie sofort ausgehändigt oder erfüllt wird.

> **Aufgaben**
>
> 1 Für den Fernabsatz wurden eigene Regelungen erlassen. Erklären Sie, warum für diesen Bereich besondere und strenge Bestimmungen sinnvoll sind.
>
> 2 Begründen Sie, warum beim Fernabsatz das Widerrufsrecht so wichtig ist.
>
> 3 Erläutern Sie, worauf beim Widerruf zu achten ist.
>
> 4 Der Gesetzgeber erlaubt Ausnahmen beim Widerrufsrecht im Fernabsatz. Begründen Sie, warum diese Ausnahmen gestattet werden.
>
> 5 Erklären Sie, was unter einer Kaffeefahrt zu verstehen ist.

2.6.2 Allgemeine Geschäftsbedingungen

Die **Bedeutung** der AGB erläutern, gesetzliche Regelungen beschreiben.

Allgemeine Geschäftsbedingungen (AGB)

ALLGEMEINE GESCHÄFTSBEDINGUNGEN
Für unsere Leistungen und Lieferungen gelten ausschließlich die nachstehenden Allgemeinen Geschäftsbedingungen.

I. Leistungen und Reparaturbedingungen
1. Reparaturpreisangabe und Kostengrenze
Soweit technisch möglich, wird dem Kunden bei Auftragserteilung der vermutliche Reparaturpreis genannt, anderenfalls kann der Kunde eine Kostengrenze setzen. …

II. Verkaufsbedingungen
1. Eigentumsvorbehalt
1.1 Die verkauften Gegenstände und Anlagen bleiben Eigentum des Verkäufers bis zur vollständigen Erfüllung aller Forderungen, …

Das Bürgerliche Recht garantiert Vertragspartnern, z. B. Verkäufer und Käufer, grundsätzlich die Vertragsfreiheit. Daher sind selbstverständlich auch vorformulierte Vertragsbedingungen – **Allgemeine Geschäftsbedingungen (AGB)** – zulässig. Sie sind praktisch, da sie Zeit sparen und den Vertragsabschluss erleichtern können.
Allerdings besteht die Gefahr, dass dadurch Verbraucherrechte eingeschränkt werden. Daher sind wichtige Bestimmungen im Zusammenhang mit der Verwendung von Allgemeinen Geschäftsbedingungen im BGB geregelt. So soll verhindert werden, dass Kunden durch das „Kleingedruckte" in Verträgen stark benachteiligt werden.

BGB § 305

■ **Bürgerlichen Gesetzbuch**

§ 305 [Einbeziehung allgemeiner Geschäftsbedingungen in den Vertrag]
(1) Allgemeine Geschäftsbedingungen sind alle für eine Vielzahl von Verträgen vorformulierten Vertragsbedingungen, die eine Vertragspartei (Verwender) der anderen Vertragspartei bei Abschluss eines Vertrages stellt …

Wichtige Regelungen für Allgemeine Geschäftsbedingungen

Allgemeine Geschäftsbedingungen sind rechtlich nur wirksam, wenn sie **Vertragsbestandteil** sind. Dazu muss der Verwender (im Normalfall der Verkäufer, Dienstleister) folgende Voraussetzungen schaffen:

- Er muss den Kunden ausdrücklich auf die Allgemeinen Geschäftsbedingungen hinweisen.
- Er muss dem Kunden die Möglichkeit geben, sie zur Kenntnis zu nehmen.
- Außerdem muss der Kunde mit ihrer Geltung einverstanden sein.

Grundsätzlich gilt, dass bei Verwendung von Allgemeinen Geschäftsbedingungen der Kunde nicht unangemessen benachteiligt werden darf.

Überraschende Klauseln in AGB

Überraschende Klauseln (d. h. Klauseln, mit denen der Kunde nicht hätte rechnen müssen) werden nicht Vertragsbestandteil. Unklare Regelungen gehen zu Lasten des

■ Absprachen zwischen den Vertragspartnern haben Vorrang vor AGB-Regelungen.

Unwirksame Klauseln in AGB

Rücktrittsvorbehalt

Verwenders. **Unwirksame Klauseln** in Allgemeinen Geschäftsbedingungen:
- Bestimmungen, dass der Verwender ohne sachlichen Grund von seiner Leistungspflicht zurücktreten kann (**Rücktrittsvorbehalt**).
- Kurzfristige Preiserhöhungen.
- Ausschluss der Gewährleistungsansprüche einschließlich der Nachbesserung und Ersatzlieferung bei neuen Sachen oder Leistungen.
- Beschränkung der Gewährleistung auf Nacherfüllung.
- Verkürzung der gesetzlichen Gewährleistungsfristen.
- Mängelbeseitigung oder Ersatzlieferung erst nach vorheriger Zahlung des vollständigen Preises usw.

Fallbeispiel 1

Geben Sie an, welche Bestimmung der AGB-Regelungen betroffen ist.

Kuno Müller bestellt beim Elektrohänler Schmidt eine teure Waschmaschine. Die Waschmaschine soll seine Frau zum Geburtstag am 28. Oktober erhalten. Als Liefertermin wird im schriftlichen Vertrag der 14. Oktober vereinbart. Am 18. Oktober fragt Müller wegen der Waschmaschine nach. Sie kann nicht geliefert werden. Müller setzt Schmidt daraufhin eine Frist bis 25. Oktober und droht den Rücktritt vom Vertrag an, wenn bis dahin nicht geliefert wird. Als die Frist verstrichen ist und Müller zurücktreten will, erklärt Schmidt, dies sei nicht möglich, da in den verwendeten Allgemeinen Geschäftsbedingungen stehe, dass ein Rücktritt des Kunden nicht möglich sei.

Fallbeispiel 2

Was wird laut Auftragsbestätigung verkauft? Welche Absprachen wurden für den Verkauf getroffen?

Media Müller   TV – Video – HIFI

Datum: 12.12. …   Beleg-Nr.: 123-456 (Bitte stets angeben)

Auftragsbestätigung

Zahlungsbedingungen: Anzahlung 150 €;   Lieferbedingungen: Abholung
                          Rest bei Erhalt der Ware

Wir liefern Ihnen zu unseren umseitigen allgemeinen Geschäftsbedingungen:

Pos.	Waren-gruppe	Hersteller	Typenbez.	Gar.zeit	Menge	Einzelpreis	Gesamtpreis
01	TV	Telegen	CV 12	24	1	1343,70 €	1343,70 €
						Nettopreis	1343,70 €
						19 % MWSt	255,30 €
Unterschrift Kunde …………………………						Gesamtbetrag	1599,00 €

Aufgaben

1 Nennen Sie 4 in AGB laut Gesetz unwirksame Klauseln und begründen Sie, warum diese Klauseln nicht gültig sind.

2 Überprüfen Sie das **Fallbeispiel 1**.
   a) Erklären Sie, ob Schmidt recht damit hat, dass der Rücktritt ausgeschlossen ist.
   b) Beschreiben Sie, welche Folgen sich für Müller und Schmidt ergeben können.

3 Überprüfen Sie die Auftragsbestätigung in **Fallbeispiel 2**.
   a) Erläutern Sie, welche Regelungen Sie bei den Lieferbedingungen aushandeln würden.
   b) Begründen Sie, ob die AGB gültig sind.

2.7 Zahlungsverkehr

Grundlagen des **Girokontos** beschreiben und **Konditionen** vergleichen.

Unter Zahlungsverkehr versteht man die Übertragung von Geld zwischen privaten und öffentlichen Haushalten, Unternehmen und dem Ausland. Der Besitz eines Girokontos ist eine wesentliche Voraussetzung, um am modernen Zahlungsverkehr teilnehmen zu können.

> ■ Überlegen Sie: Was wäre, wenn es das Geldwesen nicht gäbe?

2.7.1 Girokonto

Im Berufsleben gilt es als eine Selbstverständlichkeit, dass Arbeitnehmer und auch Auszubildende ein Girokonto, auch als Lohn- oder Gehaltskonto bezeichnet, bei einer Bank oder Sparkasse haben und dass auf dieses die Löhne und Gehälter überwiesen werden. Die Konditionen der einzelnen Institute für Bereitstellung und Führen eines Girokontos sind sehr unterschiedlich.

Anbieter	Gebühren	Zinsen	Besonderheiten
ING-Diba	Konto 0 € EC 0 € Visa (Debitkarte) 0 €	Guth. 0,01 % Dispo 6,99 %	■ 50 € Eröffnungsbonus bei Nutzung als Gehaltskonto für Neukunden. ■ Gebührenfrei abheben an über 57.000 VISA-Geldautomaten in Deutschland und allen Euro-Ländern.
Commerz-bank	Konto 0 € EC 0 € Mastercard 0 €	Guth. 0,0 % Dispo 9,75 %	■ 100 € Gutschrift bei aktiver Kontonutzung. ■ Kostenlos mit der Girocard Bargeld abheben an 9.000 Geldautomaten der Cash Group.
DKB	Konto 0 € EC 0 € Visa 0 €	Guth. 0,01 % Dispo 6,74 %	■ Kostenloses Girokonto ohne Bedingungen. ■ Gebührenfrei abheben an VISA-Geldautomaten ■ in Deutschland in Euro-Ländern, wenn ohne einen mtl. Geldeingang von mind. 700 €.

www.finanzen.check24.de/Bestes/Girokonto 2020

Eröffnung eines Girokontos

Beschränkt Geschäftsfähige bedürfen zur Eröffnung eines Girokontos der schriftlichen Zustimmung des gesetzlichen Vertreters, in der Regel also der Eltern. Für Minderjährige, die ermächtigt sind, ein Dienstverhältnis (Ausbildung oder Arbeitsverhältnis) einzugehen, eröffnen die Geldinstitute Girokonten auch ohne Mitwirkung der Eltern. Da bei Minderjährigen die gesetzlichen Vertreter für deren **Schulden** haften, kann mit dem Kreditinstitut vereinbart werden, dass eine Überziehung des Kontos nicht möglich ist.

SCHUFA

Mit dem Kontoeröffnungsantrag ist häufig die Einwilligung zur Übermittlung von Daten an die **Schufa** Holding AG verbunden. Die „SCHUFA" ist eine privatwirtschaftlich organisierte Wirtschaftsauskunftei, die von kreditgebenden Unternehmen getragen wird.

Verfügungsmöglichkeiten

Sichteinlagen

Einlagen auf Girokonten werden in der Fachsprache als **Sichteinlagen** bezeichnet, weil über das Guthaben **jederzeit**, d. h. „bei Sicht" verfügt werden kann. Über das Konto kann in erster Linie der Kontoinhaber verfügen. Damit die Bank prüfen kann, ob Verfügungen durch einen Unberechtigten vorgenommen werden, muss der Kunde bei Kontoeröffnung eine Unterschriftsprobe abgeben. Durch das Eintragen zusätzlicher Personen (z. B. Eltern, Ehe-

Kontovollmacht

gatte usw.) auf dem Unterschriftenblatt (**Kontovollmacht** oder **Verfügungsberechtigung** genannt) können auch diese über das Konto verfügen.

Über die Verfügungen erhält der Kunde regelmäßig einen Kontoauszug.

Girokonto 123456789 BLZ 614 500 50			Kontoauszug	7
Kreissparkasse			Blatt	3
Datum	Erläuterungen	Wert		Betrag
25.04.20..	Kartenzahlung	25.04.	79,99–	
	ALDI SUED SAGT DANKE			
	EC 65246908 240412191815IC4			
25.04.20..	Kartenzahlung	25.04.	176,00–	
	FOTO HIRRLINGER GMBH			
	EC 65527841 240412162044OC1			
25.04.20..	Verfügung Geldautomat	25.04.	300,00–	
	GA NR00002390 BLZ61450050 1			
	25.04/08.06UHR PELZWASEN			
			– – – – – – – – – –	
Kontostand am 25.04.20.., 08:07 Uhr				18,09+
Dispokredit	600,00			

Wertstellung

Buchungstag und **Wertstellung** können zeitlich auseinanderfallen. Die Wertstellung regelt den Zeitpunkt, zu dem die Kontobewegung für die Zinsberechnung angesetzt wird.

Dispositionskredit und Kontoüberziehung

Bei regelmäßigen Einkünftenx wird Kunden i. d. R. automatisch ein **Dispositionskredit** (max. dreifaches Monatseinkommen) eingeräumt. **Kontoüberziehung** ist die vorübergehende Überziehung des Kontos ohne zugesagten Dispositionskredit oder über die zugesagte Dispositionskreditlinie hinaus. Für den in Anspruch genommenen Betrag über die Dispositionskreditlinie hinaus wird ein höherer Zinssatz (**Überziehungszins**) als für den Dispokredit fällig.

Dispositionskredit

Kontoüberziehung

2.7.2 Formen des Zahlungsverkehrs

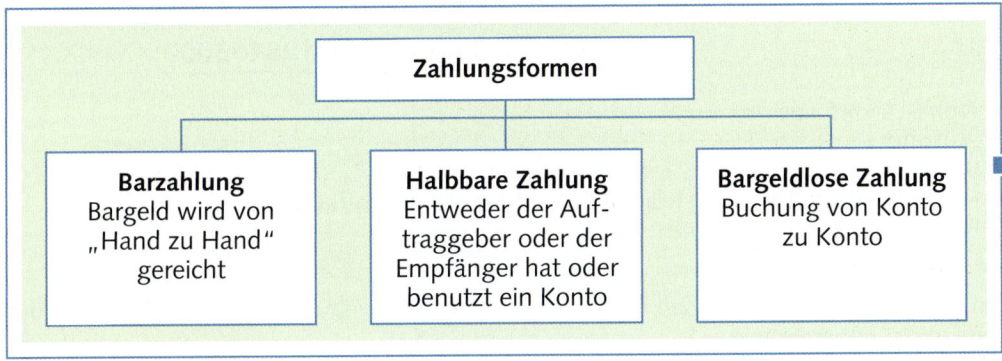

Formen des Zahlungsverkehrs unterscheiden.

Barzahlung

Bargeld kann persönlich oder mit Boten übergeben werden. Gegen Aufpreis auf das Briefporto können mit dem Service „**Wert National**" der Deutschen Post risikolos bis zu 100 € bar verschickt werden.

Wert National

Aufgaben

1 Welche Voraussetzung muss erfüllt sein, um am modernen Zahlungsverkehr teilnehmen zu können?

2 Wer haftet für die Schulden eines Minderjährigen auf einem Girokonto?

3 Warum ist es sinnvoll,
   a) zusätzlichen Personen eine Kontovollmacht einzuräumen?
   b) vor der Eröffnung eines Girokontos die Gebührenordnungen verschiedener Kreditinstitute zu vergleichen?

Überweisung

Bei Überweisung erfolgt die Übertragung von Geldbeträgen von einem Konto auf ein anderes. Überweisungen werden durch das annähernd europaweit bestehende SEPA-Verfahren abgewickelt. Mit der SEPA-Überweisung können Euro-Überweisungen im Inland und ohne Gebührenaufschlag innerhalb Europas vorgenommen werden.

Überweisungsformulare erhält jeder Kontoinhaber von seinem Kreditinstitut

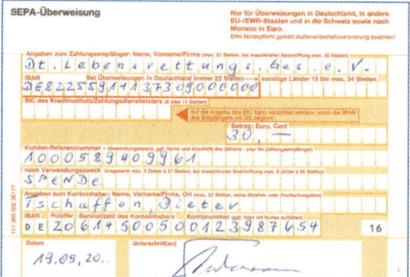

SEPA-Überweisung

SEPA-Überweisung

Single Euro Payments Area (SEPA), dt.: Einheitlicher Euro-Zahlungsverkehrsraum

Der Überweisungsauftrag muss

IBAN
- an eine internationale Kontonummer – International Bank Account Number (**IBAN**) – adressiert sein,

BIC
- bei Überweisungen **ins Ausland** den international standardisierten Bankcode – Business Identifier Code (**BIC**), *vergleichbar mit der früheren Bankleitzahl in Deutschland* – des Empfängers enthalten.

Aufbau und Gliederung der IBAN

Die IBAN kann maximal 34 Stellen umfassen, in den meisten Ländern ist sie jedoch kürzer. Die deutsche IBAN umfasst 22 Stellen.

DE21 **20050000 0123456000** XXXXXX

Alpha-Ländercode ————
Prüfziffer ————
Bankleitzahl (Sorting Code) im Empfängerland ————
Für Deutschland max. 10 stellige Kontonr. (mit Nullen aufgefüllt) ————
Feldlängen für andere Länder ————

www.iban.de/Aufbau

Ein großer Teil aller bargeldlosen Zahlungen wird mit Überweisungen geleistet. Die Höhe der Zahlung ist unbeschränkt.

Dauerauftrag

Sonderform Dauerauftrag

Bestimmte Zahlungen (z. B. Miete, Raten) sind **regelmäßig** in **gleicher Höhe** zu leisten. Damit nicht jedes Mal eine neue Überweisung ausgefüllt werden muss, bieten die Kreditinstitute den Dauerauftrag an. Es handelt sich dabei um eine Überweisung, die in regelmäßigen Abständen ausgeführt wird. Ein Dauerauftrag kann jederzeit widerrufen werden.

„Überweisungsauftrag/Zahlschein"

Dieser spezielle Vordruck wird häufig von Spendenorganisationen verwendet, aber auch von Firmen, die diesen mit der Rechnung an den Kunden verschicken. Üblicherweise sind die Empfängerdaten und der Bestimmungszweck bereits im Vordruck eingetragen. Der Vorteil für den Zahlenden besteht zum einen in der Bequemlichkeit, zum anderen in der Wahlmöglichkeit zwischen halbbarer und bargeldloser Zahlung:

- **Einzahlung in bar** bei irgendeiner Bank oder Sparkasse zur Gutschrift auf das Empfängerkonto.
- Einreichung bei seiner Bank zur **Überweisung von Konto zu Konto**.

Lastschrift

Lastschrift-
verfahren

Das **Lastschriftverfahren** bietet sich an bei **wechselnden** Beträgen, die **regelmäßig** bezahlt werden müssen, und beim bargeldlosen Einkauf.

> ■ **Überlegen Sie:**
>
> Welche regelmäßigen Zahlungen mit wechselnden Beträgen können bei Privathaushalten anfallen?

Beim Lastschriftverfahren wird zwischen der **SEPA-Basislastschrift** und der **SEPA-Firmenlastschrift** unterschieden.

SEPA-Basislastschrift (früher: Einzugsermächtigungsverfahren)

SEPA-Basis-
lastschrift

Der Zahlungspflichtige unterschreibt ein SEPA-Mandat, das er i. d. R. vom Zahlungsempfänger erhält. Dieses Mandat erlaubt dem Zahlungsempfänger eine SEPA-Lastschrift einzuziehen und berechtigt die Bank des Zahlungspflichtigen, die Lastschrift dem Konto des Zahlungspflichtigen zu belasten. Einer SEPA-Basislastschrift mit gültigem SEPA-Mandat kann innerhalb acht Wochen ab dem Fälligkeitstag widersprochen werden (= **Widerspruchsrecht**). Bei unautorisierten Lastschriften ohne SEPA-Mandat kann der Zahlungspflichtige eine Rückbuchung in einem Zeitraum von 13 Monaten veranlassen.

Widerspruchsrecht

SEPA-Firmenlastschrift

SEPA-Firmen-
lastschrift

Dieses Lastschriftverfahren dient ausschließlich dem Einzug von fälligen Forderungen zwischen zwei Unternehmen. Der wesentliche Unterschied zur Basislastschrift der Verbraucher ist der Verzicht auf das Widerspruchsrecht.

Lastschriftverfahren mit Bankkarte

Lastschrift-
verfahren mit
Bankkarte

Mit diesen Symbolen an der Kasse signalisiert der Händler, dass Kunden mit Karte und Unterschrift bargeldlos bezahlen können. Der Einzelhandel ist an einer kostengünstigen bargeldlosen Zahlung seiner Waren durch den Kunden interessiert. Voraussetzung für diese bargeldlose Zahlung ist, dass die Kassen im Einzelhandel über einen Chipkartenleser verfügen. Jede Zahlung kostet den Händler Gebühren.

© picture alliance

Beim Lastschriftverfahren mit Bankkarte werden zwei Möglichkeiten unterschieden:

- **Elektronisches Lastschriftverfahren (ELV)**
  Verzicht auf Telefonverbindung und Prüfung. Es ist für Händler die preiswerteste Methode. Aus dem Magnetstreifen bzw. dem Chip werden die Kontonummer und die Bankleitzahl ausgelesen. Der Händler hat keine Zahlungsgarantie.

- **Online-Lastschriftverfahren (OLV)**
  Die Zahlung wird online bei einem Netzbetreiber gegen eine bundesweite händlereigene Sperrdatei geprüft. Für jeden Prüfvorgang wird der Verkäufer mit einer Gebühr in Höhe von 0,04 € belastet. Eine Zahlungsgarantie ist damit nicht verbunden.

Aufgaben

1 Sven befindet sich im Urlaub an der Nordsee. Am Montagmorgen fällt ihm ein, dass am Mittwoch ein äußerst wichtiger Zahlungstermin abläuft. Aufgrund einer Ordnungswidrigkeit hat er bis zu diesem Zeitpunkt 100,-- € an die Stadtkasse Aalen zu zahlen. Sven will zahlen. Welche Möglichkeiten stehen ihm offen?
2 Wann ist es sinnvoll einen Dauerauftrag einzurichten?
3 Für welche Zahlungen eignet sich das Lastschriftverfahren?
4 Beschreiben Sie das Lastschriftverfahren mit Bankkarte.
5 Wie ist das Widerspruchsrecht geregelt?
6 Welche Vor- und Nachteile hat das ELV/OLV für den Händler?

2

Zahlungen mit Karten

Plastikgeld

Die Sammelbezeichnung für Zahlungskarten aller Art ist „**Plastikgeld**". Es ist eine bargeldlose Zahlungsmöglichkeit, die das Bargeld nach und nach verdrängt. Es existieren unterschiedliche Arten von Zahlungskarten:

> ■ **Überlegen Sie:**
>
> Was macht die zunehmende Beliebtheit des „Plastikgeldes" aus?

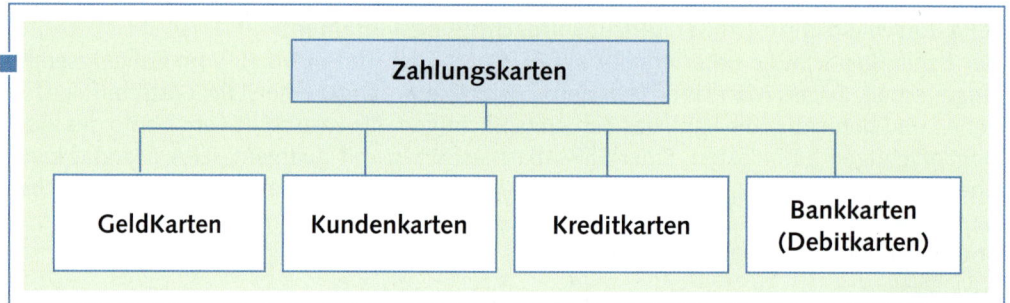

GeldKarten

GeldKarten

GeldKarten („**elektronische Geldbörsen**") sind bei allen Kreditinstituten erhältlich. Sie sind mit einem Mikrochip versehen und können damit zum bargeldlosen Zahlen benutzt werden.

Zwei Möglichkeiten stehen zur Auswahl:

- **Kontogebundene GeldKarte**
  Wer ein Konto hat, kann sich einen Betrag (bis zu 200 €) auf die Bankkarte laden lassen. Der Betrag wird dann vom Konto abgebucht.
- **Kontoungebundene GeldKarte**
  Wer kein Konto hat, zahlt bei einer Bank ein und erhält dafür eine GeldKarte, die mit einem Guthaben in Höhe des eingezahlten Betrags ausgestattet ist.

Die GeldKarte funktioniert wie eine Telefonkarte, nur mit der zusätzlichen Eigenschaft, wieder aufgeladen werden zu können. Dies geschieht an speziellen Ladeterminals, die z. B. in Banken zu finden sind. Die GeldKarte eignet sich vor allem zur Begleichung von Kleinbeträgen, wie sie z. B. in Parkhäusern und beim Telefonieren anfallen. Auf der Karte ist ein Volljährigkeitsmerkmal gespeichert, um z. B. an Zigarettenautomaten verwendet werden zu können.

girogo

Das Symbol „**girogo**" zeigt, dass mit aufgeladenen Karten ein kontaktloses Zahlen bis 25 €, d. h. nur durch kurzes Vorhalten der Karte, möglich ist. PIN-Eingabe oder Unterschrift sind nicht nötig.

Händlerentgelt

Der Einzelhändler, der die GeldKarte als Zahlungsmittel akzeptiert, muss ein sogenanntes „**Händlerentgelt**" an sein Kreditinstitut entrichten. Es beträgt max. 0,2 % des Umsatzes. Für den Kartenbenutzer entstehen keine zusätzlichen Kosten.

Kundenkarten

Kundenkarten werden u. a. von großen Kaufhauskonzernen, Autovermietern, Handelsketten und Mineralölkonzernen an Stammkunden ausgegeben. Durch das Vorzeigen der Karte erhält der Kunde geldwerte Vorteile, Zusatzleistungen oder andere Vergünstigungen. Ziel ist, den Einkauf für Kunden möglichst attraktiv und bequem zu gestalten und die Kunden an das Unternehmen zu binden.

Kundenkarten

Kritisiert wird an Kundenkarten, dass sie neben der Kundenbindung eine Überwachung und Auswertung der Konsumgewohnheiten des Kunden bezwecken. Verschärft wird das Problem dadurch, dass häufig Firmen aus verschiedenen Sparten eine gemeinsame Kundenkarte herausgeben und damit eine gemeinsame

Datenbank führen. Auch ein Bewegungsprofil kann bei häufiger Benutzung einer Kundenkarte angelegt werden.

Kreditkarten

Kreditkarten sind Ausweiskarten, die ihren Inhaber berechtigen, bei Vertragsfirmen (z. B. Einzelhandelsgeschäfte, Hotels) Rechnungen bargeldlos durch Unterschrift zu begleichen. Das Verfallsdatum ist auf der Vorderseite der Kreditkarte angegeben. Sie können weltweit benutzt werden. Bei einem Kreditkarteneinsatz in Nicht-Eurostaaten fällt für den Karteninhaber eine Auslandsgebühr in Höhe von 1 bis 2 % des Rechnungsbetrages an. Weitere Gebühren fallen für den Nutzer nicht an, wohl aber für die annehmende Stelle. Je nach Kreditkartenfirma werden bis zu 3 % des Rechnungsbetrages als Gebühr einbehalten.

Nur Bank- oder Sparkassenkunden mit geordneten finanziellen Verhältnissen erhalten auf Antrag eine Kreditkarte. Je nach Bank und Ausstattung der Kreditkarte kostet diese zwischen 0 und 150 € pro Jahr.

■ Nach Ermittlungen des Kreditkartenunternehmens VISA geben Kunden in bestimmten Geschäftsbereichen zwischen 5 und 40 Prozent mehr aus, wenn mit Karte bezahlt wird.

Kreditkarten

Leistungen und Merkmale von Kreditkarten	
Geldersatzmittel	Vorlage der Kreditkarte und Unterschreiben des Kassenbelegs.
Weltweiter Einsatz	Bezahlung ist unabhängig von der Landeswährung und etwaigen Devisenbeschränkungen.
Bargeldbeschaffung	Mit Hilfe der persönlichen Geheimnummer (PIN) kann an allen Geldautomaten, an denen der Kreditkartenausstellername angebracht ist, Bargeld abgehoben werden.
Monatliche Abbuchung	Umsätze werden nur einmal monatlich gesammelt vom Girokonto abgebucht. Einsparung von Buchungskosten.
Geringe Nutzerhaftung	Haftung bei Kreditkartenmissbrauch infolge Verlust oder Diebstahl bis höchstens 50 €, sofern die Sorgfaltspflichten nicht verletzt wurden.
Ersatzbeschaffung	Zustellung einer Ersatzkarte per Kurier.

◼ Zusatzversicherungen bei Kreditkarten taugen oft wenig

Anbieter von Kreditkarten haben Gold- oder Platinkarten im Programm, die „Extras" bieten. Häufige Leistungen, die angeboten werden, sind Auslandskrankenversicherung, Reiserücktrittsversicherung und Mietfahrzeug-Rechtsschutzversicherung. Zu prüfen ist, ob diese zusätzlichen Leistungen die teils hohen Gebühren rechtfertigen und ob diese Leistungen nicht bereits durch bestehende Versicherungen abgedeckt sind. Zusatzleistungen sind oft mit vielen Einschränkungen und hoher Selbstbeteiligung versehen oder sollen den Kreditkartennutzer dazu ermuntern, mehr Geld bei einem bestimmten Anbieter auszugeben.

Kreditkarten im Umlauf	
Deutschland	
Jahr 2000	17,8 Mio.
2010	25,0 Mio.
2018	35,9 Mio.

◼ Angebot einer Kreditkartenfirma:

- Kreditkarte im 1. Jahr beitragsfrei
- ab 3.000 € Umsatz im Jahr auch im Folgejahr beitragsfrei, sonst nur 49 €
- Geld abheben weltweit gebührenfrei
- Auslandsreise-Krankenversicherung inklusive
- bis zu 2 Monate zinsfreies Zahlungsziel, Teilrückzahlung möglich

Debitkarten

Bankkarten (Debitkarten)

Mit der Eröffnung eines Girokontos erhalten die Kontoinhaber eine **Bankkarte** (auch als Girocard, Sparkassencard, ec-Karte bezeichnet). Durch zusätzliche Ausstattungen kann die Karte vielseitig eingesetzt werden (**Multifunktionskarte**):

Multifunktionskarte

◼ Karten, welche auf Guthabenbasis geführt werden, sind **Debitkarten**. Im Gegensatz zur Kreditkarte erfolgt die Kontobelastung sofort (debetieren: ein Konto belasten).

© Deutscher Sparkassen Verlag GmbH, Stuttgart

Die Logos auf Vorder- und Rückseite der Bankkarten weisen auf deren Einsatzmöglichkeit hin.

Debitkarten im Umlauf	
– Deutschland –	
Jahr 1971	4,0 Mio.
1981	15,2 Mio.
1991	30,3 Mio.
2001	52,4 Mio.
2011	103,9 Mio.
2018	110,9 Mio.

- **Bargeldbeschaffung** am Geldausgabeautomaten
  Zusammen mit der Bankkarte erhalten die Kunden von ihrem Kreditinstitut eine **Geheimnummer,** die „**P**ersönliche **I**dentifikations-**N**ummer **(PIN)**". Um Missbrauch, z. B. durch Verlust der Karte, zu verhindern, ist es wichtig, dass die Geheimnummer auch geheim bleibt, und der sicherste Ort dafür ist das Gedächtnis.

PIN

- **Ausweiskarte**, um am **Lastschriftverfahren** teilnehmen zu können
- **GeldKarte**, sofern mit einem Mikrochip ausgestattet

■ electronic cash

Mit **electronic cash** wird das Verfahren bezeichnet, bei dem der Kunde bei der Zahlung an der Kasse seine Geheimnummer eintippt. Per Onlineverbindung mit der kontoführenden Bank wird überprüft, ob der Zahlbetrag im verfügbaren Finanzrahmen liegt. Ist alles in Ordnung, erscheint auf dem Display des Lesegerätes der Hinweis „Zahlung erfolgt". Für den Händler fallen Gebühren je Zahlungsvorgang an.

electronic cash

 Überall wo dieses Symbol zu sehen ist, kann weltweit mit Bankkarten in Geschäften gezahlt oder an Geldautomaten Bargeld abgehoben werden.

   Diese Zeichen weisen in Deutschland auf die Möglichkeit von electronic cash hin.

electronic cash als „chip-Offline"-Verfahren

Der Begriff **„chip-Offline"** bedeutet nicht, dass die Transaktion ohne Onlineabfrage beim Netzbetreiber erfolgt.
Mehrere Varianten der Onlineautorisierung sind möglich:

electronic cash mit „chip-Offline"-Verfahren

- **Onlineautorisierung bei Überschreitung des Verfügungsbetrages**
  Auf dem Chip ist ein zeitlich begrenzter Verfügungsbetrag hinterlegt. Erst wenn dieser Betrag durch die Kartennutzung aufgebraucht ist, wird die Verbindung zur Bank aufgebaut. Das Kreditinstitut meldet, dass die Verfügung in Ordnung geht und aktualisiert den Verfügungsbetrag auf dem Chip.

- **Onlineautorisierung nach Datum**
  Ein auf dem Chip eingespeichertes Datum legt fest, wann spätestens wieder eine Onlineverbindung aufgebaut werden muss.

- **Onlineautorisierung nach Zufallszahl im Terminal**
  Das Terminal „würfelt", ob bei einem Zahlungsvorgang eine Onlineverbindung aufgebaut werden muss, auch wenn die anderen beiden Varianten Offline zulassen würden.

Kontaktloses Bezahlverfahren

Ist das Wellen-Symbol auf einer Bankkarte abgebildet, können kontaktlos Beträge bis 25 € gezahlt werden. Bei höheren Beträgen ist zusätzlich die PIN-Eingabe erforderlich. Die

Kontaktloses Bezahlverfahren

 Karte ist dafür mit einem Chip ausgestattet und nutzt NFC-Technologie *(Near Field Communication)*. Mit dieser Technologie wird über wenige Zentimeter eine Funkverbindung zwischen Karte und einem entsprechend ausgerüsteten Bezahlterminal hergestellt. Der Betrag wird direkt vom Konto abgebucht.

Aufgaben

1 Nennen Sie 3 Einsatzmöglichkeiten der GeldKarte.

2 Welche Absichten verfolgen Unternehmen durch Ausgabe von Kundenkarten?

3 Kritisiert wird an Kundenkarten, dass sie eine Überwachung und Auswertung der Konsumgewohnheiten des Kunden ermöglichen.
   Beschreiben Sie, welche Nachteile dies für den Kunden haben kann.

4 Kreditkarten verdrängen das Bargeld.
   a) Beschreiben Sie 4 Vorteile der Karten gegenüber dem Bargeld.
   b) Welche Nachteile ergeben sich durch die Verwendung von Kreditkarten gegenüber dem Bargeld?

5 Nennen Sie Voraussetzungen des electronic-cash-Verfahrens.

6 Beschreiben Sie Vorteile von electronic cash für den Einzelhandel.

Elektronische Verfügungsformen (Electronic Banking)

Verfügungen über das Girokonto können bequem auch von zu Hause aus durch Telefonbanking und Onlinebanking erledigt werden.

Telefonbanking

Telefonbanking

Werden Bankgeschäfte telefonisch in Auftrag gegeben (z. B. Überweisungen, Wertpapierkäufe und -verkäufe) so wird von Telefon- oder Telebanking gesprochen. Diesen Service bieten alle Banken ihren Kunden.

© Grafik: Wolfgang Herzig, Essen

☑ Girokonto
☑ SparCard-Konto
☑ Anlagekonto

sicher

| **Banking jederzeit, ob zu Hause oder unterwegs** | **Steuerung per Sprache oder Tastatur** | **Zugriff auf Giro-, SparCard- oder Anlagekonto** | **Getestete und ausgezeichnete Sicherheitsstandards** |

■ **Gebührenangaben einer Bank:**

Das Telefonbanking ist kostenlos. Es fallen lediglich Telefongebühren an. Die Preise beziehen sich auf Anrufe aus dem dt. Festnetz; Mobilfunktarif max. 29 Cent/Minute.

Onlinebanking

Onlinebanking (auch E-Banking, Homebanking, oder Telebanking genannt)

Wer über einen PC mit Internetzugang verfügt, kann viele Bankgeschäfte von zu Hause aus am Bildschirm tätigen. Voraussetzung dafür ist eine Vereinbarung mit der Bank, dass das Girokonto als Online-Konto geführt wird. Die Kontoführungsgebühren sind bei **Homebanking** deutlich geringer als bei der herkömmlichen Kontoverwaltung.

Serviceangebot durch Onlinebanking:
■ Überweisungsaufträge können rund um die Uhr erteilt werden
■ Daueraufträge einrichten
■ Kontoumsätze kontrollieren und zurückverfolgen

Direktbank

Kann mit einer Bank ausschließlich über Telefon oder PC mit Internetanschluss Kontakt aufgenommen werden, handelt es sich um eine sogenannte **Direktbank**. Durch die geringere Kostenbelastung (z. B. keine Filialen, wenig Personal) bieten Direktbanken gängige Serviceleistungen zu günstigen Konditionen an.

Transaktionsnummer (TAN)

Damit nur Verfügungsberechtigte Zugang haben, sind gewisse Sicherheitsmaßnahmen eingebaut. So ist der Kontozugang nur mit **Passwort** und **PIN** möglich. Außerdem ist bei jeder Zahlungsanweisung eine neue **Transaktionsnummer (TAN)** einzugeben. Sie ersetzt die Unterschrift des Kontoinhabers und wird als „**elektronische Unterschrift**" bezeichnet. Um diese TANs vor fremdem Zugriff abzusichern, verwenden die Banken unterschiedliche Schutzsysteme.

Überweisung im Onlinebanking-Portal eines Kreditinstituts:

Überweisung

1 Daten eingeben   **2** Prüfen und senden   **3** Bestätigung

Begünstigter (Name oder Firma):	Ulrich Spielmann
IBAN oder Konto:	110234567
BIC (SWIFT-Code) oder BLZ:	614500050
bei Kreditinstitut:	wird automatisch eingefügt
Betrag:	95,00 EUR
Verwendungszweck:	Rechnung 2012/9876 vom 8.12.20..

Phishing

Phishing bedeutet, dass jemand versucht, sich Zugangsdaten zum Online-Banking zu verschaffen. Sobald der Phisher diese Daten hat, kann er auf das Konto zugreifen und es plündern.

Bank Irgendwo

Sehr geehrter Kunde,

Da gegenwärtig die Betrügereien mit den Bankkonten von unseren Kundschaften öfters zustande kommen, sind wir genötigt, nachträglich eine zusätzliche Autorisation von den Kunden der Bank Irgendwo durchzuführen.
Der Sicherheitsdienst von der Bank Irgendwo hat die Entscheidung getroffen, ein neues Datensicherheitssystem einzuführen. Im Zusammenhang damit wurden von unseren Fachleuten sowohl die Protokolle der Informationsübertragung, als auch die Methode der Kodierung der übertragenen Daten neu erstellt.

Infolgedessen bitten wir Sie, eine spezielle **Form der zusätzlichen Autorisation** auszufüllen.

FORM AUSFÜLLEN

Diese Sicherheitsregeln wurden nur zum Schutz der interessen von unseren Kunden eingesetzt.

Danke für Ihre Zusammenarbeit
Administration der Bank Irgendwo

■ **Phishing-Versuch**

Der Benutzer soll seine Zugangsdaten auf der vom Phisher präparierten Webseite preisgeben. Typisch ist die Nachahmung des Designs einer vertrauenswürdigen Stelle.

Alle Kreditinstitute warnen ihre Kunden und geben Tipps, wie man Phishing-Mails oder -Seiten erkennt.

Aufgaben

1 Nennen Sie 3 Bankgeschäfte, die mit Homebanking getätigt werden können.

2 Warum sind die Kontoführungsgebühren bei Direktbanken und Homebanking geringer als bei herkömmlicher Kontoverwaltung?

3 Wie lassen sich Phishing-Mails erkennen?

Phishing

2.8 Geldanlagen

Anlageformen hinsichtlich **Liquidität, Rentabilität** und **Sicherheit** vergleichen.

Die Bundesbürger geben von ihrem verfügbaren Einkommen ca. 90 % für Konsumzwecke aus **(= Konsumquote)**, ca. 10 % legen sie „auf die hohe Kante" **(= Sparquote)**.

> „Reich wird man nicht von dem Geld, das man verdient, sondern von dem, das man nicht ausgibt." *(Henry Ford I)*

■ Sparen ist Konsumverzicht

2019 betrug das private Geldvermögen der Deutschen 6.326 Mrd. €:

in %		in Mrd. €
0,4	sonstiges	30
1,6	festverzinsliche Wertpapiere	101
10,0	Investmentzertifikate	632
10,6	Aktien	671
37,2	Lebens- und Rentenversicherungen	2351
40,2	Bargeld und Bankeinlagen	2541

Mit diesem Geldvermögen ließen sich je nach Goldpreis ca. 2.400 Waggons mit je 80 Tonnen Gold beladen. Diese Waggons – sie sind ca. 20 Meter lang – ergäben aneinander gereiht einen Zug von 48 Kilometern Länge.

2.8.1 Sparmotive

Sparmotive

Die Beweggründe für das Sparen sind vielfältig; sie lassen sich in **zwei Hauptmotive** zusammenfassen:

Zwecksparen. Die Kreditvermeidung für Konsumzwecke ist ein häufig genanntes Argument. Vielen Verbrauchern sind die Gesamtkosten von Ratenkrediten zu hoch und sie bereiten größere Anschaffungen mit Sparphasen vor. Der Konsum ist nur aufgeschoben. Es wird gespart, um sich später eine größere Ausgabe leisten zu können (z. B. Haus, Urlaub, Auto).

Vorsorgesparen. Gespart wird, um Rücklagen für unvorhersehbare Fälle, für die Zukunft der Kinder und das Alter zu bilden.

> „Spare in der Zeit, dann hast du in der Not."

Von je 100 Befragten nennen als ihr Sparziel:	
Reise, Urlaub	41
Rücklagen für alle Fälle	34
Rücklagen fürs Alter	29
Kein bestimmter Zweck	24
Haus, Wohnung	23
Möbel, Haushaltsgeräte	21
Auto	21
Zukunft der Kinder	16
Kleidung	13
(Weiter-) Bildung	8
Sport, Hobby	7

2.8.2 Anlageziele

Anlageziele sind:

Sicherheit: Bei der Beurteilung einer Geldanlage spielt die Sicherheit eine wichtige Rolle. Ist diese nicht gewährleistet, besteht die Gefahr, das Ersparte ganz oder teilweise zu verlieren.

Verfügbarkeit: Der Geldanleger sollte wissen und einplanen, wann frühestens wieder über das Geld verfügt werden kann.

Rendite: Der Ertrag ergibt sich aus Zinsen oder Dividenden und Kursgewinnen, abzüglich der Kosten. Die Verzinsung des eingesetzten Kapitals ist die Rentabilität.

$$\text{Rentabilität (Rendite)} = \frac{\text{Ertrag} \times 100}{\text{eingesetztes Kapital}}$$

Anlageziele

Große
Sicherheit

Magisches
Dreieck

Kurzfristige
Verfügbarkeit

Hohe
Rendite

Alle drei Ziele lassen sich kaum gleichzeitig erreichen. So ist ein hoher Zinsertrag in der Regel nur durch höheres Anlagerisiko zu erreichen.

Anlagebetrug

FRANKFURT (...) – Anlagebetrug ist ein kriminelles Geschäft mit Hochkonjunktur. Mit traumhaften Renditen locken Abzocker immer wieder Geldanleger. Doch statt satten Gewinnen bleibt den Opfern meist kein müder Cent.

Angebot einer Internetbank

Unsere Festgeldanlage bietet Top-Konditionen:

- Einen attraktiven Zinssatz von aktuell 1,4 % p. a.
- Kurze Laufzeit von nur 12 Monaten
- Gebührenfreie Führung Ihres Festgeldkontos
- Vorzeitige Verfügung über Ihr Festgeld ist möglich (bei vorzeitiger Auflösung beträgt der Zinssatz 0,2 % p. a.)

Aufgaben

1 Erklären Sie die Begriffe „Sparen" und „Sparquote".

2 Welche Anlageziele sind dem Angebot der Internetbank zu entnehmen?

3 Sie legen 3.500 € an. Nach einem Jahr erhalten sie 3.692,50 € zurück. Ermitteln Sie die Rendite.

4 Begründen Sie, warum Anleger immer wieder auf Anlagebetrüger hereinfallen.

2.8.3 Anlageformen

Damit die Inflation die Ersparnisse nicht auffrisst, sollte das Geld rentabel angelegt werden.

© Katelein/toonpool.com

Einlagensicherung

- Nach dem **Einlagensicherungsgesetz** sind private Einlagen bei Banken und Bausparkassen bis 100.000 € geschützt.

Die bekanntesten Sparformen sind Tagesgeld, Sparbuch, Bausparen, Sparbrief, Festgeld, Versicherungssparen und Wertpapiersparen. Mit Blick auf Sicherheit, Rendite und Verfügbarkeit raten Verbraucherschützer den Sparern zu Tages- und Festgeld sowie Bundeswertpapieren.

Tagesgeld

Tagesgeld

Tagesgeldkonten bieten Filial- wie auch Direktbanken gebührenfrei an. Tagesgeld wird ab dem ersten Euro verzinst. Der Zinssatz ist variabel, aber meist deutlich höher als bei einem Sparbuch oder Girokonto. Das Tagesgeld ist ohne Kündigungsfrist und ohne Zinsabschlag täglich verfügbar.

Angebotsbeispiele aus dem Internet	
	Zinssatz
bankforyou BFY DEINE BANK	0,75 %
BANK IRGENDWO ◉	0,50 %

Sparbuch

© Fotografia66 – Fotolia.com

Sparbuch

Sparbücher sind beliebt, weil sie einfach in der Handhabung sind, die Möglichkeit bieten, auch kleinste Beträge anlegen zu können, und weil sie kostenfrei sind.

Der Sparer kann unter mehreren Varianten des Sparbuchs wählen.

- **Spareinlagen mit gesetzlicher Kündigungsfrist**
  Die Verzinsung ist gering; dafür können aber bis zu 2 000 € je Sparbuch und Kalendermonat ohne Kündigung abgehoben werden. Darüber hinausgehende Beträge müssen drei Monate vorher gekündigt werden. Für Abhebungen über 2 000 € ohne Kündigung berechnen die Banken einen Vorschusszins (Strafzins oder Zinsabschlag).

- **Spareinlagen mit längeren Kündigungsfristen**
  Üblich: 12-, 24- bis 48-monatige Fristen. Als Regel gilt: Je länger die Kündigungsfrist, desto höher die Verzinsung.

- **Zuwachssparen**
  Ein fester Betrag (ab ca. 2 000 €) wird angelegt. Die Verzinsung steigt von Jahr zu Jahr bis zu einem bestimmten Höchstsatz.

- **Prämiensparen**
  Es sind Ratensparverträge, bei denen sich die Sparer verpflichten, z. B. jeden Monat einen festen Betrag, mindestens 25 €, auf das Sparkonto einzuzahlen. Neben einer Grundverzinsung (Sparzins) erhält der Sparer eine Prämie.

Bausparen

Ziel des Bausparens ist es, Anspruch auf besonders zinsgünstige Bauspardarlehen zu erwerben. Der Zinssatz wird schon beim Abschluss des Bausparvertrages festgelegt und gilt für die gesamte Laufzeit des Darlehens, unabhängig von der Zinsentwicklung.

Bausparen

Sparbrief

Sparbriefe gibt es mit Laufzeiten zwischen einem und zehn Jahren. Für die vereinbarte Laufzeit dieser risikolosen Geldanlage gilt ein garantierter Zinssatz, der normalerweise über dem der Sparbucheinlagenformen liegt. Die Mindestanlage hängt vom Anbieter ab, häufig sind es 1 000 €. Über den Sparbrief kann vor Laufzeitende nicht verfügt werden.

Sparbrief

Angebotsbeispiele aus dem Internet:

	Anlagebetrag	Zinsbindung	Zinssatz
©dpa ✳ RBS The Royal Bank of Scotland	z. B. 5000 €	z. B. 5 Jahre	0,7 %
STADT BANK	z. B. 5000 €	z. B. 5 Jahre	1,1 %

Festgeld (Termineinlagen)

Für größere Summen (ab 5.000 €), die nur kurzfristig angelegt werden sollen, eignet sich das Festgeld. Die Gelder sind auf 1, 3, 6 oder 12 Monate fest angelegt und sind dann ohne Kündigung wieder frei. Die Zinsen hängen von der Anlagedauer und des Anlagebetrags ab.

Versicherungssparen

Versicherungssparen ist **Vorsorgesparen**. Häufig abgeschlossene Versicherungen sind: Lebens- und Zusatzrentenversicherungen[1]. Die Versicherungssummen werden bei Eintritt des Versicherungsfalles, spätestens nach Ablauf der Vertragszeit, einschließlich Zinsen und möglicher Gewinnanteile, ausbezahlt.

- Auf die **Kapitallebensversicherung** zahlt die Versicherung einen Zins (0,9 % auf den Sparanteil ist gesetzliche Untergrenze), hinzu kommt eine Überschussbeteiligung, die je nach Versicherung unterschiedlich ausfällt. Diese zusätzlichen Gewinnanteile können eine Kapitallebensversicherung attraktiv machen. Vergleichsübersichten gibt es bei den Verbraucherberatungsstellen[2].

- Wer in jungen Jahren anfängt in eine **Zusatzrentenversicherung** einzuzahlen, kann auch mit geringen Beiträgen eine hohe private Rentenzahlung im Alter erzielen. Zusätzliche Vorteile bieten staatlich geförderte Programme, die dem Altersvorsorger auf die vom Anbieter gezahlten Zinsen noch etwas oben drauf packen. Solche Programme sind die Riester- und die Rüruprente.

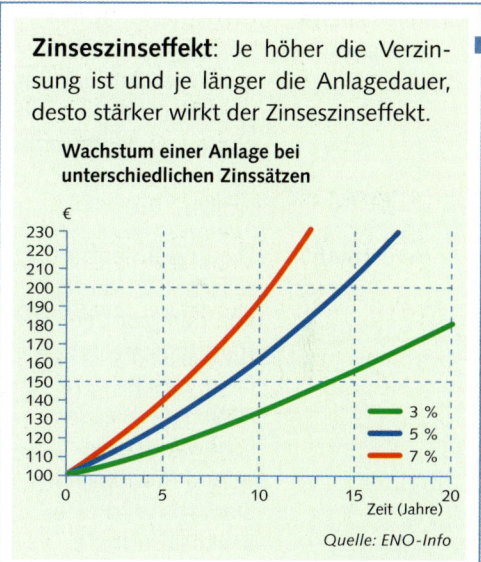

Zinseszinseffekt: Je höher die Verzinsung ist und je länger die Anlagedauer, desto stärker wirkt der Zinseszinseffekt.

Wachstum einer Anlage bei unterschiedlichen Zinssätzen

— 3 %
— 5 %
— 7 %

Zeit (Jahre)

Quelle: ENO-Info

Zinseszinseffekt

[1] Siehe Abschnitt 1.10 Private Zusatzversicherungen
[2] Siehe Abschnitt 2.5 Verbraucherberatung

Wertpapiersparen

Wertpapiere sind festverzinsliche Wertpapiere **(Rentenwerte)**, Aktien und Investmentpapiere. Sie werden an der Börse gehandelt und können damit jederzeit zum aktuellen Tageskurs (**Kurs** = Preis) ge- und verkauft werden.

■ **Überlegen Sie:**

Wer gibt Wertpapiere aus und warum?

Rentenwerte

Festverzinsliche Wertpapiere

Festverzinsliche Wertpapiere

Festverzinsliche Wertpapiere haben einen garantierten Festzinssatz für die gesamte Laufzeit. Sie werden als Staatsanleihen (Bundesobligationen, Bundesanleihen), Kommunalobligationen, Pfandbriefe und Industrieobligationen gehandelt. Rentenwerte bieten eine gute Verzinsung, unterliegen einem geringen Kursrisiko und können bei jeder Bank oder Sparkasse gekauft werden.

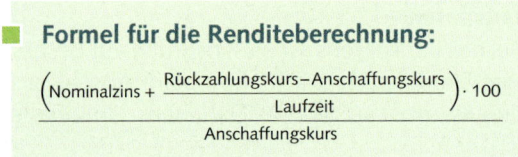

Formel für die Renditeberechnung:

$$\frac{\left(\text{Nominalzins} + \dfrac{\text{Rückzahlungskurs} - \text{Anschaffungskurs}}{\text{Laufzeit}}\right) \cdot 100}{\text{Anschaffungskurs}}$$

Aktien

Aktien

Aktien verbriefen ein Miteigentum an einer Aktiengesellschaft. Bei einer positiven Entwicklung des Unternehmens kann der Aktionär durch die **Dividende** (ausgeschütteter Gewinnanteil) und durch Steigerung des Aktienkurses profitieren. So kann er bei der Veräußerung eine sehr gute Rendite erzielen, die anderen Anlageformen überlegen ist. Allerdings besteht auch das Risiko des Dividendenausfalls und eines Kursrückgangs.

Dividende

© Grafik: Wolfgang Herzig, Essen

Investmentpapiere

Investmentpapiere

Investmentzertifikate verbriefen Anteile an einem **Wertpapierfonds**. Sie eignen sich für Anleger, die ihr Geld mit begrenztem Risiko in Wertpapieren oder Immobilien anlegen und sich nicht laufend um die Marktentwicklung kümmern wollen.

Investmentfonds

Die Investmentgesellschaften kaufen von dem zur Verfügung gestellten Geld verschiedene Aktien, festverzinsliche Wertpapiere und Immobilien. Dadurch wird eine Risikostreuung erreicht, die extreme Kursausschläge des Fonds nach oben und unten verhindert.

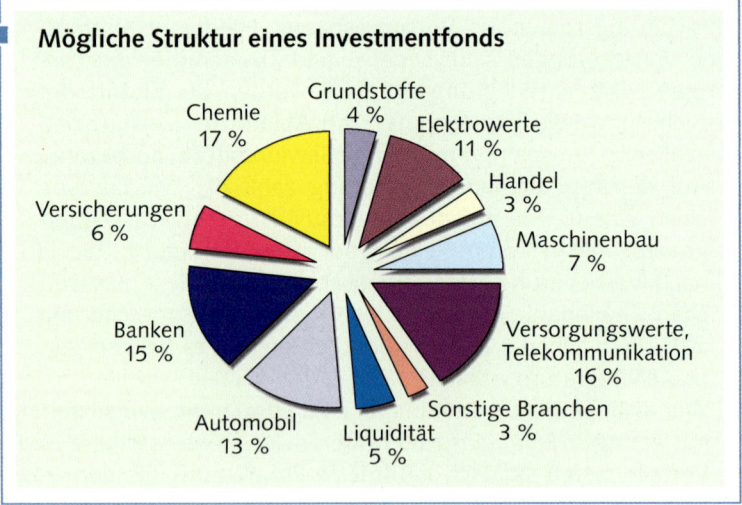

Mögliche Struktur eines Investmentfonds

2.8.4 Sparförderung

Die private Vermögensbildung wird vom Staat aus sozialpolitischen Gründen durch Sparzulagen, Prämien und Steuervergünstigungen gefördert. Beabsichtigt ist eine breitere Vermögensverteilung und -gerechtigkeit. Vermögenserträge bilden eine wichtige Ergänzung zu Gehalt, Lohn und Renten. In wirtschaftlich schwierigen Zeiten federn Vermögenserträge und Wohneigentum Einkommenseinbußen ab.

Fördermaßnahmen

Bausparförderung. Der Staat fördert Bausparleistungen mit **Wohnungsbauprämien**. Voraussetzung dafür ist, dass das zu versteuernde Einkommen eine bestimmte Höhe nicht überschreitet. Jugendliche können ab dem 17. Lebensjahr eine Wohnungsbauprämie erhalten. Bausparen wird – unter bestimmten Bedingungen – durch Wohnungsbauprämie **und** Arbeitnehmersparzulage gefördert.

Wohnungsbauprämie

Vermögenswirksame Leistungen (vL). Arbeitnehmer (auch Schüler, die in den Ferien jobben) können jährlich bis zu 870 € vermögenswirksam anlegen: max. 470 € jährlich auf einen Bausparvertrag und zusätzlich max. 400 € jährlich auf einen Aktienfonds-Sparvertrag. Die Festlegungsfrist beträgt sieben Jahre. Der Staat belohnt die Sparleistungen mit einer jährlichen **Arbeitnehmersparzulage**, sofern das zu versteuernde Einkommen eine bestimmte Höhe nicht übersteigt. Aufgrund eines Tarifvertrags oder auch freiwillig beteiligt sich häufig der Arbeitgeber durch einen Zuschuss an den vL des Arbeitnehmers.

Vermögenswirksame Leistungen (vL)

Arbeitnehmersparzulage

Vermögenswirksame Anlagen				
	Jährl. Sparleistung durch mtl. Sparraten	Ergibt nach 6 Jahren	Jährl. Arbeitnehmersparzulage	Sparzulagen insgesamt nach 6 Jahren
Bausparen	470 €	2.820 €	9 %	253,80 €
Aktienfondssparen	400 €	2.400 €	20 %	480,00 €
insgesamt	**870 €**	**5.220 €**		**733,80 €***

* Hinzu kommt noch die Verzinsung des angelegten Geldes bzw. evtl. Kursgewinne bei Fonds.

Frühestens nach 7 Jahren kann über das vermögenswirksam angelegte Geld verfügt werden, ohne die Arbeitnehmersparzulage wieder zu verlieren.

Aufgaben

1 Unterscheiden Sie Tagesgeld, Spareinlage, Sparbrief und Festgeld anhand der Anlageziele.
2 Sie legen 10.000 € für 5 Jahre an. Ermitteln Sie den Wertzuwachs bei einem Zinssatz von 1,5 %, 3 % und 5 %, wenn die Zinsen jährlich dem angelegten Geld gutgeschrieben werden.
3 Ulrich will von seiner Ausbildungsvergütung jeden Monat 200 € sparen, „um sich 'mal was leisten zu können". Welche Anlageform wäre empfehlenswert?
4 Wie hoch ist die Rendite einer 6%igen Anleihe, die Sie zu 97% gekauft haben und die nach einer Restlaufzeit von 5 Jahren zu 100% zurückgezahlt wird?
5 Welche der beiden Anlageformen „Aktien" oder „Bundesanleihen" beinhalten ein höheres Anlagerisiko? Begründen Sie Ihre Entscheidung.
6 Erläutern Sie 2 Vorteile des Investmentsparens.
7 Warum fördert der Staat die private Vermögensbildung?

2.9 Verbraucherkredite

Voraussetzungen für **Verbraucherkredite** beschreiben.

Warten Sie nicht länger!

ERFÜLLEN SIE SICH IHRE WÜNSCHE – JETZT!

Kredite für jedermann in beliebiger Höhe
schon binnen 24 Stunden möglich!

Tel. 027/464646

■ Kredite für den Kauf von Konsumgütern sind Verbraucherkredite.

Untersuchung der Stiftung Warentest

Für einen 10.000-€-Kredit mit einer Laufzeit von 60 Monaten zahlte der Kunde bei der teuersten Bank insgesamt 1.243 € mehr Zinsen als beim günstigsten Kreditinstitut. Der effektive Jahreszins lag dabei in einer Bandbreite von 8,87 bis 13,39 Prozent.

in: FINANZ-test, Zeitschrift der Stiftung Warentest, Februar 1997

■ Beispiel für die Errechnung der monatlichen Rate bei einer Laufzeit von 24 Monaten:

Kreditbetrag	3.000,00 €
+ 2,0 % Bearbeitungsgebühr	60,00 €
+ 0,4 % Zinsen pro Monat (p.m.)	288,00 €
= Kreditverpflichtung	3.348,00 €
= **Monatliche Belastung**	**139,50 €**

■ **Überlegen Sie:**

Welche Folgen hat die Aufnahme eines Kredites für den Kreditnehmer?

Reichen Ersparnisse für Anschaffungen nicht aus, dann stehen gewöhnlich zwei Möglichkeiten offen: Verzicht oder Kredit.

Grundsätzlich gilt:

- Fast jeder Kauf auf Kredit kommt teurer als ein Kauf mit vorhandenem Geld.
- Jeder finanzierte Kauf belastet über längere Zeit (Raten, Zinsen).
- Vor der Kreditaufnahme sollten Vergleichsangebote eingeholt werden. Verbraucherkredite müssen in festen monatlichen Raten zurückgezahlt werden.

2.9.1 Form und Inhalt des Kreditvertrages

Zum Schutz des Verbrauchers ist die Ausgestaltung des Kreditvertrages durch das **Bürgerliche Gesetzbuch (BGB)** eingeschränkt. Eine wichtige Bestimmung ist die Verpflichtung für den Kreditgeber, den **effektiven Jahreszins** anzugeben (Zinssatz unter Berücksichtigung aller Kosten, bezogen auf den ausgezahlten Kredit). Dem Kreditnehmer ist es damit möglich, verschiedene Angebote zu vergleichen.

■ **Wichtige Vorschriften für Verbraucherkredite**

(für Kredite ab 200 € von gewerblichen Kreditgebern an Privatleute) (BGB §§ 491 ff.):

- Schriftliche Form des Kreditvertrages
- Mindestangaben
  - Nettokreditbetrag (ausgezahlter Betrag)
  - Gesamtkreditbetrag (Summe aller Teilzahlungen einschließlich Zinsen und Kosten)
  - Sollzinssatz: Jahreszinssatz (p. a.) oder Monatszinssatz (p.m.)
  - Effektiver Jahreszins
  - Zu bestellende Sicherheiten, z. B. Gehaltsabtretung, Bürgschaft usw.
- Widerrufsrecht innerhalb von zwei Wochen

2.9.2 Kreditwürdigkeit und Sicherheiten

Kreditwürdigkeit

Banken sind per Gesetz dazu verpflichtet, die Kreditwürdigkeit oder **Bonität** eines Kunden zu prüfen, bevor sie einen Kredit vergeben. Geprüft werden die persönliche Kreditwürdigkeit und die wirtschaftliche Kreditwürdigkeit.

Die **persönliche Kreditwürdigkeit** ist abhängig von persönlichen Eigenschaften wie Alter, Glaubwürdigkeit, Zuverlässigkeit, fachlicher Qualifikation usw.

Zur Einschätzung der **wirtschaftliche Kreditwürdigkeit** dienen Einkommensnachweis, vorhandenes Vermögen und bereits vorhandene Belastungen durch Schulden.

Um die Bonität zu ermitteln, greifen die Banken häufig auf Auskunfteien wie die **SCHUFA** (siehe auch 2.7.1 Girokonto) zurück. Die SCHUFA sammelt Daten über Verbraucher. Auf Anfrage gibt die SCHUFA u. a. Auskunft darüber, ob Raten ordnungsgemäß beglichen wurden oder wie hoch die Gesamtbelastung durch Kredite ist.

Eine gute Bonität entscheidet darüber, ob Kredite bewilligt werden und zu welchen Konditionen dies möglich ist.

Bonität

persönliche Kreditwürdigkeit

wirtschaftliche Kreditwürdigkeit

SCHUFA

Sicherheiten

In der Regel sichern Kreditgeber ihre Forderungen ab. Mögliche Sicherheiten sind:
- **Bürgschaft**. Der Bürge verpflichtet sich schriftlich gegenüber dem Kreditinstitut, für die Verpflichtungen des Kreditnehmers einzustehen.
- **Lohn- und Gehaltsabtretung.** Der Kreditnehmer gewährt dem Kreditgeber das Recht, im Notfall auf seinen Lohn oder sein Gehalt zugreifen zu können. Dabei ist der pfändbare Betrag aber gesetzlich begrenzt. In der Regel wird der Arbeitgeber nur dann benachrichtigt, wenn die Kreditrückzahlung nachhaltig gestört ist.
- **Sicherungsübereignung.** Bei der Sicherungsübereignung wird das Eigentum an einer beweglichen Sache dem Kreditgeber übertragen. Der Kreditnehmer bleibt aber Besitzer der Sache. Bei einem Auto behält der Kreditgeber den Kfz-Brief so lange ein, bis die Kreditschuld zurückgezahlt ist.

Kreditsicherheiten

© Gina Sanders – Fotolia.com

Aufgaben

1 Sonderangebot eines Gebrauchtwagenhändlers: 7er BMW 19.990 € bar oder 48 Monatsraten à 491 €, eff. Jahreszins 8,7 %.
   a) Wie viel € bezahlen Sie bei dem Ratenkauf mehr als bei Barzahlung?
   b) Welche Sicherheit wird der Kreditgeber verlangen?

2 Warum empfiehlt es sich, bei Krediten Preisvergleiche anzustellen?

3 Worin unterscheiden sich Sollzins und effektiver Jahreszins?

4 Carlotta ist Auszubildende im 2. Lehrjahr. Sie kann über eine Ausbildungsvergütung von mtl. 900 € verfügen. Sie will auf eigenen Füßen stehen und hat sich eine preisgünstige kleine Wohnung für mtl. 300 € gemietet. Für die Einrichtung benötigt sie einen Kredit, der sie monatlich mit 250 € belastet.
   a) Schätzen Sie Carlottas Kreditwürdigkeit ein.
   b) Welche Sicherheiten kämen für den Kredit in Frage?

2.10 Überschuldung

Ursachen, **Gefahren** und **Wege aus** einer **Überschuldung** beschreiben.

Wer zu sorglos seine Anschaffungen durch Kredite finanziert, gerät in Gefahr, sich zu überschulden.

2.10.1 Ursachen der Überschuldung

Viele Unternehmen vergeben Ratenkredite für Konsumgüter recht leichtfertig und die Anzahl an überschuldeten Menschen nimmt immer mehr zu. Besonders häufig sind junge Menschen betroffen, die sich mit den Einnahmen und Ausgaben recht schnell verschätzen. Auch plötzliche Arbeitslosigkeit, Erkrankungen, die einen Berufswechsel notwendig machen und Trennungen von einem Partner führen oft dazu, dass Raten für Kredite nicht oder nicht mehr fristgerecht gezahlt werden können.

2.10.2 Haushaltsplan

Um ermitteln zu können wieviel Geld monatlich frei zur Verfügung steht, ist es notwendig Übersicht über seine Einnahmen und Ausgaben zu haben. Der Weg dazu ist die Aufstellung eines Haushaltsplans, in dem die monatlichen festen Einnahmen den festen Ausgaben gegenübergestellt werden.

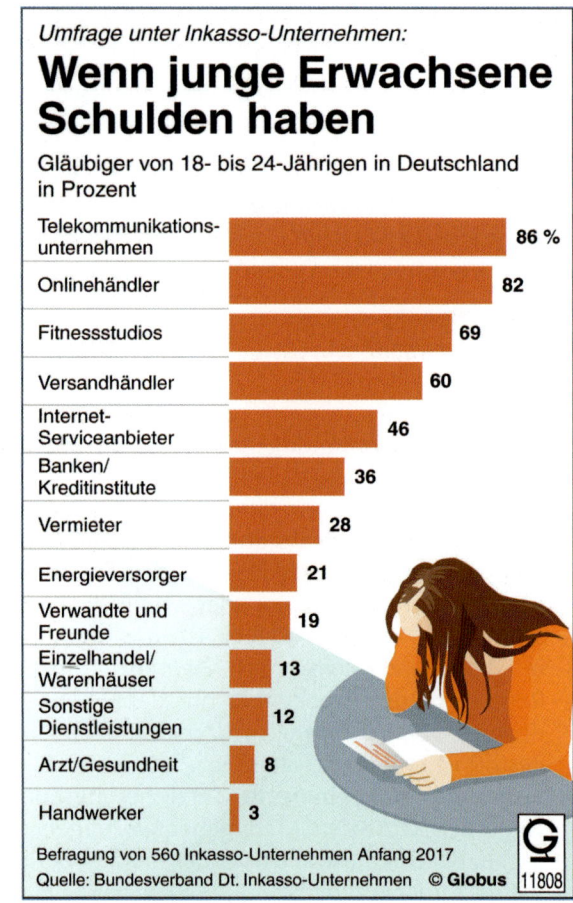

Umfrage unter Inkasso-Unternehmen:

Wenn junge Erwachsene Schulden haben

Gläubiger von 18- bis 24-Jährigen in Deutschland in Prozent

Telekommunikationsunternehmen	86 %
Onlinehändler	82
Fitnessstudios	69
Versandhändler	60
Internet-Serviceanbieter	46
Banken/Kreditinstitute	36
Vermieter	28
Energieversorger	21
Verwandte und Freunde	19
Einzelhandel/Warenhäuser	13
Sonstige Dienstleistungen	12
Arzt/Gesundheit	8
Handwerker	3

Befragung von 560 Inkasso-Unternehmen Anfang 2017
Quelle: Bundesverband Dt. Inkasso-Unternehmen   © **Globus**   11808

Beispiel: Monat April

Feste Einnahmen		Feste Ausgaben	
Ausbildungsvergütung	1.200,--	Kredit	400,--
		Kfz-Versicherung	420,--
		Kfz-Steuer	110,--
		Vereinsbeitrag	20,--
		Sparen	100,--
		Telefongebühr	30,--
Feste Einnahmen	**1.200,--**	**Feste Ausgaben**	**1.080,--**

Für veränderliche Ausgaben wie Benzin, Reparaturen, Kost, Kleidung u. a. verbleiben für den Monat April nur 120 €. Werden für alle Monate im Jahr Haushaltspläne erstellt, kann vorausschauend geplant und für schwierige Monate wie den April im obigen Beispiel angespart werden.

2.10.3 Schuldnerberatung

Ist kein Ausweg aus einer finanziellen Schwierigkeit abzusehen, dann ist es wichtig sich bereits so früh wie möglich beraten zu lassen. Kompetente Beratungsstellen, wie z. B. die **Schuldnerberatungsstellen** der Landratsämter oder der Wohlfahrtseinrichtungen Caritas, Diakonie usw. beraten kostenlos.

Schuldner-
beratungsstellen

■ **Wichtig, wenn Rückzahlungsschwierigkeiten bestehen**

- Das offene Gespräch mit dem Kreditsachbearbeiter suchen und nichts verheimlichen.
- Vor Umschuldungen die Einnahmen- und Ausgabenseite gründlich überprüfen
- Bereit sein, Vorschläge zur Ausgabenkürzung und Einnahmenverbesserung ernsthaft umzusetzen.
- Schuldnerberatungsstelle aufsuchen.

Homepage der Schuldnerberatungsstelle eines Landratsamtes:

Allgemeines / Beratungsvoraussetzungen
Wenn Sie ...
- nicht mehr wissen, wie Sie die nächste Miete bezahlen sollen
- von Ihren Gläubigern gemahnt werden, aber nicht bezahlen können
- Angst vor dem Gerichtsvollzieher oder vor Lohn- und Gehaltspfändung haben
- einen Gesprächspartner und Unterstützung in Ihrer Situation suchen ...
... hilft Ihnen die Schuldnerberatungsstelle des Landratsamts ...
- einen Weg zu finden, die Ausgaben zu verringern bzw. die Einnahmen zu erhöhen
- einen Haushaltsplan zu erstellen, der Ihnen hilft, das zur Verfügung stehende Geld besser einzuteilen
- einen Ihren finanziellen Möglichkeiten angemessenen Tilgungsplan zu erarbeiten
- Kontakt zu Ihren Gläubigern aufzunehmen und Vereinbarungen wie Stundung, Ratenzahlung, Vergleich zu treffen

2.10.4 Privatinsolvenz

Wer seine Schulden nicht mehr bezahlen kann, dem ist es möglich Privat- oder Verbraucherinsolvenz beim Amtsgericht anzumelden. Der Insolvenzantragsteller muss sich dann allerdings sechs Jahre lang „wohl verhalten". Von seinem Einkommen bleibt ihm über sechs Jahre hinweg nur der nicht pfändbare Teil, der Rest muss zur Schuldentilgung eingesetzt werden. Bewährt sich der Schuldner über diese Zeit, wird ihm die Restschuld erlassen.
In den Genuss der Verkürzung der Restschuldbefreiungsphase auf 3 Jahre kommen Schuldner, die es schaffen, innerhalb von drei Jahren 35 % ihrer Schuldensumme zzgl. Gerichtskosten aufzubringen.
Für Schuldner, die wenigstens die Gerichtskosten aufbringen können, gibt es eine Verkürzung auf 5 Jahre.

Verbraucher-
insolvenz

Aufgaben

1 Welche Ursachen kann eine Überschuldung haben?
2 Erstellen Sie einen persönlichen Haushaltsplan.
3 Welche Ausgabenkürzungen könnten Sie sich bei finanziellen Schwierigkeiten persönlich vorstellen?
4 Bei der Privatinsolvenz muss sich der Antragsteller sechs Jahre wohl verhalten. Was ist darunter zu verstehen?

Zusammenfassung

2.1 Rechts- und Geschäftsfähigkeit

2.1.1 Rechts- und Geschäftsfähigkeit

Rechtsfähigkeit ist die Fähigkeit, Träger von Rechten und Pflichten zu sein.
Rechtsfähig sind:

Natürliche Personen	Juristische Personen	
D. h. alle Menschen ab der Geburt bis zum Tod	Des öffentlichen Rechts, z. B. Bund, Länder, Kammern	Des privaten Rechts, z. B. AG, GmbH, e. V.

Geschäftsfähigkeit ist die Fähigkeit, Rechtsgeschäfte wirksam abzuschließen.
Stufen der Geschäftsfähigkeit:

Geschäftsunfähig	Beschränkt geschäftsfähig	Voll geschäftsfähig
Personen unter 7 Jahren, dauernd Geisteskranke	Minderjährige zwischen 7 und 18 Jahren	Volljährige
Rechtsgeschäfte sind **nichtig.**	Rechtsgeschäfte sind **schwebend unwirksam** (Ausnahme: Taschengeldgeschäfte).	Rechtsgeschäfte sind **voll gültig.**

2.1.2 Zustandekommen von Rechtsgeschäften

Rechtsgeschäfte werden durch **Willenserklärungen** begründet. Willenserklärungen sind:
- Ausdrückliche Äußerung (schriftlich, mündlich)
- Schlüssiges Handeln.

2.1.3 Einseitige und zweiseitige Rechtsgeschäfte

Einseitige Rechtsgeschäfte	Zwei-/mehrseitige Rechtsgeschäfte
Eine Willenserklärung genügt	Zwei/ mehrere Willenserklärungen sind notwendig = Vertrag

2.1.4 Formvorschriften

Form von Rechtsgeschäften	Beispiele
- **Formlos** - **Schriftform** - **Öffentliche Beglaubigung** - **Notarielle Beurkundung**	- Kaufverträge - Berufsausbildungsverträge - Anträge auf Eintragung in ein gerichtliches Register - Grundstücksverkäufe

2.1.5 Nichtigkeit und Anfechtbarkeit

Nichtigkeit von Rechtsgeschäften bei:

- Verstoß gegen gesetzliche Verbote,
- Geschäftsunfähigkeit,
- Scherzgeschäft/Scheingeschäfte,
- Sittenwidrigkeit,
- Formfehler.

Anfechtbarkeit von Rechtsgeschäften bei:

- Irrtum,
- falscher Übermittlung,
- widerrechtlicher Drohung,
- arglistiger Täuschung.

2.2 Kaufvertrag

2.2.1 Abschluss und Inhalt des Vertrags

- Der Kauf ist ein **zweiseitiges** Rechtsgeschäft zwischen Käufer und Verkäufer.
- Der Vertrag kommt durch **Antrag** und **Annahme**, z. B. Angebot und Bestellung zustande.

Wichtige Vertragsinhalte

- Art/Güte der Ware
- Menge
- Preis
- Lieferbedingungen
- Zahlungsbedingungen

Rechte und Pflichten der Vertragspartner

Der Verkäufer verpflichtet sich zu:	Der Käufer verpflichtet sich zu:
- Rechtzeitiger und fehlerfreier Lieferung - Annahme des Kaufpreises - Eigentumsübergabe	- Abnahme der Ware - Zahlung des Kaufpreises - Annahme des Eigentums

2.2.2 Erfüllung des Kaufvertrags

Die Vertragspartner können bezüglich der Verpflichtungen aus dem Kaufvertrag entweder eigene Absprachen treffen oder auf die gesetzlichen Regelungen zurückgreifen. Das BGB sieht folgende Bestimmungen bei der Erfüllung von Kaufverträgen vor:

- Warenschulden sind Holschulden
- Geldschulden sind Bringschulden
- Erfüllungsort ist der Sitz des Schuldners
- Sofortige Lieferung
- Sofortige Zahlung
- Gerichtsstand = Erfüllungsort

2.2.3 Besitz und Eigentum

Eigentum = rechtliche Herrschaft über eine Sache (Sie gehört mir.)
Besitz = tatsächliche Herrschaft/Verfügungsgewalt über eine Sache.

2.3 Störungen bei der Erfüllung von Kaufverträgen

2.3.1 Arten der Leistungsstörungen

Vertragsstörung			
Durch den Verkäufer		**Durch den Käufer**	
Mangelhafte Lieferung	Lieferungsverzug	Annahmeverzug	Zahlungsverzug

2.3.2 Zahlungsverzug

Voraussetzungen für den Zahlungsverzug:
- Fälligkeit
- Verschulden (Vorsatz/Fahrlässigkeit)

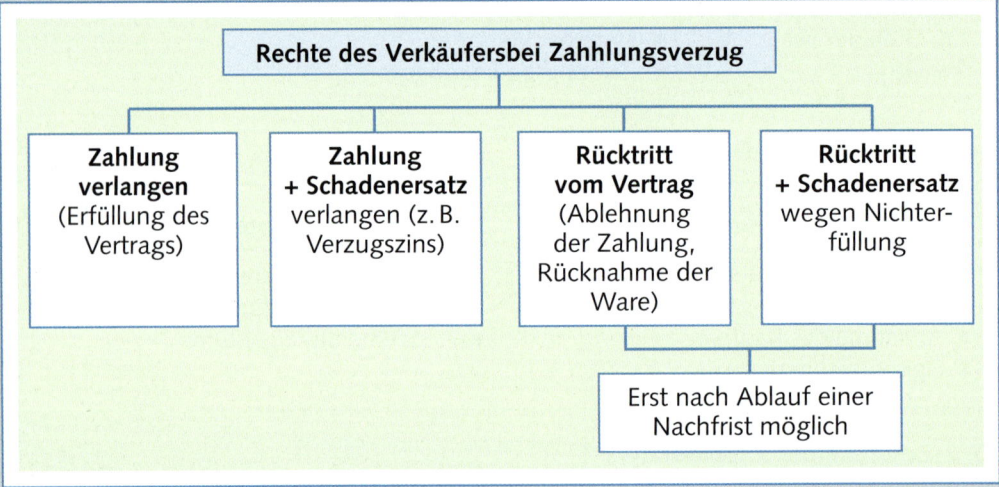

Folgen von Zahlungsverzug:
- Außergerichtliche Mahnung
  Eine **Mahnung** ist die Aufforderung an den Schuldner, seinen Verpflichtungen nachzukommen.
- Gerichtliches Mahnverfahren
  - durch Antrag auf Erlass eines Mahnbescheids beim Amtsgericht und Erlass des Mahnbescheids durch das Gericht.
    Der Mahnbescheid ist eine Mahnung durch das Gericht.
  - Antrag auf Vollstreckungsbescheid. Sollte der Schuldner wieder nicht bezahlen, ist die Zwangsvollstreckung möglich.

2.3.3 Mangelhafte Lieferung

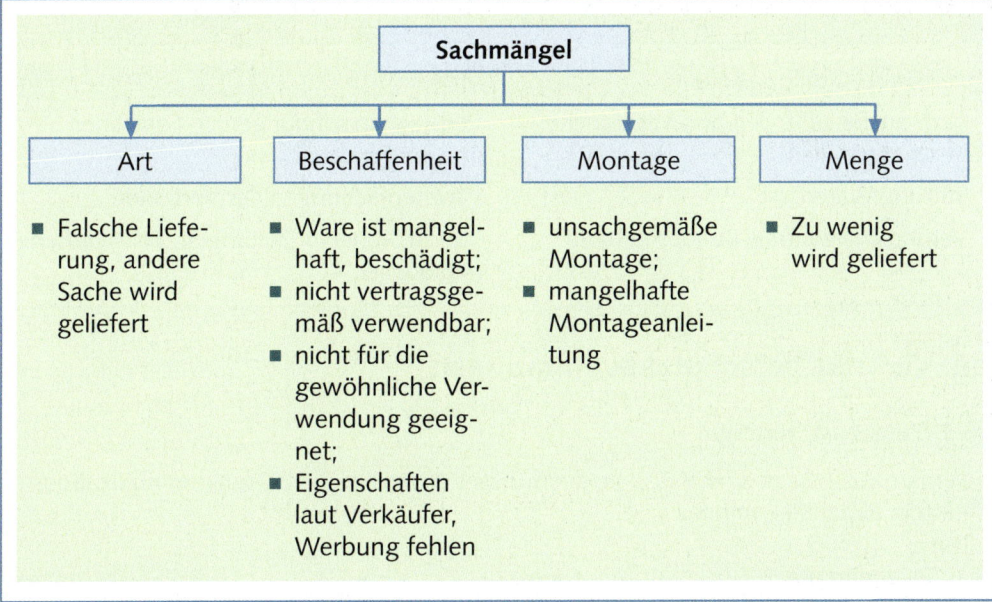

Rechte des Käufers

vorrangig	nachrangig

■ Nacherfüllung
  – Nachbesserung
  – Ersatzlieferung
	■ Rücktritt (event. Fristsetzung)
	■ Minderung
	■ Schadenersatz (event. Fristsetzung)

2.4 Verjährung von Forderungen

Verjährung bedeutet: Der Schuldner kann die Leistung nach Ablauf der Verjährungsfrist verweigern, d. h. die ausstehende Leistung kann nicht mehr gerichtlich eingeklagt werden.

Verjährungsfristen		
Frist	**Ansprüche**	**Fristbeginn**
2 Jahre	■ auf Gewährleistung aus Kaufverträgen	■ Mit der Übergabe der Sache.
3 Jahre regelmäßige Verjährungsfrist	■ aus Verträgen des täglichen Lebens ■ aus unerlaubten Handlungen ■ wegen arglistigen Verschweigens von Mängeln an Gegenständen	■ Mit dem Schluss des Jahres, in dem der Anspruch entstanden ist **und** Kenntnis oder Kennenmüssen der Person des Schuldners und des Anspruchsgrundes.

Neubeginn der Verjährung	Hemmung der Verjährung
Verjährungsfrist beginnt neu zu laufen.	Verjährungsfrist wird um den Zeitraum der Hemmung verlängert.

2.5 Verbraucherberatung

Die Verbraucherberatung erfolgt durch Verbände und durch Medien.

Verbände/Organisationen	Medien
Verbraucherzentralen und Verbraucher-beratungsstellen	Verbrauchersendungen im Fernsehen und im Rundfunk
Stiftung Warentest	Veröffentlichungen der Verbände
Verbraucherzentrale Bundesverband	Informationen in Zeitungen, Zeitschriften und Bücher

2.6 Verbraucherschutzbestimmungen

2.6.1 Fernabsatzverträge

- Fernabsatzverträge sind Verträge, die mittels Verwendung von Fernkommunikations-mitteln zustande kommen.
  Bsp.:
  - Telefonanrufe
  - E-Mails
  - Telemedien usw.

- Der Unternehmer hat bei Fernabsatzverträgen eine umfangreiche Informationspflicht gegenüber dem Verbraucher.

- Dem Verbraucher steht ein Widerrufsrecht zu.
  - Widerruf innerhalb von 14 Tagen ab Vertragsschluss bzw. ab Erhalt der Ware.
  - Keine Begründung für den Widerruf erforderlich.
  - Belehrung des Kunden über das Widerrufsrecht, sonst beginnt die Frist nicht zu laufen.
  - Bei Widerruf muss die Ware sofort, spätestens nach 14 Tagen zurückgesendet werden.

2.6.2 Allgemeine Geschäftsbedingungen

- Es handelt sich dabei um **vorformulierte Vertragsbedingungen**. Sie werden nur bei ausdrücklicher Zustimmung des Verbrauchers Vertragsbestandteil.
- Klauseln, die der Kunde so nicht erwarten konnte, werden nicht Vertragsbestandteil.
- Verboten sind Klauseln, die den Kunden stark benachteiligen.
- Beispiele für verbotene Klauseln:
  - Ausschluss jeglicher Gewährleistung,
  - kurzfristige Preiserhöhungen.

2.7 Zahlungsverkehr

2.7.1 Girokonto

Das Girokonto ist eine wesentliche Voraussetzung, um am modernen Zahlungsverkehr teilnehmen zu können.

Die Konditionen der Kreditinstitute für Bereitstellung und Führen eines Girokontos sind sehr unterschiedlich.

Beschränkt Geschäftsfähige bedürfen zur Eröffnung eines Girokontos der schriftlichen Zustimmung des gesetzlichen Vertreters

Durch Eintragung zusätzlicher Personen auf dem Unterschriftenblatt (= Kontovollmacht bzw. Verfügungsberechtigung) können auch diese über das Konto verfügen.

Einlagen sind Sichteinlagen, über die jederzeit verfügt werden kann.

Kontoüberziehung ist die vorübergehende Überziehung des Kontos ohne zugesagten Dispositionskredit oder über die zugesagte Dispositionskreditlinie hinaus.

2.7.2 Formen des Zahlungsverkehrs

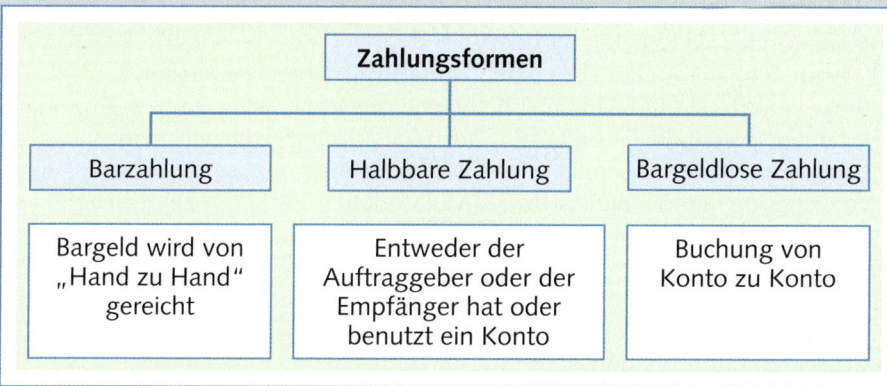

Überweisung

Bei Überweisung erfolgt die Übertragung von Geldbeträgen von einem Konto auf ein anderes. Die Höhe der Zahlung ist unbeschränkt.

Überweisungen werden durch das annähernd europaweit bestehende SEPA-Verfahren abgewickelt.

Sonderform Dauerauftrag: für regelmäßige Zahlungen in gleicher Höhe.

Lastschrift

Lastschriftverfahren für regelmäßige Zahlungen mit wechselnden Beträgen.

- **SEPA-Basislastschrift**: Der Zahlungspflichtige unterschreibt ein SEPA-Mandat. Dieses erlaubt dem Zahlungsempfänger eine SEPA-Lastschrift einzuziehen und berechtigt die Bank des Zahlungspflichtigen, die SEPA-Lastschrift dem Konto des Zahlungspflichtigen zu belasten. Widerspruchsrecht von 8 Wochen ab Fälligkeit. Bei fehlendem SEPA-Mandat Rückbuchungsmöglichkeit in einem Zeitraum von 13 Monaten.
- **SEPA-Firmenlastschrift**: Einzug von fälligen Forderungen zwischen Unternehmen. Kein Widerspruchsrecht.
- **Lastschriftverfahren mit Bankkarte**: Als elektronisches Lastschriftverfahren (ELV) oder Online-Lastschriftverfahren (OLV) wird das Bezahlen an der Kasse mit Bankkarte und Unterschrift bezeichnet. Durch die Unterschrift wird der Verkäufer ermächtigt, den Rechnungsbetrag vom Konto des Kunden einzuziehen. Keine Zahlungsgarantie für den Einzelhändler.

Zahlungen mit Karten
Sammelbezeichnung für die Zahlungskarten ist „Plastikgeld".

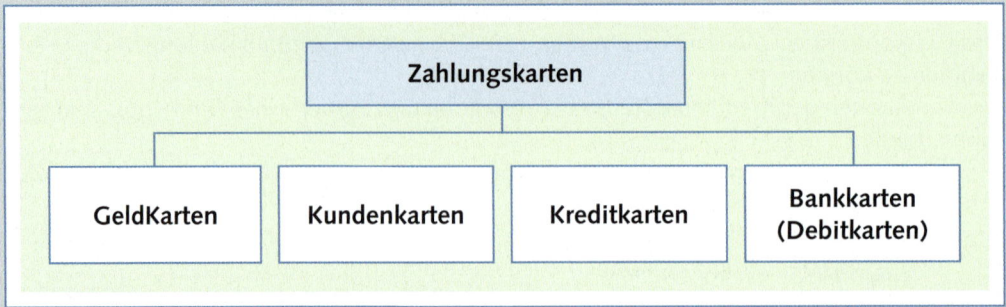

GeldKarte: Über den Mikrochip aufladbar bis 200 €. Eignet sich besonders zur Begleichung von Kleinbeträgen.

Kundenkarte: Wird von größeren Unternehmen und Konzernen an Stammkunden ausgegeben (meist kostenlos oder geringe Gebühr).
Ziel: Bindung der Kunden an das Unternehmen.
Vorteil des Kunden: Bargeldlose Bezahlung und Abbuchung einmal im Monat.

Kreditkarte: Ausweiskarte, die ihren Inhaber berechtigt, bei Vertragsfirmen (z. B. Einzelhandelsgeschäfte, Hotels) Rechnungen bargeldlos durch Unterschrift zu begleichen.
Vorteil des Kunden: Weltweit einsetzbar, bargeldlose Bezahlung und Abbuchung einmal im Monat. Verwendung wie die Bankkarte als Multifunktionskarte mit zusätzlichen Leistungen.
Nachteil: Teuer

Bankkarte (Debitkarte): Bei einer bargeldlosen Bezahlung erfolgt die Kontobelastung sofort.
Verwendung meist als **Multifunktionskarte**:
- Bargeldbeschaffung am Geldausgabeautomaten
- Ausweiskarte im Lastschriftverfahren
- electronic cash: Bargeldlose Bezahlung mit Karte im Einzelhandel. Online-Verbindung des Einzelhändlers mit der Bank des Kunden.
- GeldKarte

Elektronische Verfügungsformen (Electronic Banking)
- Telefonbanking: Telefonisch in Auftrag gegebene Bankgeschäfte.
- Onlinebanking: Tätigen von Bankgeschäften am PC von zu Hause aus.

2.8 Geldanlagen

Sparen ist Konsumverzicht.
- Konsumquote: Anteil des verfügbaren Einkommens, das konsumiert wird.
- Sparquote: Anteil des verfügbaren Einkommens, das gespart wird.

2.8.1 Sparmotive

Zwecksparen: Konsum ist nur aufgeschoben.
Vorsorgesparen: Rücklagen für das Alter und unvorhersehbare Fälle.

2.8.2 Anlageziele

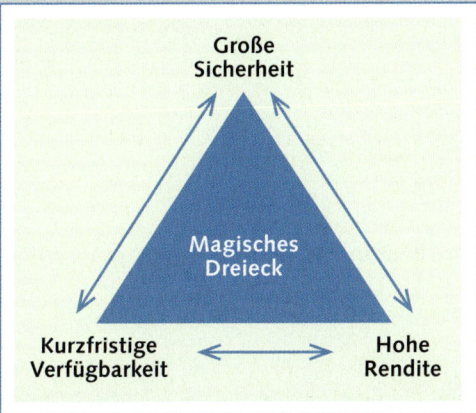

2.8.3 Anlageformen

Die bekanntesten Sparformen sind Tagesgeld, Sparbuch, Bausparen, Sparbrief, Festgeld, Versicherungssparen und Wertpapiersparen.

2.8.4 Sparförderung

- Bausparförderung ⟶ Wohnungsbauprämien
- Vermögenswirksame Leistungen ⟶ Arbeitnehmersparzulage

2.9 Verbraucherkredit

2.9.1 Form und Inhalt

Ausgestaltung des Kreditvertrages ist durch gesetzliche Bestimmungen zum Verbraucherkredit eingeschränkt.
Vorgeschrieben sind u. a.:
- Schriftform
- Netto- und Gesamtkreditbetrag
- Effektiver Jahreszins ist anzugeben
- Zu bestellende Sicherheiten
- Widerrufsrecht innerhalb von zwei Wochen

2.9.2 Kreditwürdigkeit und Sicherheiten
Kreditwürdigkeit (Bonität)
- **Persönliche Kreditwürdigkeit:** Abhängig von persönlichen Eigenschaften wie Alter, Zuverlässigkeit usw.
- **Wirtschaftliche Kreditwürdigkeit:** Abhängig von Einkommen, Vermögen, Belastung durch Schulden.

Kreditsicherheiten:
- Bürgschaft
- Lohn- und Gehaltsabtretung ⟶ Kreditgeber erhält das Recht bei Kreditrückzahlungsproblemen auf den Lohn oder Gehalt zugreifen zu dürfen.
- Sicherungsübereignung ⟶ Kreditgeber wird Eigentümer einer beweglichen Sache. Der Kreditnehmer bleibt aber Besitzer der Sache.

2.10 Überschuldung

2.10.1 Ursachen der Überschuldung

- Überschuldung
- Arbeitslosigkeit
- Erkrankungen, die einen Berufswechsel notwendig machen.

2.10.2 Haushaltsplan

Gegenüberstellung der festen Einnahmen und Ausgaben zur Ermittlung des frei verfügbaren Einkommens.

2.10.3 Schuldnerberatung

Ist kein Ausweg aus einer finanziellen Schwierigkeit abzusehen, dann ist es wichtig sich bereits so früh wie möglich bei Schuldnerberatungsstellen beraten zu lassen.

2.10.4 Privatinsolvenz

Möglichkeit der Anmeldung einer Privat- oder Verbraucherinsolvenz. Entschuldung nach sechs Jahren „Wohlverhaltens".
Verkürzungsmöglichkeit:
- Bei Rückzahlung von 35 % der Schulden sowie der Gerichtskosten innerhalb von drei Jahren verkürzt sich die Restschuldbefreiungsphase auf drei Jahre.
- Bei Aufbringung nur der Gerichtskosten Verkürzung auf fünf Jahre.

3

FREIHEIT · WETTBEWERB · LEISTUNG · LEISTUNG SOZIALE GERECHTIGKEIT SOZIALE AUSGLEICH · SOZIALES

Markt

Staat

© Goebel

Soziale Marktwirtschaft

3.1 Markt als Koordinator von Angebot und Nachfrage

Markt als Ort des Zusammentreffens von **Angebot** und **Nachfrage** und als Ort der **Preisbildung** verstehen.

© Gerhard Seybert – Fotolia.com

Anbieter wollen Güter verkaufen und Nachfrager wollen Güter kaufen. Damit der Güteraustausch funktionieren kann, müssen Angebot und Nachfrage zusammenkommen. Wenn sich irgendwo und irgendwie Angebot und Nachfrage treffen, liegt ein „Markt" vor.

Überlegen Sie:

Auf welche Weise erfahren Sie etwas über Güter, die Sie vielleicht kaufen möchten?

3.1.1 Markt, Marktarten und Marktformen

Markt kann ein bestimmter Ort sein, z. B. der Wochenmarkt. Markt kann auch über die Zeitung stattfinden (z. B. Automarkt, Wohnungsmarkt). Markt kann auch am Telefon sein.

Märkte haben zwei Funktionen:
- **Versorgung** der Menschen mit Gütern
- **Preisbildung** aufgrund von Angebot und Nachfrage

MARKT IST, WENN ANGEBOT UND NACHFRAGE ZUSAMMENKOMMEN

Anbieter

Nachfrager

Angebot und **Nachfrage** sind die beiden **Marktseiten**. **Anbieter** sind alle Wirtschaftseinheiten, die Güter anbieten. **Nachfrager** sind alle Wirtschaftseinheiten, die Güter nachfragen. Wirtschaftseinheiten sind Haushalte, Unternehmen, Staat und Ausland. Die größte und wichtigste Anbietergruppe sind **Unternehmen**. Die größte und wichtigste Nachfragegruppe sind die **Haushalte**.

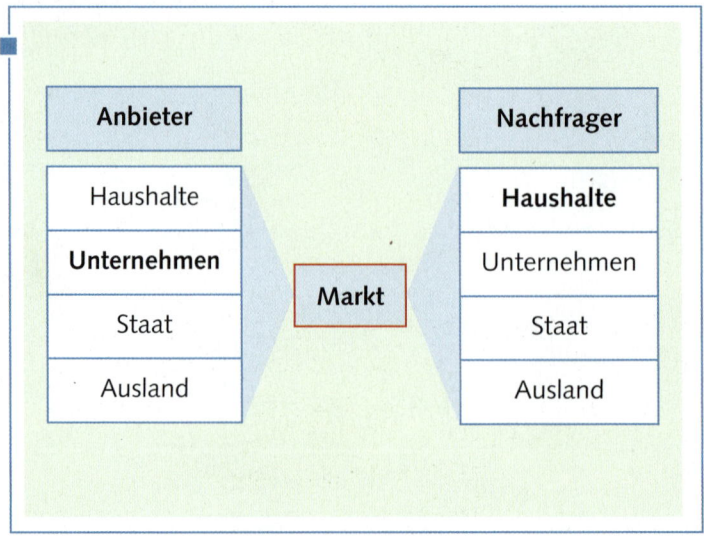

Anbieter	**Markt**	**Nachfrager**
Haushalte		**Haushalte**
Unternehmen		Unternehmen
Staat		Staat
Ausland		Ausland

Märkte gibt es, seitdem die Menschen Güter tauschen. Im wirtschaftlichen und sozialen Leben der Menschen haben Märkte immer eine besondere Rolle gespielt. Auf ihnen werden nicht nur Güter getauscht; man trifft Bekannte, tauscht Informationen aus usw.

Marktplätze sind zumeist die größten und schönsten Plätze in einer Stadt. Die wichtigsten Gebäude stehen um den Marktplatz herum.

Im Mittelalter wurde das Recht zur Abhaltung von Märkten vom Landesherrn verliehen. Wenn eine Stadt das **Marktrecht** erhielt, war das eine Auszeichnung und gleichzeitig ein wichtiger Impuls für die wirtschaftliche Entwicklung.

Auf den Märkten galt der so genannte **Marktfrieden**; d. h. Marktort und Marktbesucher standen unter dem besonderen Schutz des Landesherrn. Über die Einhaltung des Marktfriedens wachten die Marktgerichte. Wer gegen den Marktfrieden verstieß, wurde hart bestraft.

Marktarten

In der Realität existiert eine Vielzahl unterschiedlicher Märkte. Unterschieden werden Märkte u. a. nach Zeiten (Wochenmarkt, Jahrmarkt, Weihnachtsmarkt), nach Gütern (Fischmarkt, Baumarkt) oder sonstigen Gesichtspunkten (Großmarkt, Supermarkt, Flohmarkt, Schwarzmarkt). Wirtschaftlich bedeutsam ist vor allem die Unterscheidung der Märkte nach dem **Marktgegenstand**.

Marktarten	Marktgegenstände
Gütermärkte	Sachgüter und Dienstleistungen (z. B. Automarkt, Wohnungsmarkt, Versicherungsmarkt)
Arbeitsmarkt	Menschliche Arbeit
Geld- und Kapitalmärkte	Geld und Kredite

Marktformen

Eine weitere wichtige Unterscheidung von Märkten bezieht sich auf die Anzahl der Marktteilnehmer. Auf beiden Marktseiten können unterschiedlich viele Teilnehmer sein. Wirtschaftlich wichtig ist vor allem die Anzahl der Marktteilnehmer auf der Angebotsseite.

Monopol: Ein bestimmtes Gut wird nur von einem Anbieter angeboten. Dieser Anbieter hat keine Konkurrenz und kann weitgehend frei entscheiden, wie viel er von dem Gut produziert und welchen Preis er für sein Produkt verlangt.

Ein	Anbieter	=	**Monopol**
Wenige	Anbieter	=	**Oligopol**
Viele	Anbieter	=	**Polypol**

Oligopol: Ein bestimmtes Gut wird von einigen wenigen Anbietern angeboten. Zwischen den Anbietern besteht Konkurrenz. Allerdings können die wenigen Anbieter ihre Produkt- und Preispolitik auch relativ leicht aufeinander abstimmen.

Polypol: Ein bestimmtes Gut wird von vielen Anbietern angeboten. Die Nachfrager können sich aussuchen, bei wem sie das Produkt kaufen wollen. Dadurch besteht zwischen den Anbietern eine starke Konkurrenz.

Marktarten

Marktgegenstand

Marktformen

Monopol

Oligopol

Polypol

Aufgaben

1 Sie haben am Morgen über die Post einen Katalog mit Musik-CDs bekommen. Am Nachmittag rufen Sie an und bestellen drei CDs. Ist das ein Markt? Begründung!

2 Welche der drei Marktformen Monopol, Oligopol und Polypol ist Ihrer Meinung günstiger? Begründen Sie Ihre Meinung!
   a) für die Verbraucher   **b)** für die Produzenten?

3

3.1.2 Verhalten der Marktteilnehmer

Das **Verhalten** von **Nachfragern** und **Anbieteren** am Markt **erläutern.**

Marktteilnehmer sind **Anbieter** und **Nachfrager**. Beide wollen einen möglichst großen eigenen Vorteil erzielen. Ihr Verhalten hängt jedoch von unterschiedlichen Größen ab.

> ■ **Überlegen Sie:**
>
> Wovon hängt es ab, ob Sie ein bestimmtes Gut kaufen?

Verhalten der Nachfrager

Nutzen

Nutzenmaximierung

Den Nachfragern steht ein bestimmtes Einkommen für Güterkäufe zur Verfügung. Sie versuchen, die Güter so einzukaufen, dass sie einen möglichst großen **Nutzen** haben. Wir sprechen daher von **Nutzenmaximierung**. Ob ein bestimmtes Gut nachgefragt wird und welche Menge nachgefragt wird, hängt von mehreren Größen ab. Besonders wichtig:
- **Preis** des Gutes
- Höhe des **Einkommens**
- **Wertschätzung** des Gutes.

> ■ Die Nachfrage **steigt**
>   - wenn der Preis **sinkt**,
>   - wenn das Einkommen **steigt**,
>   - wenn die Wertschätzung **steigt**.
>
> ■ Die Nachfrage **sinkt**
>   - wenn der Preis **steigt**,
>   - wenn das Einkommen **sinkt**,
>   - wenn die Wertschätzung **sinkt**.

Preis-Mengen-Diagramm

Nachfragekurve

Wird das Verhalten der Nachfrager bei Preisänderungen in einem **Preis-Mengen-Diagramm** dargestellt, ergibt sich die **Nachfragekurve**. Im nebenstehenden Beispiel fragen die Nachfrager bei einem Preis von 5 Geldeinheiten 10 Stück nach; bei einem Preis von 3 Geldeinheiten 18 Stück.

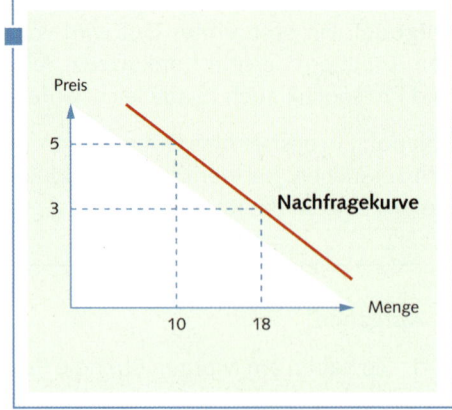

> ■ **Gesetz der Nachfrage:**
>
> Wenn der Preis sinkt, steigt die Nachfrage.
> Wenn der Preis steigt, sinkt die Nachfrage.

Unmittelbar entscheidet ein Unternehmen, welche Produkte es herstellt und wie viele. Es wird sich bei diesen Entscheidungen jedoch daran orientieren, ob die Produkte auch nachgefragt werden. Letztendlich entscheidet somit der **Konsument** mit seiner Nachfrage darüber, welche Produkte in welchen Mengen hergestellt werden.

Verhalten der Anbieter

Anbieter wollen durch Güterverkäufe einen möglichst großen **Gewinn** erzielen. Wir sprechen daher auch von **Gewinnmaximierung**.

Gewinn = Erlöse – Kosten
Erlöse = Menge · Preis
Gewinn = Menge · Preis – Kosten

■ **Gewinn**

Gewinnmaximierung

Die Angebotsmenge bei einem bestimmten Gut hängt vor allem von zwei Größen ab:
■ **Preis** des Gutes   ■ **Kosten** des Gutes

Das Angebot **steigt** ■ wenn der Preis **steigt**, ■ wenn die Kosten **sinken**.	Das Angebot **sinkt** ■ wenn der Preis **sinkt**, ■ wenn die Kosten **steigen**.

Wird das Verhalten der Anbieter bei Preisänderungen in einem Preis-Mengen-Diagramm dargestellt, ergibt sich die **Angebotskurve**. Im nebenstehenden Beispiel bieten die Anbieter bei einem Preis von 3 Geldeinheiten 10 Stück an; bei einem Preis von 5 Geldeinheiten 18 Stück.

Angebotskurve

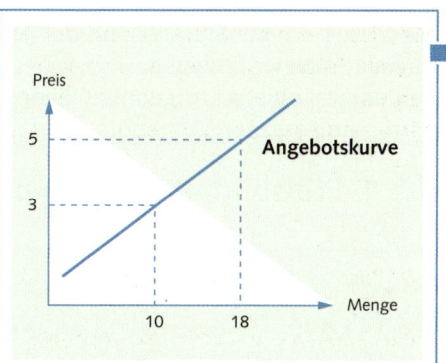

Gesetz des Angebots:

Wenn der Preis steigt, steigt das Angebot.
Wenn der Preis sinkt, sinkt das Angebot.

Frost lässt Heizöl-Nachfrage steigen

HAMBURG (...) – Der harte Wintereinbruch hat die Heizöl-Nachfrage in die Höhe getrieben. Bei anhaltend kaltem Winterwetter rechnet die Mineralölwirtschaft mit deutlich steigenden Preisen.

Mehr Bio-Produkte

BERLIN (...) – Die Preise für Bio-Produkte sind in den letzten Jahren ständig gestiegen. Wie der Bauernverband mitteilte, planen viele Bio-Landwirte eine Ausweitung ihrer Anbauflächen.

Aufgaben

1 Erläutern Sie, warum die Darstellungsform für die Nachfrage- bzw. Angebotskurve als Preis-Mengen-Diagramm bezeichnet wird. Welche Größe ist in den Beispielen die unabhängige Variable und welches ist die abhängige Variable?

2 Ein Kino verändert für die Nachmittagsvorstellung die Eintrittspreise und notiert sich jeweils die Besucherzahlen. Das Ergebnis: 6 € = 20 Besucher; 4 € = 60 Besucher; 5 € = 40 Besucher, 3 € = 80 Besucher. Zeichnen Sie die Nachfragekurve und erläutern Sie den Verlauf.

3 In der Zeitungsmeldung über die Heizölnachfrage wird von einer steigenden Nachfrage gesprochen.
   a) Was hat zu der Nachfragesteigerung geführt?
   b) Welche weitere Beziehung lässt sich aus der Zeitungsmeldung entnehmen? Begründen Sie Ihre Meinung!

3

3.2 Markt als Ort der Preisbildung

Am Markt treffen Angebot und Nachfrage zusammen. Angebot und Nachfrage bestimmen den Preis.

> ■ **Überlegen Sie zunächst selbst:**
>
> Wie kommen Produkte zu ihrem Preis?

Die Preisvorstellungen von Nachfragern (= Käufern) und Anbietern (= Verkäufern) stimmen oft nicht überein. Käufer möchten einen möglichst niedrigen Preis; sie kaufen weniger, wenn der Preis hoch ist. Anbieter möchten einen möglichst hohen Preis; sie bieten weniger an, wenn der Preis niedrig ist. Wie gut Käufer oder Verkäufer ihre Vorstellungen verwirklichen können, hängt vor allem von der Wettbewerbssituation auf dem jeweiligen Markt ab.

Da auf der Käuferseite in der Regel viele Personen vorhanden sind, wird die Marktsituation vor allem nach der Situation auf der Angebotsseite unterschieden:
- **viele** Anbieter (Polypol)
- **wenige** Anbieter (Angebots-Oligopol)
- nur **ein** Anbieter (Angebots-Monopol)

3.2.1 Preisbildung im Polypol

Angebot, Nachfrage und **Gleichgewichtspreis** im Polypol **ermitteln.**

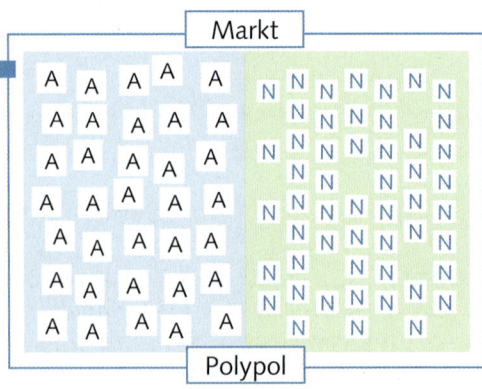

Markt

Polypol

Im **Polypol** stehen sich viele Anbieter und viele Nachfrager gegenüber. Es herrscht starker **Wettbewerb**. Ein einzelner Anbieter verfügt nur über wenig Macht, da auf ihn nur ein kleiner Anteil des Marktes entfällt. Der Preis für das Produkt bildet sich durch das Verhältnis von Gesamtangebot und Gesamtnachfrage am Markt. Der einzelne Anbieter muss diesen Preis übernehmen; er kann sich nur mit seiner Produktionsmenge an die Marktsituation anpassen (**Mengenanpasser**).

■ **Beispiel Preisbildungsprozess**

Auf einem Wochenmarkt bieten zahlreiche Anbieter frische Erdbeeren an. Auf dem Wochenmarkt sind auch viele Kunden, die frische Erdbeeren kaufen wollen. Wie viele Erdbeeren die Anbieter zu verkaufen bereit sind, hängt davon ab, welchen Preis sie erzielen können. Wie viele Erdbeeren die Kunden bereit sind zu kaufen, hängt davon ab, welchen Preis sie zahlen müssen.

Preis je Kilo Euro	Kaufbereitschaft der Nachfrager/Kilo	Verkaufsbereitschaft der Anbieter/Kilo
1	50	10
2	40	20
3	30	30
4	20	40
5	10	50

Anbieter und Nachfrager kommunizieren miteinander und sie informieren sich über die Preissituation auf dem Markt. Nach relativ kurzer Zeit bildet sich für die Erdbeeren ein einheitlicher Marktpreis für diesen Tag heraus.

Das Zusammentreffen von Angebot und Nachfrage lässt sich grafisch durch eine Überlagerung von Angebots- und Nachfragekurve darstellen. Für das vorstehende Beispiel ergibt sich folgendes Schaubild:

Die optimale Marktsituation liegt im Schnittpunkt von **Nachfragekurve (N)** und **Angebotskurve (A)**. Diese Situation wird als **Marktgleichgewicht** bezeichnet. Der dazugehörige Preis (im nebenstehenden Marktmodell: 3) wird als **Gleichgewichtspreis** (P_G), und die dazugehörige Menge (im nebenstehenden Marktmodell: 30) als **Gleichgewichtsmenge** (M_G) bezeichnet.

Beim Gleichgewichtspreis sind angebotene und nachgefragte Menge gleich groß. Man sagt auch: *Der Markt wird geräumt.*

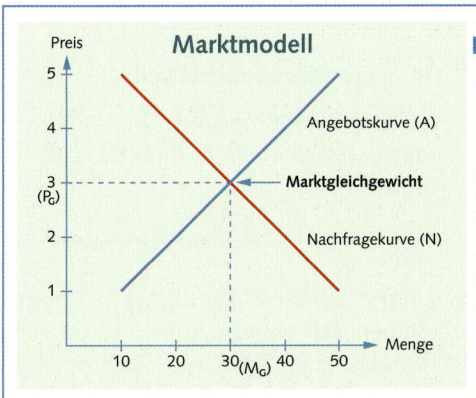

Marktgleichgewicht

Gleichgewichtspreis

Gleichgewichtsmenge

- Im Polypol tendieren die Märkte zum Gleichgewichtspreis.
  Im Marktgleichgewicht sind Angebots- und Nachfragemenge gleich groß.
  Die Preisbildung am Markt funktioniert umso besser, je mehr Wettbewerb herrscht.
  Bei Veränderungen von Nachfrage bzw. Angebot verändern sich auch Gleichgewichtsmenge und Gleichgewichtspreis.

Verändern sich Nachfrage und/oder Angebot, verändern sich auch Gleichgewichtspreis und Gleichgewichtsmenge.

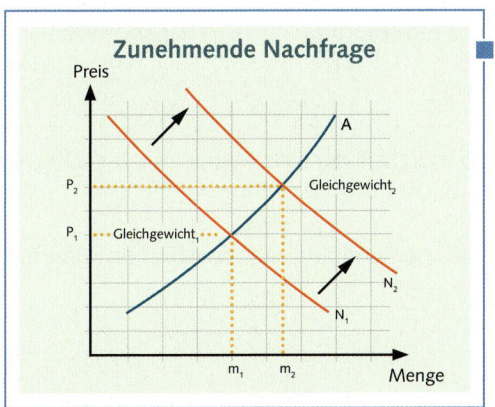

Nimmt die Nachfrage zu, verschiebt sich die Nachfragekurve nach rechts (N_2) Der Schnittpunkt mit der Angebotskurve (A) wandert nach rechts oben. Es ergibt sich ein neues Gleichgewicht. Gleichgewichtsmenge (m_2) und Gleichgewichtspreis (p_2) steigen.

Sinkt die Nachfrage ergeben sich die umgekehrten Effekte.

Aufgaben

1 Erläutern Sie in allgemeiner Form die Marktsituation und die Wettbewerbslage im Polypol.

2 Auf einem Markt mit starkem Wettbewerb erhöht ein einzelner Anbieter den Preis. Mit welchen Folgen muss er rechnen?

3 Geben Sie für folgende Marktänderungen die Auswirkungen für Gleichgewichtsmenge und Gleichgewichtspreis an:
   a) Nachfrage sinkt, Angebot bleibt gleich.
   b) Angebot sinkt, Nachfrage bleibt gleich.

3

3.2.2 Preisbildung im Angebotsoligopol und Angebotsmonopol

Preisbildung im Angebotsoligopol verstehen und beurteilen.

Oligopol

Wenige Anbieter, viele Nachfrager

Preisbildung im Angebotsoligopol

Überlegen Sie zunächst selbst:

Welche Gefahr besteht, wenn nur wenige Anbieter ein bestimmtes Gut anbieten?

Bei eingeschränktem Wettbewerb **(Oligopol)** stehen sich wenige Anbieter und viele Nachfrager gegenüber. In der Realität kommt es relativ häufig vor, dass auf überschaubaren Märkten nur wenige Anbieter für ein bestimmtes Produkt vorhanden sind.

Wenn es für ein Produkt nur wenige Anbieter gibt, ist der Markt überschaubar und die Käufer haben zumeist eine gute Übersicht über den Markt. Sie können relativ leicht den Anbieter wechseln. Wenn ein Oligopolist beispielsweise den Preis für sein Produkt anhebt, muss er damit rechnen, dass die Kunden zu einem der anderen Anbieter übergehen.

Typisch für ein Oligopol ist die wechselseitige Abhängigkeit der Anbieter. Bei seinen Aktionen, insbesondere bei Preissenkungen, muss er mit entsprechenden Gegenmaßnahmen der Konkurrenten rechnen. Die Abhängigkeit der Anbieter ist umso größer, je ähnlicher die Produkte sind.

Wegen der wechselseitigen Abhängigkeit der Anbieter sind auf oligopolistischen Märkten häufig zwei Verhaltensweisen zu beobachten:
- Preisabsprachen
- Preisführerschaft

Markt

Oligopol

Konzentration in der Wirtschaft	
Anteil der jeweils sechs größten Unternehmen	
Branche	**Anteil (%)**
Zucker	100
Tabakindustrie	92
Luft- und Raumfahrzeuge	90
Bergbau	90
Mineralöl	88
Energie	76
Quelle: Monopolkommission	

Preisabsprachen im Oligopol

Preisabsprachen

Einerseits bringt es nichts, wenn ein einzelner Anbieter den Preis erhöht, weil die Kunden von ihm weg zur Konkurrenz wandern würden. Andererseits sind grundsätzlich alle Anbieter an höheren Preisen interessiert. Ein höherer Preis ohne größere Einbußen beim Absatz lässt sich durchsetzen, wenn alle Anbieter den Preis entsprechend erhöhen. Dies lässt sich z. B. dann erreichen, wenn sich die Anbieter untereinander absprechen. Preisabsprachen **(Preiskartelle)** sind in Deutschland durch das **Gesetz gegen Wettbewerbsbeschränkungen (GWB; „Kartellgesetz")** verboten. Dennoch finden in der Praxis immer wieder Preisabsprachen statt. Wird ein solches Vorgehen aufgedeckt, verhängt das Bundeskartellamt hohe Bußgelder.

Bundeskartellamt verhängt drastische Bußgelder

BONN (...) – Erneut hat das Bundeskartellamt gegen die Zementindustrie in Deutschland ermittelt. Gegen mehrere große Zementhersteller wurden wegen verbotener Preisabsprachen Bußgelder in Höhe von etlichen Millionen Euro verhängt.

Preisführerschaft

Preisführerschaft liegt vor, wenn ein Anbieter den Preis erhöht und die anderen Anbieter nachziehen. Ein derart aufeinander abgestimmtes Verhalten kann abgesprochen sein oder sich einfach aus den gemeinsamen Interessen der Anbieter ergeben. Sie wissen, wenn sie sich gleichförmig verhalten, können sie einen höheren Preis am Markt durchsetzen.

Preisführerschaft im Oligopol

Benzinpreise in Bewegung

HAMBURG (...) – Seit gestern hat ESSO die Preise für Benzin um 2 Cent und für Diesel um 1 Cent je Liter angehoben. Sprecher anderer Mineralölkonzerne kündigten an, dass ihre Gesellschaften dem Schritt von ESSO in den nächsten Tagen folgen würden.

Preisbildung im Angebotsmonopol

Bei einem **Monopol** stehen sich ein Anbieter und viele Nachfrager gegenüber. In der Realität finden sich durchaus Konstellationen, in denen nur ein Anbieter vorhanden ist, so dass dieser sich monopolartig verhalten kann. Das gilt beispielsweise, wenn man von räumlich überschaubaren Märkten ausgeht, aber auch, wenn ein enger Güterbegriff verwendet wird. Autohändler gibt es zumeist etliche in einer Region, für eine bestimmte Automarkte findet sich aber oft nur ein Händler oder eine Vertragswerkstatt.

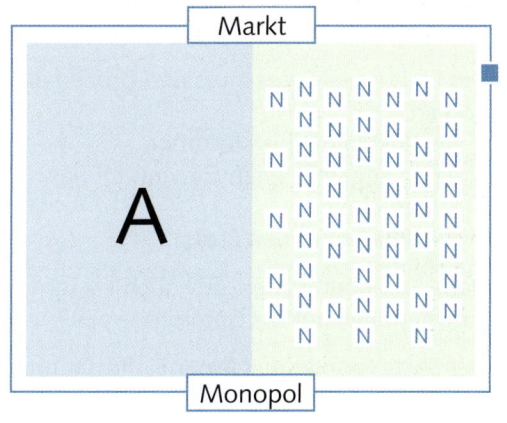

Monopol

Ein Anbieter, viele Nachfrager

Ein Monopolist kann den Preis für sein Produkt festlegen (**Preisfixierer**); er muss dann allerdings mit der Menge leben, die die Kunden bereit sind, bei diesem Preis zu kaufen.

Preisfixierung im Monopol

Ein Monopolist kann sich auch für eine bestimme Absatzmenge seines Produktes entscheiden (**Mengenfixierer**). Dann muss er allerdings den Preis akzeptieren, bei dem die Nachfrager bereit sind, diese Menge abzunehmen.

Mengenfixierung im Monopol

> Ein Monopolist kann für sein Produkt entweder den Preis oder die Menge festlegen.

Aufgaben

1 In einem Ort gibt es drei Tankstellen. Welche Marktform liegt vor? Erläutern Sie die typischen Verhaltensweisen bei dieser Marktform.

2 Nennen Sie Beispiele für Marktsituationen, in denen ein Anbieter mehr oder weniger wie ein Monopolist agieren kann.

3

3.3 Staatliche Eingriffe in die Preisbildung

Staatliche Eingriffe in die **Preisbildung** erläutern und begründen.

Steueranteil

je Liter bleifrei ca €

0,88

Überlegen Sie zunächst selbst:

Welche Gründe können einen Staat veranlassen, in die Marktpreisbildung einzugreifen?

Wenn wir Güter kaufen, haben diese bereits einen Preis, der an der Ware oder am Regal ausgewiesen wird. Am Zustandekommen des Preises sind mehrere Größen beteiligt.

Überlegen Sie zunächst selbst:

Was muss durch den Preis alles abgedeckt sein?

Preisbestandteile

Der Preis eines Gutes muss drei Größen abdecken:
- die **Kosten** der Herstellung,
- einen angemessenen **Gewinn** für das Unternehmen,
- die **Steuern** für den Staat.

Steuern und Subventionen

Neben **Steuern** wirken sich auch staatliche **Subventionen** auf die Güterpreise aus.

Der Staat verfolgt mit seiner Einflussnahme auf die Preise zwei Ziele: Zum einen will er sich über die Steuern Einnahmen verschaffen, zum anderen will er die Nachfrage nach bestimmten Gütern beeinflussen.

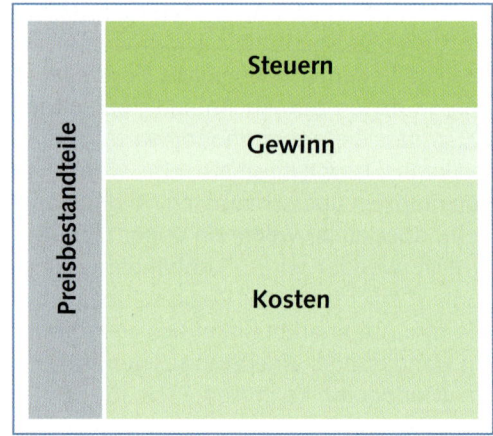

- Der Staat greift durch **Steuern** und **Subventionen** in die Preisbildung ein.

Steuern

Steuern und Preise

Der Staat erhebt eine Vielzahl von Steuern. Einige Steuern (z. B. Lohnsteuer, Gewerbesteuer, Grundsteuer usw.) müssen vom Steuerzahler direkt an den Staat entrichtet werden. Diese Steuern werden daher **direkte Steuern** genannt.

Direkte Steuern

Indirekte Steuern

Andere Steuern merken wir kaum. Sie sind in den Güterpreisen enthalten. Wir bezahlen mit der Ware gleichzeitig auch die Steuern. Steuern, die in den Güterpreisen enthalten sind, werden als **indirekte Steuern** oder **Verbrauchsteuern** bezeichnet. Bei den Verbrauchsteuern werden zwei Formen unterschieden:
- eine *allgemeine Verbrauchsteuer*, die **Mehrwertsteuer (= Umsatzsteuer)**; sie wird mit einem bestimmten Prozentsatz bei allen Gütern erhoben;
- zahlreiche *spezielle Verbrauchsteuern*; diese werden jeweils nur auf bestimmte Güter erhoben (z. B. Energiesteuer, Tabaksteuer, Kaffeesteuer usw.).

Auf Güter, die besonders umweltschädlich sind (z. B. Benzin) oder die die Gesundheit gefährden (z. B. Tabak, Alkohol), erhebt der Staat hohe Verbrauchsteuern. Er will diese Güter teuer machen, damit die Verbraucher möglichst wenig davon kaufen.

> Durch die **indirekten Steuern** (Verbrauchsteuern) kann der Staat die Endpreise der Güter beeinflussen.

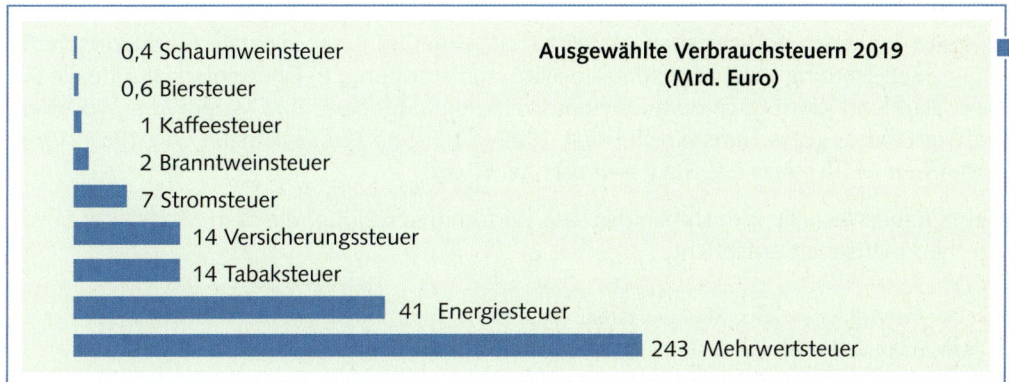

Ausgewählte Verbrauchsteuern 2019 (Mrd. Euro)

0,4 Schaumweinsteuer
0,6 Biersteuer
1 Kaffeesteuer
2 Branntweinsteuer
7 Stromsteuer
14 Versicherungssteuer
14 Tabaksteuer
41 Energiesteuer
243 Mehrwertsteuer

Die Belastung der Güter mit mehr oder weniger hohen Verbrauchsteuern ist die übliche Maßnahme des Staates, um Preise zu beeinflussen. Zumindest theoretisch verfügt der Staat aber auch über weitere, härtere Möglichkeiten. So kann er beispielsweise die Endpreise direkt festsetzen oder **Höchst- und Mindestpreise** festlegen. Er kann auch bestimmen, dass Preise für Güter mit einem besonderen öffentlichen Interesse von ihm genehmigt werden müssen.

Subventionen

Subventionen und Preise

Durch **Subventionen** an Unternehmen kann der Staat die Preise senken. Normalerweise müssen die Unternehmen alle Kosten über den Güterpreis hereinholen. Wenn der Staat durch Subventionen jedoch einen Teil der Kosten (z. B. für Forschung und Entwicklung) übernimmt, können die Unternehmen diese Güter entsprechend billiger verkaufen.

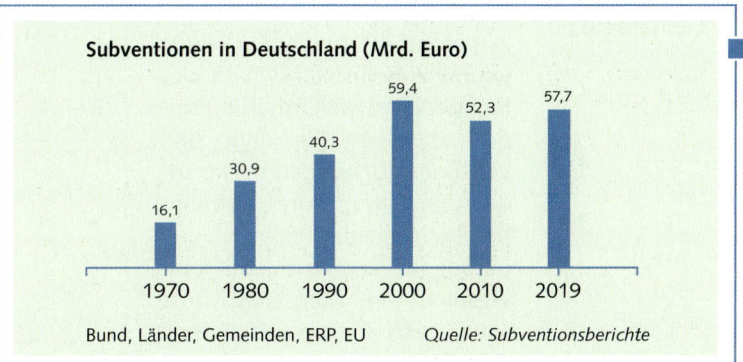

Subventionen in Deutschland (Mrd. Euro)

1970	1980	1990	2000	2010	2019
16,1	30,9	40,3	59,4	52,3	57,7

Bund, Länder, Gemeinden, ERP, EU   Quelle: Subventionsberichte

Aufgaben

1 Durch hohe Verbrauchsteuern auf bestimmte Güter soll die Nachfrage nach diesen Gütern gesenkt werden. Stellen Sie die Wirkung einer Verbrauchsteuererhöhung auf die Nachfrage mit Hilfe des Marktmodells dar.

2 Ein Staat trifft zum 1. Januar folgende Maßnahmen:
   a) Erhöhung der Mehrwertsteuer.
   b) Erhöhung der Energie- und Tabaksteuer.
   c) Einführung von Studiengebühren.
   Welche Absichten verfolgt der Staat mit diesen Maßnahmen?

3 Führen Subventionen in jedem Fall zu geringeren Güterpreisen?

3

3.4 Grundlagen der Sozialen Marktwirtschaft

Grundmerkmale der sozialen Marktwirtschaft beschreiben.

■ **Grundgesetz Artikel 20**

(1) Die Bundesrepublik Deutschland ist ein demokratischer und sozialer Bundesstaat.

■ **Überlegen Sie zunächst selbst:**

Welche Aufgaben hat Ihrer Meinung nach ein „sozialer" Staat?

Wie alles im Leben braucht auch die Wirtschaft eine Ordnung. „**Soziale Marktwirtschaft**" ist eine Bezeichnung für eine bestimmte Wirtschaftsordnung. In Deutschland wurde die Soziale Marktwirtschaft nach dem Zweiten Weltkrieg aufgebaut. Ihre Väter waren vor allem Ludwig Erhard, Wirtschaftsminister von 1949–1963 und Bundeskanzler von 1963–1966, und *Alfred Müller-Armack*, Staatssekretär bei Erhard.

Heute haben fast alle Industrieländer eine Wirtschaftsordnung, die dem Modell der Sozialen Marktwirtschaft entspricht.

> „Der *Begriff* der sozialen Marktwirtschaft kann so als eine ordnungspolitische Idee definiert werden, deren Ziel es ist, auf der Basis der Wettbewerbswirtschaft die freie Initiative mit einem gerade durch die marktwirtschaftliche Leistung gesicherten sozialen Fortschritt zu verbinden. *Sinn* der sozialen Marktwirtschaft ist es, das Prinzip der Freiheit auf dem Markt mit dem des sozialen Ausgleichs zu verbinden."
>
> *Alfred Müller-Armack*

Eigennutz und Gemeinnutz

Die Soziale Marktwirtschaft stellt den Versuch einer möglichst optimalen Verknüpfung zweier Säulen dar. Die eine Säule betont die durch **Eigennutz** geprägte Selbstständigkeit des **Individuums**, die Entfaltung seiner Interessen, Freiheiten und Leistungsmöglichkeiten. Die andere Säule wird durch **gemeinnützige** Aspekte bestimmt und betont die Belange des **Gemeinwesens**, der Menschenwürde sowie der sozialen Sicherheit und Gerechtigkeit.

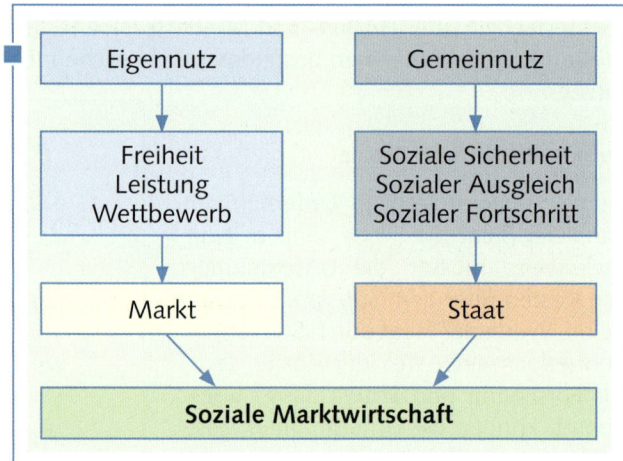

Für die erste Säule ist in erster Linie der **Markt** zuständig. Ein von Freiheit und Leistungsstreben geprägter Markt, auf dem sich die Preise nach Angebot und Nachfrage bilden, verspricht hohe Effizienz bei der Entwicklung, Herstellung und Verteilung von Gütern.

Markt und Staat

Für die Anliegen der zweiten Säule muss – da der Markt sie nicht erfüllen kann – eine andere Instanz sorgen. Das kann letztlich nur der **Staat** sein. An der Steuerung des Wirtschaftsgeschehens sind somit immer zwei Elemente beteiligt: Markt und Staat.

In der Sozialen Marktwirtschaft sollen sich Markt und Staat ergänzen. Alles, was der Markt besser kann, soll der Markt machen. Der Staat soll aber keineswegs nur die Rolle eines „Nachtwächters" spielen, der nur eingreift, wenn Gefahren drohen. Der Staat schafft die geeigneten Rahmenbedingungen für das Geschehen am Markt und strebt bestimmte Ziele durch Eingriffe in die Wirtschaft aktiv an. Der Staat greift in den Markt ein. Er steuert das Marktgeschehen und sorgt für einen Ausgleich, wenn es zu sozial unerwünschten Ergebnissen führt.

Unverzichtbarer Bestandteil der Sozialen Marktwirtschaft ist das **Privateigentum** (auch an Produktionsmitteln). Den einzelnen Wirtschaftssubjekten (Personen, Unternehmen) wird ein hohes Maß an selbstbestimmten Entfaltungsmöglichkeiten zugebilligt. Im Gegenzug wird von ihnen aber auch **Verantwortung** im Umgang mit ihrer **Freiheit** gefordert.

Privateigentum

Freiheit und Verantwortung

„Markt" und „Staat" sind sozusagen die regulierenden Stellschrauben in der Sozialen Marktwirtschaft. Für ihre Justierung gilt der Grundsatz:

„So viel Markt wie möglich, so viel Staat wie nötig."

Was der Markt regeln kann, soll der Markt regeln, Was der Markt nicht oder nicht in der gesellschaftlich gewünschten Form regeln kann, soll der Staat übernehmen. Die Wirtschaftsordnungen in verschiedenen Ländern unterscheiden sich vor allem dadurch, welche Anteile der Markt besitzt und welche Anteile der Staat übernimmt.

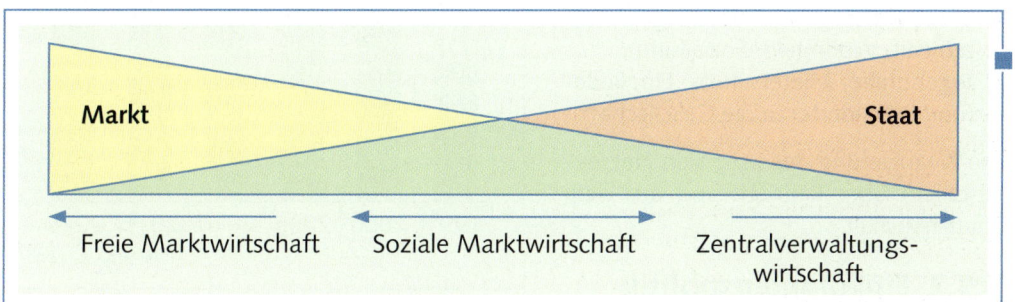

Aufgaben

1 Auf der Eingangsseite dieses Kapitels geben sich „Markt" und „Staat" die Hand. Beschreiben Sie das Verhältnis von Markt und Staat in der Sozialen Marktwirtschaft.

2 Nennen Sie mindestens drei Aufgaben, die Ihrer Meinung nach der Markt nicht zufriedenstellend erfüllen kann und die daher der Staat übernehmen muss.

3 In Meinungsumfragen äußert sich in den letzten Jahren ein schwindendes Vertrauen in die Soziale Marktwirtschaft. Welche Entwicklungen könnten in Ihren Augen zu dieser Meinungsänderung beigetragen haben?

3

3.5 Instrumente der Sozialen Marktwirtschaft

Der Markt kann bei weitem nicht alles richten. Viele Anliegen wollen wir auch nicht den Marktmechanismen überlassen. Zu solchen Anliegen gehören unter anderen:

- Soziale Sicherung und sozialer Ausgleich
- Gerechte Einkommensverteilung
- Aufrechterhaltung des Wettbewerbs in der Wirtschaft
- Schutz der Umwelt

Damit der Staat diese Aufgaben angemessen wahrnehmen kann, benötigt er wirkungsvolle Instrumente.

3.5.1 Sozialpolitik

> Sozialpolitik umfasst alle Maßnahmen zur Verbesserung der wirtschaftlichen und sozialen Lage der Menschen. Ihr besonderes Augenmerk gilt der Förderung benachteiligter gesellschaftlicher Gruppen.

Wichtige Bereiche der Sozialpolitik sind u. a.

- Sozialversicherungen, die Unterstützung bei Wechselfällen des Lebens gewähren (Krankheit, Alter, Arbeitslosigkeit, Unfall, Pflegebedürftigkeit).
- Sozialer Ausgleich (Kindergeld, Elternzeit, Wohngeld, Sozialhilfe).
- Jugendhilfe, Mieterschutz, Eingliederung Behinderter in die Gesellschaft.

Die Finanzierung des „sozialen Netzes" geschieht über Beiträge und aus dem Staatshaushalt.

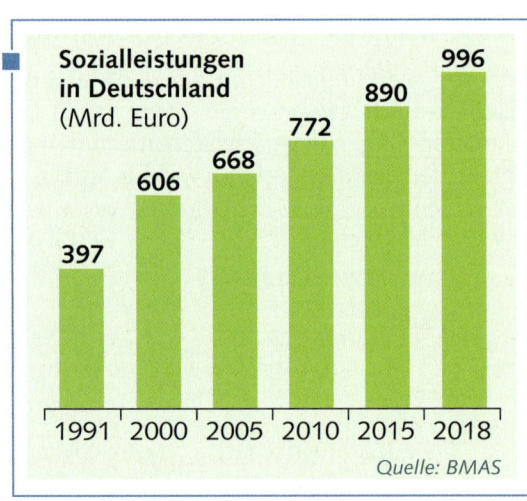

Sozialleistungen in Deutschland (Mrd. Euro)

1991	2000	2005	2010	2015	2018
397	606	668	772	890	996

Quelle: BMAS

3.5.2 Einkommenspolitik

Primäreinkommen

Einkommen entstehen zunächst auf Märkten: Arbeitseinkommen, Unternehmereinkommen, Vermögenseinkommen (**Primäreinkommen**). Über die Höhe von Arbeitseinkommen entscheiden beispielsweise vor allem die Tarifverhandlungen zwischen Arbeitgebern und Gewerkschaften. Primäreinkommen weisen von Person zu Person zum Teil erhebliche Unterschiede auf. Um diese Unterschiede zumindest etwas auszugleichen, ergreift der Staat

Sekundäreinkommen

verschiedene Maßnahmen der **Einkommensumverteilung**. Das Einkommen nach der Umverteilung wird als **Sekundäreinkommen** bezeichnet.

> **Einkommenspolitik** im Sinne von **Einkommensverteilungspolitik** umfasst sowohl Maßnahmen, die die **Primärverteilung** beeinflussen als auch Maßnahmen zur Umverteilung von Einkommen mit dem Ziel einer gleichmäßigeren **Sekundärverteilung**.

Transferzahlungen

Staatliche Einkommensumverteilung findet vor allem über Steuern und Sozialleistungen statt. Auf der einen Seite werden durch die progressive Gestaltung des Einkommensteuertarifs hohe Einkommen hoch und niedrigere Einkommen geringer belastet. Auf der anderen Seite erhalten Personen mit niedrigerem Einkommen und Familien mit Kindern höhere staatliche **Transferzahlungen** (Kindergeld, Ausbildungsbeihilfen, Wohngeld, Sozialhilfe usw.).

3.5.3 Wettbewerbspolitik

„Aufgabe der **Wettbewerbspolitik** ist es, im Interesse der Verbraucher sowie aller Unternehmen … funktionsfähigen, möglichst unbeschränkten Wettbewerb zu gewährleisten und nachhaltig zu fördern."
Bundesministerium für Wirtschaft und Technologie

Wichtigste Mittel zur Sicherung des Wettbewerbs sind Verbote wettbewerbswidrigen Verhaltens und aktive Maßnahmen zur Förderung von Wettbewerb. Die wichtigsten Regelungen sind:

- „**Gesetz gegen Wettbewerbsbeschränkungen**" (**GWB**). Seine drei Säulen sind die **Kartellbekämpfung**, die **Fusionskontrolle** und die **Missbrauchsaufsicht.**
- „**Gesetz gegen unlauteren Wettbewerb**" (**UWG**). Seine Verbote und Gebote sollen sowohl für Mitbewerber als auch für Verbraucher einen fairen und lauteren Wettbewerb sicherstellen.

GWB

UWG

Aktive Maßnahmen zur Förderung von Wettbewerb sind u. a. Erleichterung von Unternehmensgründungen, Förderung von Innovationen und Bereitstellung von Risikokapital.

Wichtige Einrichtungen zur Aufrechterhaltung des Wettbewerbs sind die **Kartellämter** sowie die **Monopolkommission**.

**Kartellämter
Monopol-
kommission**

3.5.4 Umweltpolitik

Umweltpolitik umfasst alle politischen Maßnahmen, die der Erhaltung der natürlichen Lebensgrundlagen der Menschen dienen.

Wichtige Prinzipien der Umweltpolitik sind:

- **Nachhaltigkeitsprinzip** („**Sustainable Development**"). Grundanliegen ist es, zukünftige Generationen bei der Versorgung mit natürlichen Ressourcen und bei er Umweltqualität nicht schlechter zu stellen als die gegenwärtige Generation.
- **Vorsorgeprinzip**. Anliegen ist es, durch vorbeugende Maßnahme Umweltschädigungen erst gar nicht entstehen zu lassen, anstatt sie hinterher zu reparieren.
- **Verursacherprinzi**p. Nicht die Allgemeinheit soll die Kosten von Umweltschädigungen zahlen, sondern derjenige, der die Schäden verursacht hat.

**Nachhaltigkeits-
prinzip**

Vorsorgeprinzip

Verursacherprinzip

Wichtige umweltpolitische Instrumente sind Umweltauflagen, Ökosteuern, Umweltlizenzen, Umweltsubventionen und Umweltschutzinvestitionen.

Aufgaben

1 Nennen Sie mindestens drei Bereiche, die nicht dem Markt überlassen, sondern vom Staat erfüllt werden sollten. Begründen Sie Ihre Antwort.
2 Begründungen Sie, warum der Staat im Rahmen der Sozialpolitik besonders viel für Familien mit Kindern tut. Nennen Sie mindestens drei Instrumente aus diesem Bereich.
3 Beschreiben Sie den Vorgang der staatlichen Umverteilung von Primäreinkommen zu Sekundäreinkommen.
4 Begründen Sie, warum staatliche Wettbewerbspolitik notwendig ist.
5 Begründen Sie das Vorsorgeprinzip in der Umweltpolitik.

3

3.6 Lebenshaltungskostenindex, Inflation, Kaufkraft und Reallohn

3.6.1 Preisindex für die Lebenshaltung (Verbraucherpreisindex)

Preisindex für die Lebenshaltung ermitteln.

Es gehört zu den alltäglichen Lebenserfahrungen, dass sich die Preise für Güter ändern. Manchmal werden sie billiger, meistens aber teuer. Wenn die Preissteigerungen im Durchschnitt größer sind als die Preissenkungen, sprechen wir von Inflation. Bei Inflation steigen unsere Ausgaben für die Lebenshaltung.

> ■ **Anstieg der Lebenshaltungskosten**
>
> WIESBADEN (...) – Das Statistische Bundesamt meldet für den Monat Februar einen Anstieg der Lebenshaltungskosten um 2 % im Vergleich zum Vorjahresmonat. ...

Harmonisierter Verbraucherpreisindex

Die Veränderung der Lebenshaltungskosten wird über den **Verbraucherpreisindex** (**VPI**) gemessen. Jedes Land ermittelt seinen nationalen Verbraucherpreisindex. In der Euro-Zone wird zusätzlich der für alle Euro-Länder gemeinsame **Harmonisierte Verbraucherpreisindex (HVPI)** ermittelt.

Inflationsrate

■ Der **Verbraucherpreisindex** (**VPI**) gibt an, um wieviel Prozent die Güterpreise innerhalb eines Jahres gestiegen sind (= **Inflationsrate**).

Warenkorb

Um die Einkaufsgewohnheiten der Verbraucher möglichst genau zu erfassen, ermittelt das **Statistische Bundesamt** alle 5 Jahre die Güterarten und -mengen, die ein privater Durchschnittshaushalt im Monat regelmäßig kauft. Dieses Bündel von ca. 750 verschiedenen Gütern wird als **Warenkorb** bezeichnet. Die Jahre, in denen ein neuer Warenkorb ermittelt wird, werden als **Basisjahr**, und deren Warenkorb als **Basiskorb** bezeichnet.

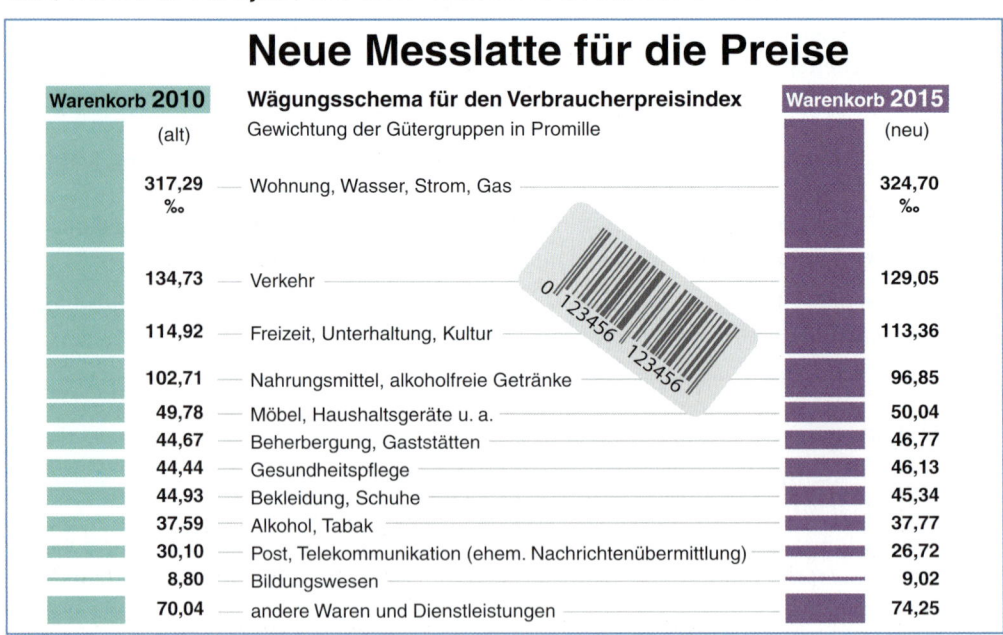

Neue Messlatte für die Preise

Wägungsschema für den Verbraucherpreisindex
Gewichtung der Gütergruppen in Promille

	Warenkorb 2010 (alt)	Warenkorb 2015 (neu)
Wohnung, Wasser, Strom, Gas	317,29 ‰	324,70 ‰
Verkehr	134,73	129,05
Freizeit, Unterhaltung, Kultur	114,92	113,36
Nahrungsmittel, alkoholfreie Getränke	102,71	96,85
Möbel, Haushaltsgeräte u. a.	49,78	50,04
Beherbergung, Gaststätten	44,67	46,77
Gesundheitspflege	44,44	46,13
Bekleidung, Schuhe	44,93	45,34
Alkohol, Tabak	37,59	37,77
Post, Telekommunikation (ehem. Nachrichtenübermittlung)	30,10	26,72
Bildungswesen	8,80	9,02
andere Waren und Dienstleistungen	70,04	74,25

© Globus 13062

Der Warenkorb besteht aus zwei Ebenen:

■ 12 Gütergruppen (z.B. „01 Nahrungsmittel, alkoholfreie Getränke", „04 Wohnung, Wasser, Gas, Brennstoffe"). Jede Gütergruppe besitzt entsprechend der Verbrauchsgewohnheiten einen bestimmten Anteil im Warenkorb: z.B. 04 Wohnung, Wasser, Gas,

Brennstoffe" eine Gewichtung von 31,7; d.h. 31,7% der Gesamtausgaben für den Warenkorb entfallen auf diese Gütergruppe. Die Gewichtung der einzelnen Gruppen im Warenkorb wird als **Wägungsschema** bezeichnet. Das Wägungsschema bleibt während der fünfjährigen Laufzeit des Warenkorbes unverändert.

Wägungsschema

- Die Güterarten und -mengen innerhalb der Gütergruppen werden dagegen nicht konstant gehalten, sondern werden entsprechend den sich verändernden Einkaufsgewohnheiten kontinuierlich, manchmal monatlich, angepasst.

Die Summe der Güterpreise im Basiswarenkorb wird gleich 100 gesetzt (Preisindex 100). Eine erneute Messung dieses Korbes im nächsten Jahr ergibt einen neuen Preisindex. Beträgt dieser z.B. 103, so bedeutet dies einen jährlichen Anstieg der Lebenshaltungskosten von 3%.

Aus den Preissteigerungen der im Warenkorb enthaltenen Güter wird der **Verbraucherpreisindex** für Deutschland ermittelt. Die prozentuale Verteuerung des Warenkorbs innerhalb eines Jahres wird als **Inflationsrate** bezeichnet. Für die Euro-Zone geht die Europäische Zentralbank (EZB) von stabilen Preisen aus, wenn die Inflationsrate „unter, aber nahe 2%" liegt.

Beispielrechnung			
	Warenkorb-preis (Euro)	Verbraucher-preisindex	Inflationsrate
Basisjahr	1.600	100	
Jahr 1	1.648	103	3,0%
Jahr 2	1.680	105	1,9%
Jahr 3	1.744	109	?

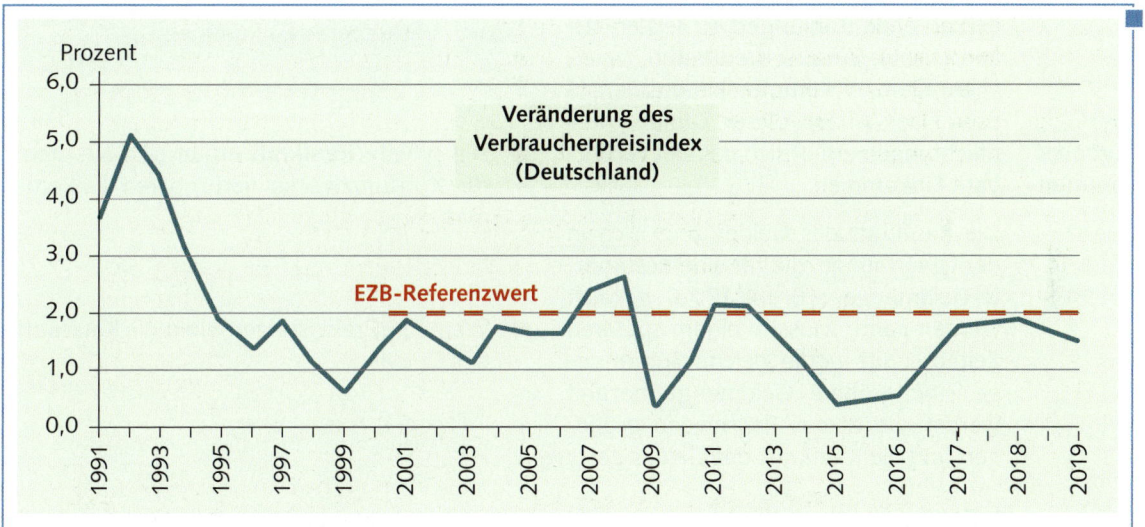

Veränderung des Verbraucherpreisindex (Deutschland)

EZB-Referenzwert

Aufgaben

1 **a)** Was zeigt der Verbraucherpreisindex (VPI) an?
   b) Was drückt der Harmonisierte Verbraucherpreisindex (HVPI) aus?

2 Ermitteln Sie für die oben stehende Beispielrechnung die Inflationsrate für Jahr 3.

3 Was ist im Zusammenhang mit der Messung des Verbraucherpreisindex unter dem „Wägungsschema" zu verstehen?

4 Interpretieren Sie den oben abgebildeten Verlauf der Inflationsrate für Deutschland.

3

3.6.2 Zusammenhang zwischen Inflation, Kaufkraft und Reallohn

Zusammenhang zwischen Inflation, Kaufkraft und Reallohn beschreiben.

Kennzeichnend für eine Inflation ist, dass nicht nur einzelne Preise steigen, sondern die Preise eines größeren Güterbündels im Durchschnitt ansteigen. Wir sprechen dann von einer **Preisniveausteigerung**. Als Güterbündel wird in der Regel der Warenkorb für die Lebenshaltung der privaten Haushalte zugrunde gelegt.

Inflation ist gleichbedeutend mit Geldentwertung. Durch steigende Preise verliert das Geld an Wert.

■ Inflation ist ein Prozess allgemeiner Preissteigerungen.

Inflation und Kaufkraft

Kaufkraft

Inflationäre Prozesse haben aber auch Einfluss auf die **Kaufkraft**. Quelle der privaten Kaufkraft ist das Haushaltseinkommen. Es ergibt sich als Summe aller Einkommen. Werden vom Haushaltseinkommen die Sozialbeiträge und die Einkommensteuern abgezogen, verbleibt das **verfügbare Einkommen**. Dieses kann für Konsumzwecke oder für Sparen ausgegeben werden. Berücksichtigt werden muss jedoch auch, dass die meisten Haushalte regelmäßig wiederkehrende Zahlungen zu leisten haben: Miete, Zinsen, Kreditraten, Versicherungen, Kommunikationsdienste usw. Nach Abzug dieser Zahlungsverpflichtungen ergibt sich das **frei verfügbare Einkommen**.

Verfügbares Einkommen

Frei verfügbares Einkommen

Einkommen	
	Arbeitsentgelte
+	Unternehmensgewinne
+	Vermögenseinkommen
+	Kindergeld, Renten usw.
=	**Haushaltseinkommen**
–	Sozialbeiträge
–	Steuern
=	**Verfügbares Einkommen** Konsum / Sparen

■ Die private **Kaufkraft** ergibt sich aus dem für Konsumzwecke verfügbaren Einkommen.

Die Kaufkraft des Geldes zeigt sich in der Gütermenge, die für eine bestimmte Geldmenge, z. B. für 100 €, gekauft werden kann. Muss in einem späteren Zeitabschnitt für die gleiche Gütermenge eine größere Geldmenge bezahlt werden, so ist das Preisniveau gestiegen und die Kaufkraft des Geldes gesunken.

■ Wenn die Preise steigen, sinkt die Kaufkraft des Geldes.

Inflation und Reallohn

Bruttolohn

Nettolohn

Immer wieder müssen wir schmerzlich feststellen, dass sich der **Bruttolohn** keineswegs in voller Höhe auf unserem Konto wiederfindet. Vom Bruttolohn werden die Arbeitnehmerbeiträge zur gesetzlichen Sozialversicherung sowie Steuern abgezogen. Übrig bleibt der **Nettolohn**. Brutto- und Nettolohn sind **Nominallöhne**.

Bei einer Lohnerhöhung steigen somit zunächst einmal nur die Nominallöhne. Da gleichzeitig normalerweise auch die

Lohnkaufkraft		
		Zahlenbeispiel (€)
Monatlicher Bruttolohn		**3.000,00**
–	Steuern	17%	–510,00
–	Sozialabgaben	20%	–600,00
=	**Nettolohn**		**1.890,00**
–	Preissteigerung	2%	–37,80
=	**Reallohn**		**1.852,20**

Preise für Waren und Dienstleistungen steigen (= Inflation), schlägt sich die **Lohnerhöhung** nicht in vollem Umfang als Kaufkraftsteigerung des Lohnes nieder. Wird der Nettolohn um die Preissteigerungsrate gemindert, ergibt sich der **Reallohn**. Eine **Reallohnerhöhung** ergibt sich also nur dann, wenn die Lohnerhöhung über dem Anstieg der Preise im entsprechenden Zeitraum liegt.

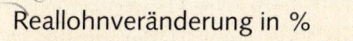 

Reallohnveränderung in %
= Nettolohnveränderung in %
− Preissteigerung in %.

■ **Reallohn**

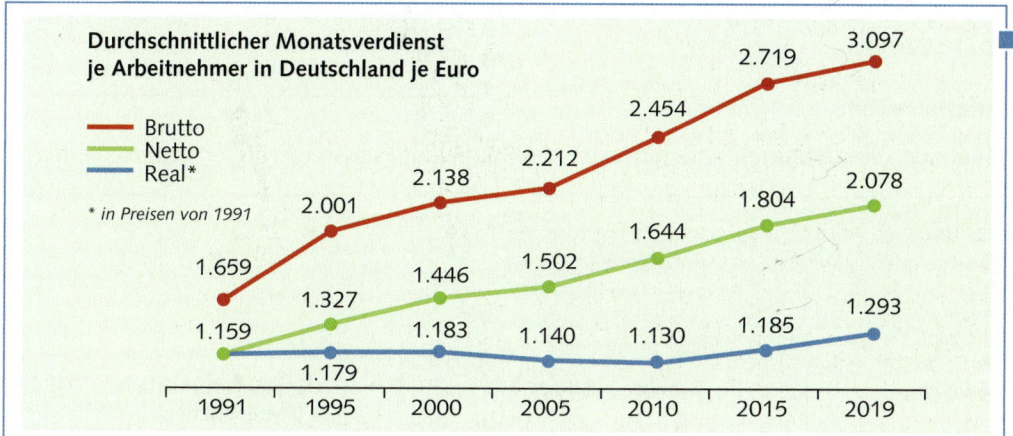

Lohnkaufkraft		
	Arbeitszeit (Stunden : Minuten)	
Güter	**1960**	**2017**
1 kg Mischbrot	0:20	0:10
250 g Butter	0:39	0:06
500 g Kaffee	3:32	0:20
1 Liter Vollmilch	0:11	0:03
1 kg Rindfleisch	2:04	0:31
1 l Benzin	0:14	0:05
1 Damenkleid	2:00	5:09
1 Herrenanzug	68:00	13:30
1 Fernseher	351:00	24:17

Inflation vermindert die Lohnkaufkraft. ■

Eine besonders aussagekräftige Sichtweise auf die Entwicklung der Lohnkaufkraft ergibt sich, wenn Güter und die für ihren Kauf benötigte Arbeitszeit gegenübergestellt werden. Bei einem langfristigen Vergleich wird deutlich, dass heute in der Regel erheblich weniger Arbeitszeit nötig ist, um ein bestimmtes Gut zu kaufen.

Aufgaben

1 Bei einem Arbeitnehmer ergeben sich folgende Beträge: Arbeitsentgelt 2.600 €, Zinseinnahmen 400 €, Kindergeld 380 €, Sozialbeiträge 650 €, Steuern 400 €. Wie hoch ist sein verfügbares Einkommen?

2 Ein Haushalt hat ein verfügbares Einkommen von 3.200 €. Er will 8 % sparen. Wie viel Geld steht noch für den Konsum zur Verfügung?

3 Ermitteln Sie aus oben stehender Grafik, um wie viel Prozent die Brutto-, Netto- und Reallöhne von 1995 bis 2015 jeweils gestiegen sind.

3

3.6.3 Arten, Ursachen und Folgen von Inflation, Deflation

Kaufkraftveränderungen spiegeln inflationäre oder deflationäre Entwicklungen in der Volkswirtschaft wider. Über große Zeitabstände betrachtet, ist ein Kaufkraftverlust durch Geldentwertung (Inflation) die Regel, in zeitlich kürzeren, sehr seltenen Phasen sind auch Kaufkraftsteigerungen (Deflation) feststellbar.

> **Erinnern Sie sich noch?**
>
> Welcher Prozess wird als Inflation bezeichnet?
> Sehen Sie sich auch noch einmal die Grafik über die Entwicklung der Verbraucherpreise an.

Inflationsarten

Inflationen werden unter anderem nach der Stärke der Preissteigerungen unterschieden:

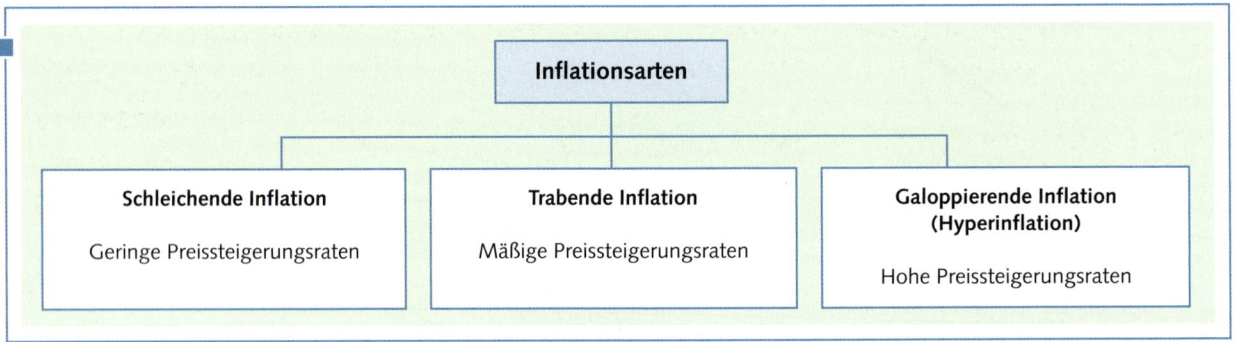

Inflationsarten		
Schleichende Inflation Geringe Preissteigerungsraten	**Trabende Inflation** Mäßige Preissteigerungsraten	**Galoppierende Inflation (Hyperinflation)** Hohe Preissteigerungsraten

Gefühlte Inflation

Verbraucher haben oft den Eindruck, dass die Preise deutlich stärker steigen, als dies in der offiziellen Inflationsrate zum Ausdruck kommt („**gefühlte Inflation**"). Die Diskrepanz entsteht vor allem dadurch, dass Preisänderungen bei Produkten des täglichen Bedarfs stärker wahrgenommen werden als bei Produkten, die nur selten gekauft werden.

Inflationsursachen

Preise bilden sich in marktwirtschaftlichen Systemen durch das Zusammenspiel von Angebot und Nachfrage. Entsprechend können Inflationsursachen sowohl von der Angebotsseite als auch von der Nachfrageseite ausgehen.

Nachfragebedingte Inflation

Grundmerkmal einer **nachfragebedingten Inflation** ist, dass die Nachfrage größer ist als das Angebot bzw. dass die Nachfrage schneller steigt als das Angebot. Ursachen einer höheren Nachfrage können sein:

- **Einkommenssteigerungen**
- **Höhere Kreditaufnahme**
- **Abnehmende Sparneigung**
- **Höhere Nachfrage aus dem Ausland**

> **Preis-Lohn- oder Lohn-Preis-Spirale?**
>
> Steigende Löhne können zu Preiserhöhungen bei Gütern und damit zu einem Kaufkraftverlust der Einkommen führen. Dies könnte die Gewerkschaften zu erneuten Lohnforderungen veranlassen und in der Folge wiederum zu Preiserhöhungen führen. Dieser sich wiederholende Vorgang wird als **Lohn-Preis-Spirale** oder, wenn steigende Preise der Ausgangspunkt sind, als **Preis-Lohn-Spirale** bezeichnet.

Angebotsbedingte Inflation

Geht der Impuls für Preissteigerungen von der Angebotsseite aus, sprechen wir von einer **angebotsbedingten Inflation**. Ursachen höherer Angebotspreise können sein:

- **Kostensteigerungen**
- **Gewinnsteigerungen**
- **Höhere Verbrauchssteuern**
- **Steigende Preise für Importgüter**

Inflationsfolgen

Anhaltende Preissteigerungen wirken sich auf unterschiedliche Bereiche aus.

- **Einkommensbezieher** können den Kaufkraftverlust des Geldes gegebenenfalls durch einen Anstieg der Einkommen ausgleichen.

Nettolohnsteigerung:	1,9 %
Inflationsrate:	1,7 %
Reallohnveränderung:	0,2 %

- **Geldvermögen** werden durch Inflation grundsätzlich entwertet. Allerdings können die Inflationsverluste in der Regel durch Zinserträge aufgefangen werden.

- **Sachvermögen** (z. B. Haus- und Grundeigentum) wachsen in der Regel durch Wertsteigerungen. Bei dauerhaft hohen Inflationsraten findet daher oft eine Flucht in Sachwerte statt.

- **Schuldner** können von der Inflation profitieren, da 10.000 € Schulden auch bei hoher Inflation 10.000 € Schulden bleiben. Bei Inflation können die Schulden mit zunehmend wertloserem Geld zurück bezahlt werden. In der Regel gleichen die Banken diesen Schuldnervorteil jedoch durch entsprechend steigende Kreditzinsen wieder aus.

Inflationsfolgen	
Privates Geldvermögen in Deutschland 2018	**Euro 6.016.000.000.000**
Verlust bei einer Inflationsrate von 1 %	
pro Jahr	6.016.000.000
pro Tag	164.821.918
pro Stunde	6.867.580
pro Minute	?
pro Sekunde	?

Deflation

Deflation

Deflation entsteht bei dauerhaft sinkenden Preisen. Die Kaufkraft des Geldes steigt.

Deflation entsteht vor allem, wenn das Güterangebot größer ist als die Güternachfrage. Um das Überangebot an Gütern absetzen zu können, müssen die Unternehmen die Preise senken. Dieser Effekt ergibt sich auch, wenn beispielsweise wegen eines Überangebots bei Importgütern (z. B. Öl) die Preise über längere Zeit sinken.

Die Hauptgefahr bei einer Deflation ist, dass die Verbraucher in Erwartung weiter sinkender Preise sich mit ihren Käufen zurückhalten. Dadurch wird das Überangebot weiter erhöht und die Abwärtsspirale wird weiter verstärkt.

Aufgaben

1 In den Medien wird gelegentlich von einer „importierten Inflation" gesprochen.
  a) Welche Ursache ist damit gemeint?
  b) Versuchen Sie den Vorgang an einem Beispiel zu erläutern.

2 Welche Möglichkeiten bestehen, bei sinkenden Realeinkommen den Lebensstandard aufrechtzuerhalten?

3 Die Kaufkraft des privaten Geldvermögens vermindert sich durch die Inflation. Ermitteln Sie in der oben stehenden Tabelle den Verlust durch 1% Inflation pro Minute und pro Sekunde.

3

3.7   Bruttoinlandsprodukt

Das **Brutto-
inlandsprodukt**
definieren und es
als **Wohlstands-
indikator kritisch
hinterfragen.**

> „Wenn früh am Morgen die Werkssirene dröhnt
> und die Stechuhr beim Stechen lustvoll stöhnt,
> in der Montagehalle die Neonsonne strahlt,
> und der Gabelstaplerführer mit der Stapelgabel prahlt,
> ja, dann wird wieder in die Hände gespuckt,
> wir steigern das Bruttosozialprodukt,
> ja,ja,ja jetzt wird wieder in die Hände gespuckt."
>
> *Geier Sturzflug (1983)*

Für zahlreiche Zwecke ist es wünschenswert, die gesamtwirtschaftliche Lage eines Landes in einer einzigen Zahl ausdrücken zu können. Mit einer solchen Zahl lässt sich z. B. die Entwicklung im Zeitablauf feststellen oder ein Vergleich mit anderen Ländern anstellen.

Um etwas über die wirtschaftliche Position eines Landes auszusagen, ist es international üblich, eine Kennzahl für die wirtschaftliche Leistung zu verwenden. Der Wert der wirtschaftlichen Leistung entspricht dem Wert der hergestellten Güter (Sachgüter und Dienstleistungen). Die wichtigste Leistungskennzahl ist das **Bruttoinlandsprodukt**.

Das Bruttoinlandsprodukt misst die wirtschaftliche Leistung der Gesamtheit aller Personen, die im Inland arbeiten. Wenn beispielsweise eine Person in Österreich wohnt, aber in Deutschland arbeitet, geht ihre Leistung in das deutsche Bruttoinlandsprodukt ein.

**Bruttoinlands-
produkt**

- **Bruttoinlandsprodukt (BIP):** Wert aller wirtschaftlichen Leistungen, die in einem Jahr in einem Land (= Inland) erbracht werden.
Das Bruttoinlandsprodukt ist die wichtigste Größe zur Beschreibung der wirtschaftlichen Leistung eines Landes.

**Nominales
Bruttoinlands-
produkt**

Nominales und reales Bruttoinlandsprodukt

Die Güter werden mit ihren Marktpreisen, also mit ihren Verkaufspreisen, erfasst. Der so ermittelte Gesamtwert ergibt das **nominale Bruttoinlandsprodukt**. Wenn nun die Verkaufspreise der Güter um 3 % steigen, wächst auch das nominale Bruttoinlandsprodukt um 3 %. Damit wird aber nicht eine größere Wirtschaftsleistung ausgedrückt, sondern lediglich die Preissteigerung (**Inflation**). Um die wirtschaftliche Mehrleistung festzustellen, muss also der Zuwachs beim nominalen Bruttoinlandsprodukt um die Preissteigerungsrate vermindert werden. Das Ergebnis stellt das **reale Bruttoinlandsprodukt** dar. Es drückt die tatsächliche Entwicklung aus.
Die prozentuale Veränderung des realen Bruttoinlandsprodukts ist die offizielle Messgröße für das **Wirtschaftswachstum**.

Veränderung des
Bruttoinlandsprodukts
= Wirtschaftswachstum
in Deutschland

Zur Aussagefähigkeit des Bruttoinlandsprodukts als Wohlstandsindikator

Weil im Bruttoinlandsprodukt der Wert der gesamten wirtschaftlichen Leistung eines Landes erfasst wird, wird es oft als Maßstab für die Leistungskraft eines Landes und für den Wohlstand in dem Land verwendet und mit den Werten aus anderen Ländern verglichen. Derartige Aussagen sind jedoch nur begrenzt möglich.

Die absolute Höhe des Bruttoinlandsprodukts sagt nur etwas über die wirtschaftliche Größe eines Landes aus. Die tatsächliche Leistungsfähigkeit lässt sich besser erkennen, wenn auch noch die Bevölkerungszahl berücksichtigt wird. Daher wird für internationale Vergleiche meist das **Bruttoinlandsprodukt pro Kopf** verwendet. Im nebenstehenden Beispiel ist die Wirtschaftskraft des Landes A deutlich größer; in Land B ist jedoch die wirtschaftliche Leistungsfähigkeit höher.

Neben den offiziellen Einkommen aus Arbeit und Vermögen beziehen zahlreiche Haushalte weitere Einkommen (Einkommen aus Schwarzarbeit, staatliche Leistungen, unversteuerte Kapitalerträge usw.). Diese haben inzwischen eine beträchtliche Höhe erreicht und tragen ohne Zweifel zum Wohlstand bei, werden aber in der Statistik nicht erfasst.

Weiterhin sichert ein hohes Bruttoinlandsprodukt noch keineswegs einen hohen Wohlstand für breite Bevölkerungskreise. Auch das Bruttoinlandsprodukt pro Kopf liefert nur einen statistischen Mittelwert; es sagt nichts über die tatsächliche Verteilung der Einkommen aus. Es ist durchaus möglich, dass ein kleiner Teil der Bevölkerung sehr hohe Einkommen hat und ein großer Teil arm ist.

Bruttoinlandsprodukt in Euro 2018

Land	Wert
Deutschland	3.344
Frankreich	2.353
Italien	1.766
Rumänien	205
Bulgarien	56
Malta	12

Quelle: Eurostat

Bruttoinlandsprodukt pro Kopf

	Land A	Land B
BIP (€)	3.500	1.000
Einwohner	80	20
BIP/Kopf (€)	44	50

Schwarzarbeit in Deutschland

Jahr	Mrd. €	Anteil am BIP (%)
1990	147	11,4
2000	329	16,0
2010	348	13,5
2019	319	9,1

Aufgaben

1 Begründen Sie, warum das Bruttoinlandsprodukt als Maßstab für die wirtschaftliche Leistungsfähigkeit eines Landes verwendet wird.

2 Nennen Sie mindestens zwei Gründe, warum sich die Höhe des Bruttoinlandsprodukts nur bedingt als Wohlstandsindikator für ein Land eignet.

3 Für ein Land ergeben sich für zwei aufeinanderfolgende Jahre die nebenstehenden Werte.
a) Wie stark ist die Wirtschaftsleistung in Prozent gestiegen?
b) Wie hoch war die Inflationsrate?

Jahr	Bruttoinlandsprodukt (Mrd. €)	
	Nominal	real
1	1.650	1.300
2	1.750	1.350

3.8 Konjunktur

Konjunktur-verlauf und **Konjunkturindi-katoren kennen**

■ Notieren Sie aus dem nebenstehenden Zeitungsausschnitt die Stichwörter, die Sie im Zusammenhang mit der Konjunktur für wichtig halten.

„**Konjunktur**" ist im Alltagssprachgebrauch ein Ausdruck für die gesamtwirtschaftliche Lage. So wird z. B. von guter oder schlechter Konjunktur oder konjunktureller Lage gesprochen.

Konjunktur-schwankungen

Wird die wirtschaftliche Entwicklung über einen längeren Zeitraum hinweg betrachtet, ist ein ständiges Auf und Ab festzustellen. Diese typischen Wellenbewegungen werden **Konjunkturschwankungen** genannt.

Konjunkturzyklus

Von einem Wellenberg bis zum nächsten vergehen etwa vier bis sieben Jahre. Eine solche Zeitspanne wird als **Konjunkturzyklus** bezeichnet.

3.8.1 Idealtypischer Konjunkturzyklus

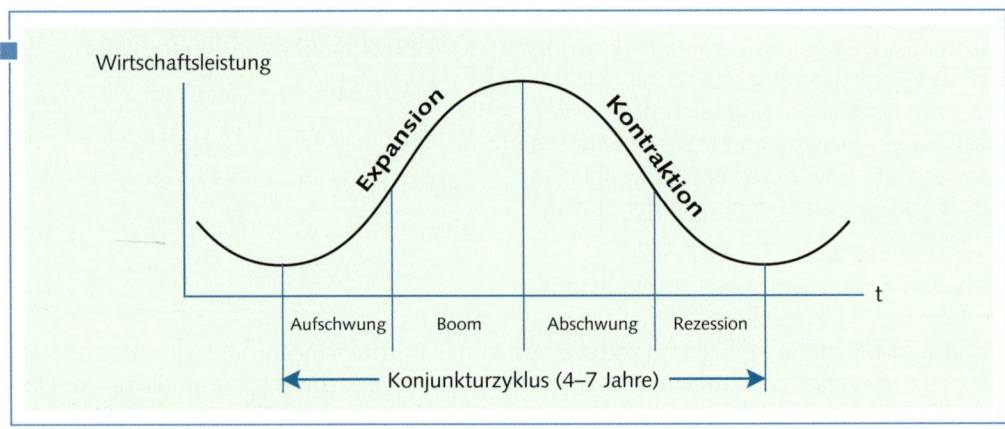

Ein idealtypischer Konjunkturzyklus besteht aus vier Phasen: **Aufschwung, Boom, Abschwung, Rezession**. Von einer Rezession wird gesprochen, wenn die Wirtschaftsleistung in zwei aufeinanderfolgenden Quartalen schrumpft.

3.8.2 Konjunkturindikatoren

Konjunktur-indikatoren

Als Konjunkturindikatoren werden solche Größen bezeichnet, die den Stand bzw. die Entwicklung der Konjunktur anzeigen.
Bestimmte Indikatoren geben Auskunft über die Mengenentwicklung (Zu- oder Abnahme) der jeweiligen Größe. Wichtige **Mengenindikatoren** sind: Auftragseingänge, Industrieproduktion, Arbeitslosenzahl.

Mengen-indikatoren

Andere Indikatoren geben Auskunft über die Preisentwicklung (steigend oder sinkend) der jeweiligen Größe. Wichtige **Preisindikatoren** sind: Inflationsrate, Lebensmittelpreise, Rohstoffpreise, Aktienkurse, Währungskurse.

Konjunkturindikatoren		
Art	**Merkmal**	**Beispiele**
Frühindikatoren	Besitzen zeitlichen Vorlauf zur Wirtschaftsentwicklung.	■ **Auftragseingänge** ■ Aktienindex ■ Einkaufsmanagerindex
Präsenzindikatoren	Geben den gegenwärtigen Zustand an.	■ **Bruttoinlandsprodukt** ■ Kapazitätsauslastung ■ Lagerbestände
Spätindikatoren	Zeigen Folgeerscheinungen wirtschaftlicher Schwankungen an.	■ **Arbeitslosenquote** ■ Preise ■ Steuereinnahmen

Frühindikatoren

Präsenzindikatoren

Spätindikatoren

Der am häufigsten verwendete Indikator zur Beschreibung der Wirtschaftslage ist die Entwicklung des **Bruttoinlandsprodukts.**

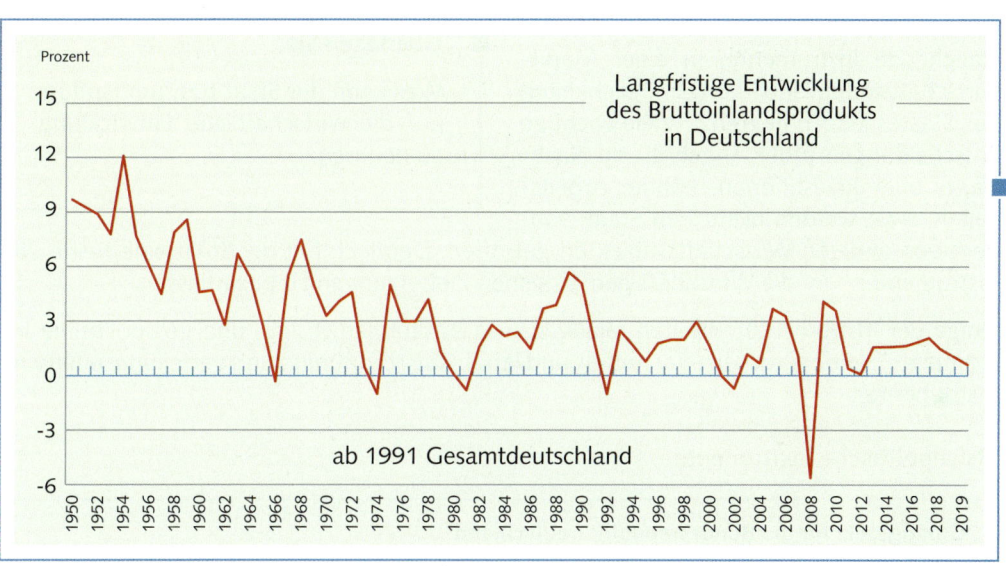

Der **Sachverständigenrat zur Begutachtung der gesamtwirtschaftlichen Entwicklung ("Fünf Weise")** hat für Beschreibung und Prognose der Wirtschaftsentwicklung einen Gesamtindikator entwickelt, der aus insgesamt 12 Messgrößen besteht.

Aufgaben

1 a) In welcher Phase befand sich die Konjunktur zum Zeitpunkt der Zeitungsnachricht auf der linken Seite?
   b) Welche Wirtschaftsbereiche haben in der Nachricht die Nachfrage gesteigert und damit die Konjunktur gefördert?

2 Analysieren Sie die Entwicklung des Bruttoinlands in der oben stehenden Grafik und beschreiben Sie Besonderheiten des Verlaufs.

3 Ordnen Sie die folgenden Konjunkturindikatoren den Arten von Indikatoren in der oben stehende Tabelle zu: a) Lohnentwicklung, b) Investitionsabsichten der Unternehmen, c) Kapazitätsauslastung.

Maßnahmen zur **Beeinflussung der Konjunktur** darstellen und deren Auswirkungen **problematisieren**

3.8.3 Konjunkturpolitik

Die ständigen Schwankungen bei der Produktion, der Beschäftigung und den Preisen sind nachteilig; durch eine entsprechende Konjunkturpolitik sollen sie verhindert, zumindest gemildert werden.

> ■ **Konjunkturpolitik** bezeichnet die Gesamtheit aller wirtschaftspolitischen Maßnahmen, die darauf abzielen, die konjunkturellen Schwankungen in Grenzen zu halten und einen hohen Auslastungsgrad der Produktionskapazitäten zu erreichen.
>
> Konjunkturpolitik ist in erster Linie Beschäftigungspolitik.

Konjunkturprogramm

Wichtigstes Instrument der Konjunkturpolitik ist die Beeinflussung des Wirtschaftsgeschehens durch staatliche Einnahmen und Ausgaben (**Fiskalpolitik**). In konjunkturell schwachen Zeiten kann der Staat beispielsweise versuchen, durch zusätzliche Ausgaben die Wirtschaft anzukurbeln (**Konjunkturprogramm**).

Damit der Staat wirtschafts- und finanzpolitische Ziele anstreben kann, benötigt er entsprechende Instrumente. In einer Marktwirtschaft sind die Einwirkungsmöglichkeiten des Staates jedoch begrenzt. Viele wichtige Entscheidungen (über Angebot und Nachfrage, über Investitionen, Löhne, Arbeitszeiten usw.) werden nicht vom Staat, son-

> ■ **Überlegen Sie:**
>
> Was kann der Staat tun, um Einfluss auf die wirtschaftliche Entwicklung zu nehmen?

dern von anderen Wirtschaftssubjekten getroffen. Dennoch hat der Staat eine Reihe von Instrumenten, um die Wirtschaft gemäß seinen Zielsetzungen zu beeinflussen.

Einige der Instrumente entfalten relativ schnell Wirkungen (fiskal- und geldpolitische Instrumente), andere wirken eher mittel- und langfristig (ordnungs- und verteilungspolitische Instrumente).

Fiskalpolitische Instrumente

Fiskalpolitische Instrumente

GG Art. 109

> ■ **Grundgesetz für die Bundesrepublik Deutschland**
>
> **Art. 109 [Haushaltswirtschaft in Bund und Ländern]**
> (2) Bund und Länder erfüllen gemeinsam die Verpflichtungen der Bundesrepublik Deutschland … zur Einhaltung der Haushaltsdisziplin und tragen in diesem Rahmen den Erfordernissen des gesamtwirtschaftlichen Gleichgewichts Rechnung.

Der Auszug aus dem Grundgesetz lässt erkennen, dass die staatlichen Instrumente etwas mit der Haushaltswirtschaft, also mit den staatlichen Einnahmen und Ausgaben, zu haben. Wenn es um die Finanzen geht, wird der Staat auch als **Fiskus** bezeichnet; seine entsprechenden Mittel heißen daher **fiskalpolitische Instrumente**.

Staatseinnahmen

■ **Staatseinnahmen** bestehen vor allem aus Steuereinnahmen. Erhöht der Staat die Steuern, wachsen seine Einnahmen; allerdings stehen Haushalten und Unternehmen weniger Mittel zur Güternachfrage zur Verfügung. Senkt der Staat die Steuern, können Haushalte und Unternehmen mehr Güter nachfragen.

Staatsausgaben

■ **Staatsausgaben** dienen verschiedenen Zwecken. Eine Erhöhung der Staatsausgaben (z. B. mehr Straßenbau) entspricht einer Erhöhung der Nachfrage. Eine Senkung der Staatsausgaben (z. B. weniger Mittel für Bildung) entspricht einer Verringerung der Nachfrage.

Fiskalpolitische Instrumente zur Konjunktursteuerung				
Wirkung / **Instrument**	**kontraktiv**		**expansiv**	
	Maßnahme	**Folge**	**Maßnahme**	**Folge**
Staatseinnahmen	Erhöhung	Rückgang der gesamtwirtschaftlichen Nachfrage	Senkung	Erhöhung der gesamtwirtschaftlichen Nachfrage
Staatsausgaben	Senkung		Erhöhung	

Im Interesse einer stetigen Wirtschaftsentwicklung soll der Staat die Instrumente so einsetzen, dass sie den zyklischen Konjunkturschwankungen entgegenwirken („**antizyklische Wirtschaftspolitik**"). Im Boom sollen die staatlichen Maßnahmen *kontraktiv*, d. h. dämpfend, wirken; in der Rezession sollen sie *expansiv*, d. h. ausdehnend, wirken.

Antizyklische Wirtschaftspolitik

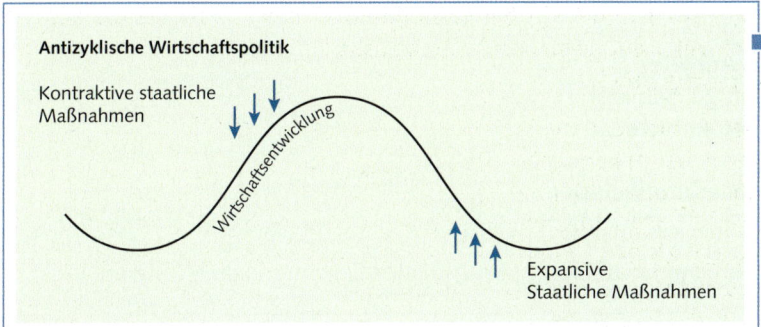

Antizyklische Wirtschaftspolitik

Kontraktive staatliche Maßnahmen

Wirtschaftsentwicklung

Expansive Staatliche Maßnahmen

Verteilungspolitische Maßnahmen

Verteilungspolitische Maßnahmen des Staates greifen in die Verteilung von Einkommen und Vermögen der Bürger ein. Mit ihnen erfüllt der Staat nicht nur das Sozialstaatsgebot, sondern verfolgt auch wirtschaftliche Ziele, indem er mehr Einkommen dorthin lenkt, wo es schnell wieder in Nachfrage umgesetzt wird. Konjunkturwirksam sind Eingriffe vor allem in folgenden Bereichen:

- **Lohnstrukturen** (z. B. gesetzlicher **Mindestlohn**).
- **Einkommensbesteuerung** (z. B. Freigrenzen, Freibeträge, Steuertarif).
- **Mehrwertsteuersatz (Umsatzsteuer).**
- **Transferzahlungen** (Kindergeld, Wohngeld usw.)

Erhöhung der Mehrwertsteuer ist umstritten

BERLIN (…) – Die von der Bundesregierung beschlossene Erhöhung der Mehrwertsteuer ist in Expertenkreisen höchst umstritten. Eine höhere Umsatzsteuer mag zwar die Staatseinnahmen erhöhen. Sie droht aber gleichzeitig die Konjunktur abzuwürgen. Ökonomen befürchten, dass höhere Steuern den Verbrauchern die Lust aufs Geldausgeben verderben – und dass damit der private Konsum abstürzen wird, der die Konjunktur während der vergangenen Monate stark gestützt hat.

Mindestlohn

Aufgaben

1 Begründen Sie, warum in einer Marktwirtschaft der Staat nur begrenzte Möglichkeiten zur Konjunktursteuerung hat.
2 Erläutern Sie, wie sich a) ein gesetzlicher Mindestlohn, b) eine Senkung der Einkommensteuer und c) eine Erhöhung des Mehrwertsteuersatzes auf die Konjunktur auswirken.
3 Was wird unter „antizyklischer Wirtschaftspolitik" verstanden?

3

Zusammenfassung

3.1 Markt als Koordinator von Angebot und Nachfrage

3.1.1 Markt, Marktarten und Marktformen

- **Angebot** und **Nachfrage** sind die beiden Marktseiten.

- **Markt** ist immer dort und immer dann, wenn in irgendeiner Weise Angebot und Nachfrage zusammentreffen.

- **Aufgaben des Marktes** sind, die Menschen mit Gütern zu versorgen und Preise zu bilden.

- **Marktarten:** Gütermärkte, Faktormärkte, Geld- und Kapitalmärkte.

- **Marktformen:**
  Monopol   =   **Ein Anbieter**
  Oligopol   =   **Wenige Anbieter**
  Polypol   =   **Viele Anbieter**

3.1.2   Verhalten der Marktteilnehmer

- Marktteilnehmer sind Anbieter und Nachfrager.
- Nachfrager streben Nutzenmaximierung und Anbieter Gewinnmaximierung an.

	Gesetz der Nachfrage	Gesetz des Angebots
Wenn der Preis sinkt	steigt die Nachfrage	sinkt das Angebot
Wenn der Preis steigt	sinkt die Nachfrage	steigt das Angebot

3.2 Markt als Ort der Preisbildung

3.2.1 Preisbildung im Polypol

- Im **Polypol** stehen sich viele Anbieter und viele Nachfrager gegenüber. Es herrscht starker **Wettbewerb**.

- Durch das Zusammentreffen von Angebot und Nachfrage bildet sich ein **Marktgleichgewicht** aus, mit einem **Gleichgewichtspreis** und einer **Gleichgewichtsmenge**.

- Bei Veränderungen von Nachfrage bzw. Angebot verändern sich auch Gleichgewichtsmenge und Gleichgewichtspreis.

3.2.2   Preisbildung im Angebotsoligopol und Angebotsmonopol

- Im **Oligopol** stehen sich wenige Anbieter und in der Regel viele Nachfrager gegenüber. Es besteht eingeschränkter **Wettbewerb**.

- Typisch für ein Oligopol ist die wechselseitige Abhängigkeit der Anbieter.

- Wegen dieser wechselseitigen Abhängigkeit haben sich auf oligopolistischen Märkten typische Verhaltensweisen herausgebildet:
  – Preisabsprachen
  – Preisführerschaft

- Im **Monopol** stehen sich ein Anbieter und in der Regel viele Nachfrager gegenüber. Es besteht kein **Wettbewerb**.

- Ein Monopolist kann für sein Produkt entweder den Preis oder die Menge festlegen.

3.3 Staatliche Eingriffe in die Preisbildung

- Der Preis eines Gutes muss drei Größen abdecken: Kosten, Gewinn, Steuern.

- Der Staat greift durch Steuern und Subventionen in die Preisbildung ein.

- Indirekte Steuern (z. B. Mehrwertsteuer) erhöhen den im Güterpreis enthaltenen Steueranteil und damit den Preis insgesamt.

- Subventionen senken die im Güterpreis enthaltenen Kosten und damit den Preis insgesamt.

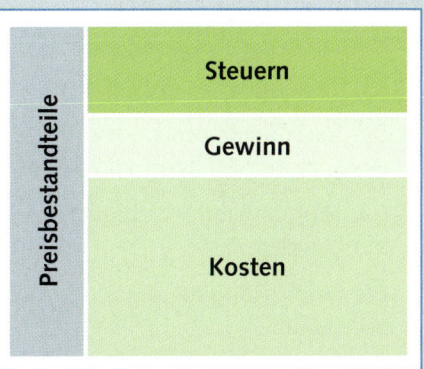

3.4 Grundlagen der Sozialen Marktwirtschaft

- Heute haben fast alle Industrieländer eine Wirtschaftsordnung, die dem Modell der Sozialen Marktwirtschaft entspricht.

- Die Soziale Marktwirtschaft stellt den Versuch einer möglichst optimalen Verknüpfung mehrerer Pole dar:
  - Eigennutz – Gemeinnutz
  - Individuum – Gesellschaft
  - Freiheit – Verantwortung

- Unverzichtbarer Bestandteil der Sozialen Marktwirtschaft ist das Privateigentum.

- „**Markt**" und „**Staat**" sind sozusagen die regulierenden Stellschrauben in der Sozialen Marktwirtschaft.

- Für das Verhältnis von Markt und Staat gilt der Grundsatz „So viel Markt wie möglich, so viel Staat wie nötig."

3.5 Instrumente der Sozialen Marktwirtschaft

- Wichtige Instrumente der Sozialen Marktwirtschaft sind:
  - Sozialpolitik
  - Einkommenspolitik
  - Wettbewerbspolitik
  - Umweltpolitik

- **Sozialpolitik** umfasst alle Maßnahmen zur Verbesserung der wirtschaftlichen und sozialen Lage der Menschen. Ihr besonderes Augenmerk gilt der Förderung benachteiligter gesellschaftlicher Gruppen.

- **Einkommenspolitik** im Sinne von **Einkommensverteilungspolitik** umfasst sowohl Maßnahmen, die die Primärverteilung beeinflussen als auch Maßnahmen zur Umverteilung von Einkommen mit dem Ziel einer gleichmässigeren **Sekundärverteilung**.

- Aufgabe der **Wettbewerbspolitik** ist es, im Interesse der Verbraucher sowie aller Unternehmen funktionsfähigen, möglichst unbeschränkten Wettbewerb zu gewährleisten und nachhaltig zu fördern.

- **Umweltpolitik** umfasst alle politischen Maßnahmen, die der Erhaltung der natürlichen Lebensgrundlagen der Menschen dienen.

3.6 Lebenshaltungskostenindex, Inflation, Kaufkraft und Reallohn

3.6.1 Preisindex für die Lebenshaltung (Verbraucherpreisindex)

- Der **Verbraucherpreisindex** (**VPI**) gibt an, um wieviel Prozent die Güterpreise innerhalb eines Jahres gestiegen sind (= **Inflationsrate**).

- Der **Harmonisierte Verbraucherpreisindex** (**HVPI**) ist ein für alle Euro-Länder gemeinsamer Index.

- Die Gewichtung der einzelnen Warengruppen im Warenkorb wird als **Wägungsschema** bezeichnet.

3.6.2 Zusammenhang zwischen Inflation, Kaufkraft und Reallohn

- **Inflation** ist ein Prozess allgemeiner Preissteigerungen.

- Die private **Kaufkraft** ergibt sich aus dem für Konsumzwecke verfügbaren Einkommen.

- Wenn die Preise steigen, sinkt die **Kaufkraft des Geldes**.

- Werden vom **Bruttolohn** Steuern und Sozialabgaben abgezogen, ergibt sich der Nettolohn. Wird vom Nettolohn die Preissteigerung abgezogen, ergibt sich der **Reallohn**.

- Inflation vermindert die Lohnkaufkraft.

3.6.3 Arten, Ursachen und Folgen von Inflation, Deflation

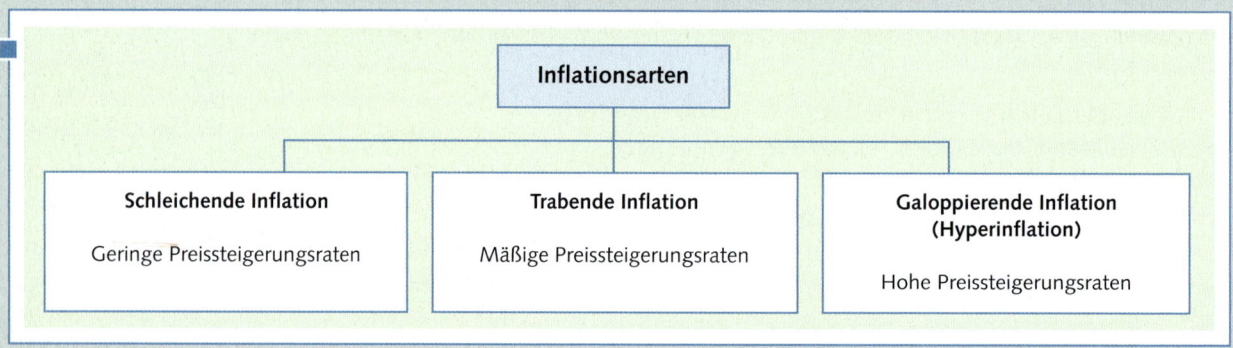

- Inflationsursachen können sowohl von der Angebotsseite als auch von der Nachfrageseite ausgehen. Entsprechend wird entweder von einer **angebotsbedingten Inflation** oder von einer **nachfragebedingten Inflation** gesprochen.

- Inflationsfolgen wirken sich auf unterschiedliche Bereiche aus:
  - Einkommen
  - Geldvermögen
  - Sachvermögen
  - Schulden

- **Deflation** entsteht bei dauerhaft sinkenden Preisen. Die Kaufkraft des Geldes steigt.

- Die Hauptgefahr bei einer Deflation ist, dass die Verbraucher in Erwartung weiter sinkender Preise sich mit ihren Käufen zurückhalten und dadurch die Abwärtsspirale weiter verstärken.

3.7 Bruttoinlandsprodukt

- Das **Bruttoinlandsprodukt** (BIP) gibt den Wert aller wirtschaftlichen Leistungen an, die in einem Jahr in einem Land (= Inland) erbracht werden.

- **Nominales Bruttoinlandsprodukt** − Preissteigerung = **Reales Bruttoinlandsprodukt.**

- Die Aussagefähigkeit des Bruttoinlandsprodukts als **Wohlstandsindikator** ist begrenzt.

- Für internationale Vergleiche wird oft das **Bruttoinlandsprodukt pro Kopf** herangezogen.

- Neben den offiziellen Einkommen aus Arbeit und Vermögen beziehen zahlreiche Haushalte auch weitere Einkommen (Einkommen aus Schwarzarbeit, staatliche Leistungen, unversteuerte Kapitalerträge usw.).

- Die Höhe des Bruttoinlandsprodukts sagt nichts über die tatsächliche Verteilung der Einkommen in der Bevölkerung aus.

3.8 Konjunktur

3.8.1 Idealtypischer Konjunkturzyklus

- Ein idealtypischer Konjunkturzyklus besteht aus vier Phasen: **Aufschwung, Boom, Abschwung, Rezession.**

3.8.2 Konjunkturindikatoren

Konjunkturindikatoren		
Art	**Merkmal**	**Beispiele**
Frühindikatoren	Besitzen zeitlichen Vorlauf zur Wirtschaftsentwicklung.	■ **Auftragseingänge** ■ Aktienindex ■ Einkaufsmanagerindex
Präsenzindikatoren	Geben den gegenwärtigen Zustand an.	■ **Bruttoinlandsprodukt** ■ Kapazitätsauslastung ■ Lagerbestände
Spätindikatoren	Zeigen Folgeerscheinungen wirtschaftlicher Schwankungen an.	■ **Arbeitslosenquote** ■ Preise ■ Steuereinnahmen

3.8.3 Konjunkturpolitik

- Konjunkturpolitik bezeichnet die Gesamtheit aller wirtschaftspolitischen Maßnahmen, die darauf abzielen, die konjunkturellen Schwankungen in Grenzen zu halten und einen hohen Auslastungsgrad der Produktionskapazitäten zu erreichen.

- Die wichtigsten fiskalpolitischen Instrumente zur Beeinflussung der Konjunktur sind Staatseinnahmen und Staatsausgaben.

- Verteilungspolitische Maßnahmen sind u. a.: Beeinflussung von Lohnstrukturen, Einkommensbesteuerung, Mehrwertsteuer/Umsatzsteuer, Transferzahlungen.

4

© Ullstein bild – Imagno

Robert Bosch
1861 – 1942

© Ullstein bild

Gottlieb Daimler
1834 – 1900

© Ullstein bild

Alfred Krupp
1812 – 1887

© Ullstein bild – Siemens AG

Werner von Siemens
1816 – 1892

Berufliche Selbstständigkeit

LS

4.1 Chancen und Risiken der Selbstständigkeit

Unternehmerische Initiative war schon immer der Motor der Marktwirtschaft

»Super-Idee! Wenn wir das Rad in Serie herstellen, können wir ´ne Menge Muscheln verdienen!«

Berufliche Selbstständigkeit ist eine echte Alternative zu einer abhängigen Tätigkeit. Vor allem in Zeiten schlechter Beschäftigungschancen überlegen viele junge Menschen, ob sie den Sprung in die Selbstständigkeit wagen und ein eigenes Unternehmen gründen sollten. Wie die meisten Dinge im Leben hat auch die Selbstständigkeit Vor- und Nachteile.

> **Überlegen Sie zunächst selbst:**
>
> Welche Vorteile und welche Nachteile sehen Sie in der Selbstständigkeit

Wegen der weitreichenden Folgen, die mit einer beruflichen Selbstständigkeit verbunden sind, ist es wichtig, dass man den Schritt in die Selbstständigkeit sorgfältig plant und Chancen und Risiken gegeneinander abwägt. Auch sollte man sich der besonderen Anforderungen an eine Unternehmerpersönlichkeit bewusst sein.

4.1.1 Anforderungen an Unternehmerpersönlichkeit

Das Bundeswirtschaftsministerium schreibt in seinen Hinweisen für Existenzgründer über die Anforderungen an Unternehmerpersönlichkeit:

Vielfältige Anforderungen
Sind Sie in der Lage, selbstständig zu arbeiten, unabhängig Entscheidungen zu treffen, Verantwortung zu übernehmen? Können Sie Mitarbeiter führen? Sind Sie körperlich fit und leistungsfähig? Wird Ihre Familie Sie bei Ihrem Vorhaben unterstützen?

Wichtige Eigenschaften einer Gründerperson (Bundesministerium für Wirtschaft):

- Ehrgeiz
- Einsatzbereitschaft
- Risikobereitschaft
- Belastbarkeit
- Berufliche Qualifikationen
- Kreativität
- Berufliche Erfahrung
- Verantwortungsbewusstsein
- Führungserfahrung

Kaufmännische Kenntnisse

Zu den notwendigen Qualifikationen und Erfahrungen zählen nicht nur die fachlichen Kenntnisse, sondern auch **kaufmännische Kenntnisse**. Ohne Grundkenntnisse in Buchführung, Kostenrechnung, Angebotskalkulation, Preisgestaltung, Marketing, Personalwesen usw. ist ein selbstständiges Unternehmen nicht wirtschaftlich zu führen.

Fachverlage und das Bundesministerium für Wirtschaft bieten Tests an, mit deren Hilfe geprüft werden kann, ob man die Anforderungen an eine Unternehmerpersönlichkeit erfüllt.

Hilfreiche Internetadresse: www.existenzgruender.de

In einer Befragung nannten Teilnehmer an einer Gründungsberatung des Deutschen Industrie- und Handelstages folgende Defizite:

- Finanzierungsprobleme bei der Unternehmungsgründung
- Zu geringe kaufmännische Kenntnisse
- Unklare Vorstellungen über die Kundenzielgruppe
- Zu optimistische Annahmen über den möglichen Umsatz
- Unzureichende Fach- und Branchenkenntnisse.

Sein eigener Chef sein

So viel Prozent der Erwerbstätigen im Jahr 2015 waren selbstständig* gemeldet

	%	Zahl der Selbstständigen in Tausend
Berlin	12,3 %	226
Brandenburg	11,8	128
Schleswig-Holstein	11,6	157
Bayern	10,9	791
Sachsen	10,7	216
Thüringen	10,4	108
Rheinland-Pfalz	10,2	203
Mecklenburg-Vorpommern	10,2	76
Deutschland	10,1	4336
Hessen	9,8	326
Hamburg	9,7	117
Baden-Württemberg	9,7	587
Niedersachsen	9,6	380
Nordrhein-Westfalen	9,3	858
Sachsen-Anhalt	9,0	90
Saarland	7,6	40
Bremen	7,6	32

*einschließlich mithelfende Familienangehörige
Quelle: Statistische Ämter d. Bundes u. d. Länder
11529 © Globus

In der Vorbereitungsphase (beruflicher Selbstständigkeit) sollte Ihr erster Weg zu einer Beratungseinrichtung führen: Kostenlose Beratung gibt es bei den Industrie- und Handelskammern, Handwerkskammern und bei regionalen Gründungsinitiativen. Je weiter Sie mit Ihrer Gründung voranschreiten, desto tiefer gehen Ihre Fragen: Sie benötigen womöglich die Hilfestellung eines Steuerberaters und/oder Rechtsanwalts. Für die detaillierte Ausarbeitung Ihres Businessplans, speziell zu Fragen, die Ihre Branche, Ihren Markt und vor allen Dingen auch die Finanzierung betreffen, kann es sinnvoll sein, einen privaten Unternehmens- bzw. Existenzgründungsberater hinzuzuziehen. Die Bundesländer unterstützen Gründungsberatung und Coaching (z. B. durch Zuschüsse oder kostenlose mehrtägige Intensivberatungen).

Bundesministerium für Wirtschaft und Energie:
Starthilfe. Der erfolgreiche Weg in die Selbstständigkeit. Berlin, Mai 2019, S. 14

4.1.2 Arbeitsbelastung

Wer sich mit dem Gedanken trägt, sich selbstständig zu machen, muss sich darüber im Klaren sein, dass er in der Regel keine festen **Arbeitszeiten** haben wird. Arbeitszeit und Arbeitsvolumen schwanken mit den Auftragseingängen. Durchschnittlich haben Selbstständige eine um rund 20% längere Arbeitszeit als Vollzeitarbeitnehmer.

Arbeitszeiten

Durchschnittliche Arbeitsstunden pro Jahr:	
Vollzeitarbeitnehmer	1.657
Selbstständige	1.973

Quelle: IAB

4

4.1.3 Soziale Sicherung [1]

Unternehmerisches Risiko

Selbstständigkeit ist mit Risiken verbunden. Das **unternehmerische Risiko** muss jeder Selbstständige selbst tragen. Ein eigener Betrieb bietet einerseits Gewinnchancen, er birgt aber auch Verlustgefahren. Im schlimmsten Fall geht bei einer Insolvenz das eingesetzte Eigenkapital verloren, aufgenommene Kredite hinterlassen Schulden und die Basis für den Lebensunterhalt besteht nicht mehr. Um die Probleme zu mindern, ist es ratsam, sowohl betriebliche als auch persönliche Versicherungen abzuschließen.

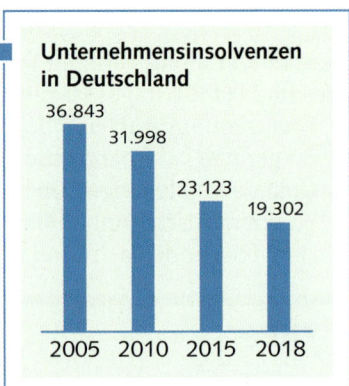

Unternehmensinsolvenzen in Deutschland

36.843 — 2005
31.998 — 2010
23.123 — 2015
19.302 — 2018

Betriebliche Versicherungen

Welche betrieblichen Versicherungen abgeschlossen werden sollten, hängt von der Art des Unternehmens und von der jeweiligen Branche ab. Die wichtigsten betrieblichen Versicherungen für Selbstständige sind:

- Betriebshaftpflicht und Berufshaftpflicht (Schaden gegenüber Dritten)
- Betriebs-Unterbrechungsversicherung
- Sachversicherung (Brand, Einbruchdiebstahl, Leitungswasser u. a.)
- Elektronik-Versicherung (EDV-Anlagen, Telefonanlagen, bürotechnische Anlagen)
- Feuerversicherung
- Produkt-Haftpflichtversicherung
- Umwelthaftpflicht-Versicherung

Persönliche Versicherungen

Krankheit oder Unfall können Selbstständige in große finanzielle Schwierigkeiten bringen und evtl. das Ende der beruflichen Selbstständigkeit bedeuten. Auch an eine angemessene Altersvorsorge sollte gedacht werden. Die wichtigsten persönlichen Versicherungen für Selbstständige sind:

- Krankenversicherung, gesetzlich oder privat
- Pflegeversicherung, gesetzlich oder privat
- Unfallversicherung
- Altersvorsorge

4.1.4 Verantwortung

Neben unternehmerischen Chancen und Risiken gibt es auch eine unternehmerische Verantwortung. Verantwortliches betriebliches Handeln findet auf verschiedenen Ebenen statt:

- Verantwortung für Produkte. U. a. Produktqualität und Produktsicherheit.
- Verantwortung für die Produktion. U. a. Ressourcen- und umweltschonende Produktion (sparsamer Umgang mit Rohstoffen; möglichst geringe Emissionen von Lärm und Schadstoffen).
- Verantwortung gegenüber Mitarbeitern. U. a. Betriebsklima; Wertschätzung und Förderung der Mitarbeiter; Fairness und Toleranz gegenüber Mitarbeitern; Datenschutz)
- Verantwortung gegenüber Kunden. U. a. Einhaltung von Terminen; Servicequalität; Garantie- und Kulanzleistungen.
- Verantwortung gegenüber der Gesellschaft. Viele Unternehmen engagieren sich auf lokaler und regionaler Ebene als Sponsoren von Vereinen, sozialen Einrichtungen und fördern kulturelle und soziale Projekte. Auch in den Volksvertretungen wie Gemeinderäten, Landtagen und Bundestag sind etliche Unternehmer vertreten.

[1] Vgl. hierzu auch die Abschnitte „1.9 Sozialversicherung" und „1.10 Private Zusatzversicherungen".

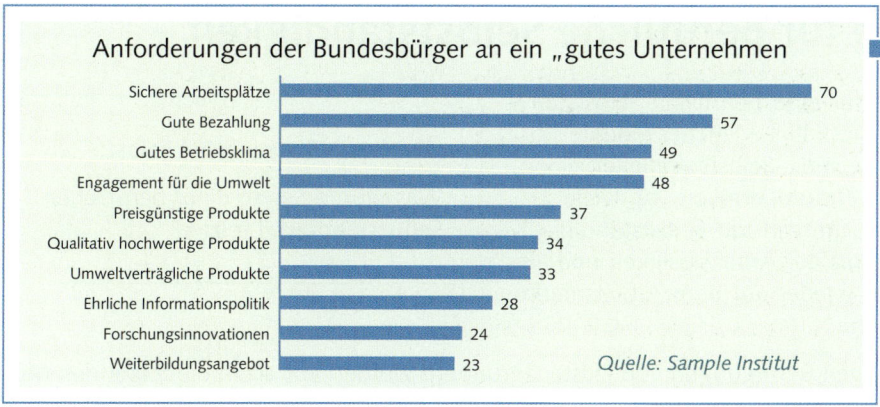

Anforderungen der Bundesbürger an ein „gutes Unternehmen

Sichere Arbeitsplätze	70
Gute Bezahlung	57
Gutes Betriebsklima	49
Engagement für die Umwelt	48
Preisgünstige Produkte	37
Qualitativ hochwertige Produkte	34
Umweltverträgliche Produkte	33
Ehrliche Informationspolitik	28
Forschungsinnovationen	24
Weiterbildungsangebot	23

Quelle: Sample Institut

4.1.5 Einkommen und Vermögen

Typisch für selbstständige Tätigkeit ist, dass die Einkommen schwanken. Je nach Auftrags- bzw. Beschäftigungslage wird mal mehr und mal weniger verdient. Die Bandbreite der Einkommen ist erheblich. Während ein Teil der Selbstständigen über hohe Einkommen verfügt (z. B. viele Freiberufler wie Ärzte, Rechtsanwälte, Architekten), erwirtschaften andere oft kaum das Existenzminimum. Die Höhe der Einkommen bestimmt ganz wesentlich auch die Vermögen. Hohe Einkommen schaffen in der Regel auch größeres Vermögen.

Durchschnittliche Nettoeinkommen und -vermögen		
	Einkommen	**Vermögen**
Selbstständige	56.300	712.600
Beamte	59.700	294.200
Angestellte	39.300	216.100
Arbeiter	31.400	114.900
Arbeitslose	14.600	35.000
Rentner	34.800	223.800
Pensionäre	40.600	403.800

Quelle: Deutsche Bundesbank Stand: 2017

Aufgaben

1 Begründen Sie, warum ein Selbstständiger neben berufsfachlichen Kenntnissen und Erfahrungen auch kaufmännische Kenntnisse benötigt.

2 Nennen Sie mindestens drei Defizite, die angehende Unternehmensgründer immer wieder angeben.

3 Nennen Sie mindestens je drei betriebliche und persönliche Versicherungen, die ein Unternehmer abschließen sollte.

4.2 Motive für berufliche Selbstständigkeit

Motive einer **hauptberuflichen Selbstständigkeit erörtern.**

Die Motive für eine berufliche Selbstständigkeit sind vielfältig. Mancher möchte sich mit dem Weg in die Selbstständigkeit einen persönlichen Traum erfüllen, für viele erscheint der Schritt in die Selbstständigkeit als Ausweg aus der Arbeitslosigkeit und als Möglichkeit, wieder auf dem Arbeitsmarkt Fuß zu fassen.

> ■ **Überlegen Sie zunächst selbst:**
>
> Was würde Sie an einer beruflichen Selbstständigkeit reizen?

In einschlägigen Befragungen von Existenzgründern wurden vor allem die folgenden Motive für eine berufliche Selbstständigkeit genannt:

Motive für berufliche Selbstständigkeit

- Unzufriedenheit mit der bisherigen beruflichen Situation.
- Selbstverwirklichung; eigene Ideen umsetzen.
- Selbst entscheiden können; selbstverantwortliches Arbeiten.
- Der eigene Chef sein; Unabhängigkeit von einem Arbeitgeber.
- Möglichkeit, Arbeitszeit frei einzuteilen.
- Bessere Vereinbarkeit von Familie, Freizeit und Beruf.
- Ortsunabhängigkeit.
- Höherer Verdienst.
- Höheres gesellschaftliches Ansehen.
- Alternative zur Arbeitslosigkeit; Rückkehr in den Arbeitsmarkt.

Nicht für alle ist der Schritt in die Selbstständigkeit die Erfüllung eines Wunschtraumes. In vielen Fällen sind Arbeitslosigkeit und die Erkenntnis, dass die beruflichen Aussichten in der bisherigen Tätigkeit schlecht sind, das entscheidende Motiv um über eine selbstständige Tätigkeit ins Erwerbsleben zurückzukehren. Viele Arbeitslose gründen aus der Not heraus ein Unternehmen. Während insbesondere höherqualifizierte Beschäftigte dabei oft erfolgreich sind, ergeben sich in vielen Fällen jedoch auch kaum realistische Erfolgschancen. Auch aus diesem Grunde ist eine intensive Beratung vor dem Schritt in die Selbstständigkeit dringend notwendig.

Freiberufler   Die meisten Selbstständigen finden sich bei den Freiberuflern und den Handwerkern.

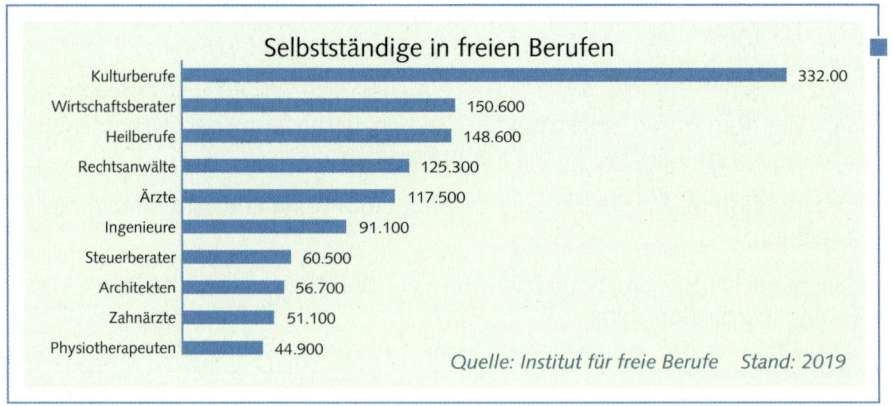

Selbstständige in freien Berufen

Beruf	Anzahl
Kulturberufe	332.00
Wirtschaftsberater	150.600
Heilberufe	148.600
Rechtsanwälte	125.300
Ärzte	117.500
Ingenieure	91.100
Steuerberater	60.500
Architekten	56.700
Zahnärzte	51.100
Physiotherapeuten	44.900

Quelle: Institut für freie Berufe   Stand: 2019

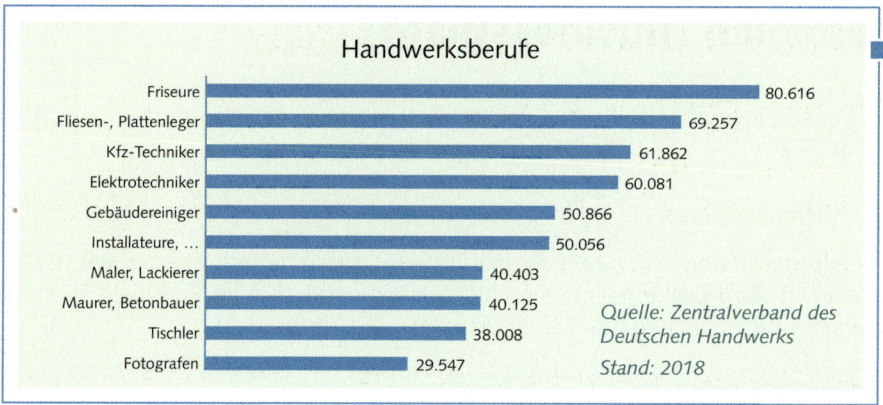

Quelle: Zentralverband des Deutschen Handwerks

Stand: 2018

Handwerksberufe

Rund 50 Prozent aller Selbstständigen in Deutschland sind so genannte **Solo-Selbst-ständige**.

Solo-Selbst-ständige

Solo-Selbstständige

Unter Solo-Selbstständigen werden Personen verstanden, die eine selbstständige Tätigkeit allein, das heißt, ohne angestellte Mitarbeiter ausüben. Seit Anfang der 90er Jahre ist die Zahl der Selbstständigen in Deutschland kräftig gestiegen; dies ist fast ausschließlich auf die Entwicklung bei den Solo-Selbstständigen zurückzuführen. … Auch wenn ein Teil der Solo-Selbstständigen hohe Einkünfte erzielt, liegt das durchschnittliche Einkommen dieser Erwerbstätigengruppe unter dem der Arbeitnehmer.

Quelle: DIW-Glossar

Viele Selbstständige entscheiden sich bewusst für ein Ein-Personen-Unternehmen. Sie wollen unabhängig sein und allein entscheiden. In vielen Fällen reichen allerdings auch Arbeitsvolumen und Ertragskraft nicht aus, um mehr als eine Person zu beschäftigen.

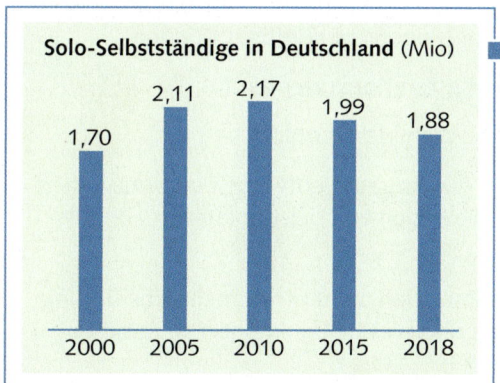

Anteil der Solo-Selbstständigen an Selbstständigen	
Öffentliche und private Dienstleistungen	29,9%
Wohnungswesen, Wirtschaftsdienstleist.	23,5%
Produzierendes Gewerbe	16,5%
Handel, Gastgewerbe, Kfz-Reparatur	13,4%
Sonstige	16,7%

Quelle: Statistisches Bundesamt

Aufgaben

1 Vergleichen Sie Ihre Antworten auf die einleitende Frage mit den Motiven, die in einschlägigen Befragungen von Existenzgründern genannt werden.

2 Begründen Sie, warum Arbeitslosigkeit ein Grund sein kann, sich beruflich selbstständig zu machen.

3 Welche Personen werden als „Solo-Selbstständige" bezeichnet?

4.3 Geschäftsplan (Businessplan)[1]

Die Erstellung eines Geschäftsplanes ist wesentlicher Bestandteil der Planung auf dem Weg zur Selbstständigkeit.

Funktion des Geschäftsplans

Mangelnde Planung ist einer der häufigsten Gründe für das Scheitern in einer selbstständigen Tätigkeit. Mit der Erstellung eines Geschäftsplanes lassen dich im Vorhinein Tragbarkeit, Machbarkeit und Finanzierbarkeit einer Geschäftsidee testen.

> **Von der Idee zum Erfolg: Der Businessplan**
>
> Wer sich beruflich selbstständig machen will, braucht zunächst eine Erfolg versprechende Geschäftsidee. Aber die Idee allein reicht nicht aus. Jede Gründung benötigt einen ausgefeilten Plan, wie diese Idee erfolgreich in die Tat umgesetzt werden kann. Dieser Plan muss alle Faktoren berücksichtigen, die für Erfolg oder Misserfolg entscheidend sein können. Er ist die Regieanweisung, die die einzelnen Schritte des Gründungsvorhabens genau festlegt.
>
> *Bundesministerium für Wirtschaft und Energie: Starthilfe 2016, S. 30*

Inhalt des Geschäftsplans

Gegenstand	Inhalt
Geschäftsidee	Was soll gemacht werden? Beschreibung der kurzfristigen und langfristigen Unternehmensziele.
Produkt/Dienstleistung	Beschreibung des vorgesehenen Produkts oder der Dienstleistung.
Kunden	Beschreibung der Zielgruppe. Nutzen des Produkts oder der Dienstleistung aus der Sicht künftiger Kunden.
Konkurrenz	Nennung der wichtigsten Konkurrenten.
Standort [2]	Begründung für die Wahl des Standortes.
Marketing	Beschreibung, wie das Angebot entwickelt und präsentiert werden kann, damit es sich von der Konkurrenz abhebt.
Unternehmensführung	Darlegen, welche Personen an der Unternehmensführung beteiligt sein sollen und welche Funktionen sie ausüben.
Gründerperson(-en)	Beschreibung der fachlichen Qualifikation, der beruflichen Erfahrung und des unternehmerischen und kaufmännischen Wissens.
Mitarbeiter	Begründen, wie viele und welche Mitarbeiter gegebenenfalls für welche Aufgaben benötigt werden.
Rechtsform [3]	Darstellung der Rechtsform, mit der das Unternehmen starten soll.
Chancen/Risiken	Realistische Beschreibung der Chancen und Risiken des zukünftigen Unternehmens.

Funktion, Inhalt und Adressaten eines Geschäftsplanes skizzieren.

[1] Im Geschäftsleben wird an Stelle der deutschen Bezeichnung „Geschäftsplan" zumeist der englische Ausdruck „Businessplan" benutzt.

[2] Vgl. hierzu im Einzelnen Abschnitt „4.4 Standort".

[3] Vgl. hierzu im Einzelnen Abschnitt „4.5 Rechtsformen".

Kapitalbedarfsplan [1]	Ermittlung des Kapitalbedarfs für Anschaffungen und für die Startphase (ca. 6-12 Monate).
Finanzierungsplan	Angabe von Eigen- und Fremdkapital.
Liquiditätsplan	Darstellung der Zahlungsfähigkeit für einen bestimmten Zeitraum.
Rentabilitäts-berechnung	Vorausschauende Berechnung, ob sich das Vorhaben lohnt.

In Anlehnung an: Bundesministerium für Wirtschaft und Energie: Starthilfe 2016, S. 30 ff.

Der Geschäftsplan sollte
- klar gegliedert
- gut verständlich
- leicht lesbar
- optisch ansprechend

sein.

Auch wenn man sich bei der Erstellung des Geschäftsplans der Hilfe von Experten oder von Mustervorlagen bedient, sollte er im Wesentlichen vom zukünftigen Unternehmer selbst verfasst werden.

Hilfreiche Internetadressen:

www.fuer-gruender.de
http://ifb.uni-erlangen.de/gruendungsberatung/downloads-gruendungsinformationen/

Adressaten des Geschäftsplans
Einen Geschäftsplan schreibt der zukünftige Unternehmer aber nicht nur für sich selbst. Wichtige Adressaten des Geschäftsplans sind:
- Kapitalgeber (Kreditinstitute, Investoren, Öffentliche Hand).
- Eventuelle Mitgesellschafter
- Lieferanten
- Kunden
- Berater
- Medien
- Mitarbeiter

Aufgaben

1 Begründen Sie, warum die Aufstellung eines Geschäftsplanes ein unbedingter notwendiger Schritt bei den Planungen für eine Unternehmungsgründung ist.

2 Nennen und erläutern Sie mindestens drei Gegenstände, die in einem Geschäftsplan dargestellt werden sollten.

3 Warum ist ein Geschäftsplan auch für Kapitalgeber interessant?

---

[1] *Vgl. hierzu im Einzelnen Abschnitt „4.6 Kapitalbedarfsplan".*

4.4 Standort

Standortfaktoren kennen und in ihrer Bedeutung **beurteilen.**

Für den Erfolg eines Unternehmens ist die Wahl des richtigen Standortes außerordentlich wichtig.

Der **Standort** eines Unternehmens ist dort, wo die Produktion stattfindet, bzw. dort, wo die Dienstleistung erbracht wird.

> ■ **Überlegen Sie:**
>
> Warum ist die Wahl des Standortes wichtig?
> Welche Faktoren bestimmen die Wahl des Standortes?

Der Standort für ein Unternehmen muss gut überlegt werden. Er ist mitentscheidend für den Geschäftserfolg und kann nur schwer nachträglich geändert werden.

Standort-faktoren

Standortfaktoren sind alle jene Tatbestände, die für die Wahl eines Standortes unter ökonomischen Gesichtspunkten maßgebend sind. Die Bedeutung bestimmter Standortfaktoren ist vom Unternehmensgegenstand abhängig.

Gebundener Standort

Gebundener Standort

Betriebe der **Urproduktion** (Land- und Forstwirtschaft, Fischerei, Bergbau) haben praktisch keine Wahlmöglichkeiten. Bei ihnen ist der Standort an die Anbau- bzw. Abbaumöglichkeiten gebunden.

Freier Standort

Freier Standort

Betriebe des **verarbeitenden Gewerbes** und des **Dienstleistungsbereichs** haben hinsichtlich ihres Standortes mehr oder weniger große Wahlmöglichkeiten. Hier kommt es darauf an, dass bei der **Standortwahl** die jeweils wichtigen Faktoren berücksichtigt werden. Drei Fragen können dabei helfen:

Standort eines Unternehmens

> ■ ■ **Welche Standortfaktoren sind für mein Unternehmen wichtig?**
> ■ **Sind diese Faktoren am Ort verfügbar?**
> ■ **Können fehlende Faktoren leicht beschafft werden?**

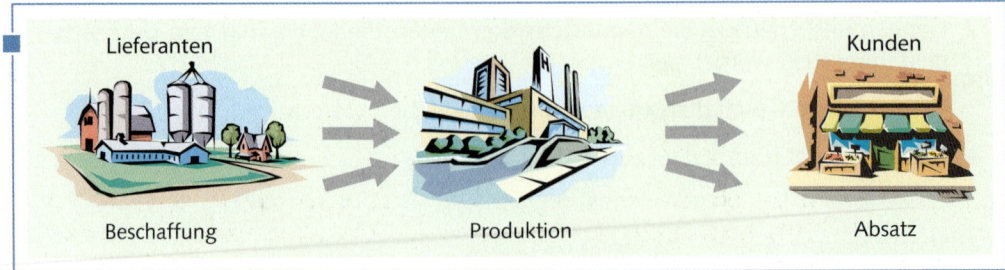

Lieferanten   Kunden

Beschaffung   Produktion   Absatz

Bei den Standortfaktoren lassen sich drei Gruppen unterscheiden:

Standortfaktoren		
Beschaffungsbezogene Faktoren	**Produktionsbezogene Faktoren**	**Absatzbezogene Faktoren**
Arbeitskräfte Arbeitskosten Rohstoffe Zulieferer Banken und andere Dienstleistungen	Grundstücke Grundstückspreise Mieten Umweltauflagen (z. B. Lärmvorschriften) Kommunale Abgaben	Konkurrenzsituation Kundennähe Verkehrsanbindung Entsorgungsmöglichkeiten (Recycling) Staatliche Absatzhilfen

Von je 100 Industrieunternehmen sehen im Hinblick auf ihren Standort als sehr wichtig an:

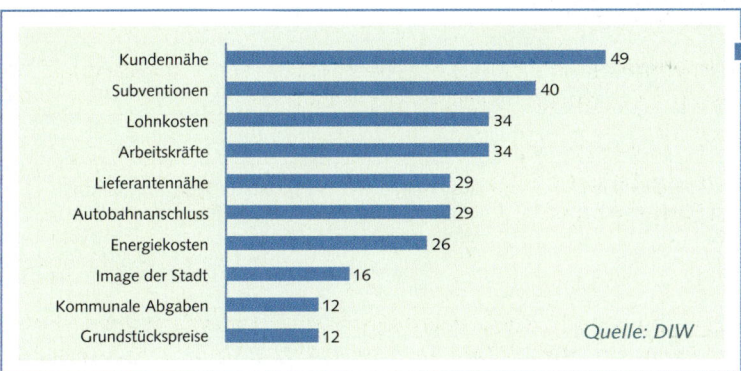

Quelle: DIW

Ein wichtiger Standortfaktor sind die **Arbeitskosten**.

Arbeitskosten

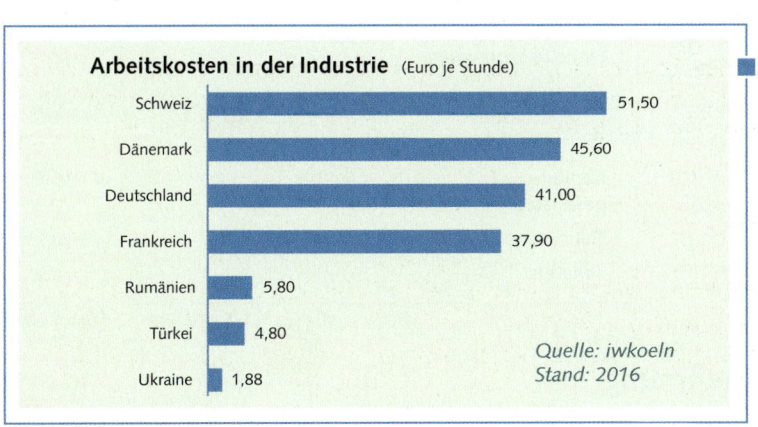

Quelle: iwkoeln
Stand: 2016

Verlagerung geplant

BERLIN (…) – Eine Umfrage bei 500 großen deutschen Industrieunternehmen ergab, dass zahlreiche Unternehmen eine Verlagerung zumindest von Teilen der Produktion ins Ausland erwägen. Neben der größeren Nähe zu den Absatzmärkten wurden vor allem die hohen Arbeitskosten am Produktionsstandort Deutschland als Gründe genannt.

Aufgaben

1 Sie überlegen, ob Sie eine eigene Kfz-Werkstatt gründen wollen. Welche Standortfaktoren sind besonders wichtig?

2 Zahlreiche Unternehmen verlagern Teile ihrer Produktion aus Deutschland in so genannte Billiglohnländer. Ist für die Kosten der Arbeitskräfte nur die Höhe des Lohnes ausschlaggebend? Begründung.

4

4.5 Rechtsformen von Unternehmen

Rechtsformen vergleichen und auf **Eignung** prüfen

Durch die Rechtsform wird der rechtliche Rahmen eines Unternehmens festgelegt. Die Wahl der passenden Rechtsform gehört daher zu den besonders wichtigen Entscheidungen bei einer Unternehmensgründung.

Durch die **Rechtsform** eines Unternehmens werden geregelt:

- Aufbringung des Kapitals
- Eigentumsverhältnisse
- Geschäftsführung
- Vertretungsrecht nach außen
- Haftung
- Gewinn- und Verlustverteilung

4.5.1 Übersicht über Rechtsformen

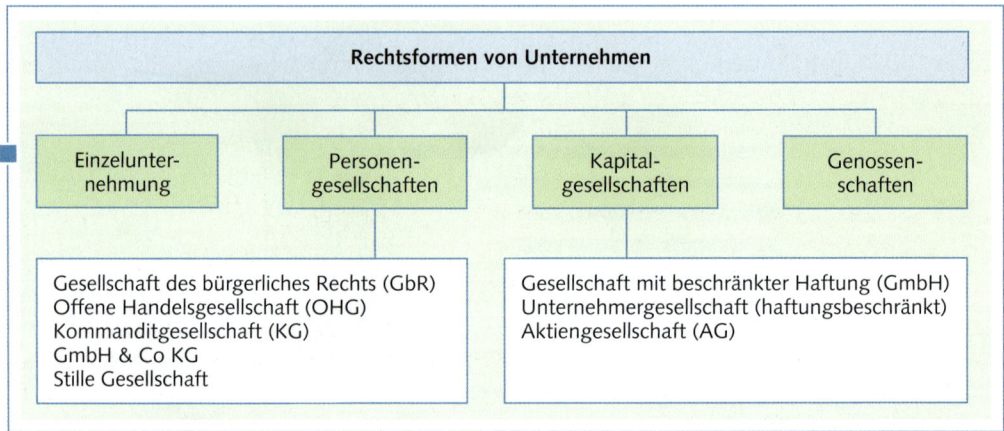

Die erste Frage bei der Wahl der Unternehmensform lautet: „Allein oder mit anderen?" Je nachdem, wie die Antwort ausfällt, ergibt sich als Rechtsform eine Einzelunternehmung oder eine Gesellschaft. Bei den Gesellschaften lassen sich Personengesellschaften, Kapitalgesellschaften und Genossenschaften unterscheiden.

Rechtsformen von Unternehmen in Deutschland		
Rechtsform	**Anteil (%)**	
Einzelunternehmen		68,2
Personen-gesellschaften	GbR	6,6
	KG, GmbH & Co. KG	5,2
	OHG	0,5
Kapital-gesellschaften	GmbH, UG	16,9
	AG	0,3
Genossenschaften		0,2
Sonstige		2,2

Quelle: Statistisches Bundesamt   Stand: 2019

Einzelunter-nehmung

4.5.2 Einzelunternehmung

Der Unternehmer ist Alleinunternehmer. Er bringt das Kapital allein auf, ist alleiniger Eigentümer, leitet das Unternehmen und vertritt es nach außen. Für die Verbindlichkeiten des Unternehmens haftet er persönlich und unbeschränkt.

Einzelunternehmung	
Vorteile	**Nachteile**
■ Selbstständigkeit, Unabhängigkeit	■ Alleinige Leitungsaufgaben
■ Schnelle Entscheidungsmöglichkeiten	■ Alleiniges Risiko
■ Keine Gewinnteilung	■ Haftung auch mit Privatvermögen

Merkmale der Einzelunternehmung		
Mindestkapital	**Haftung**	**Geschäftsführung**
Kein Mindestkapital	Inhaber haftet mit gesamtem Vermögen (privat und geschäftlich) unbeschränkt.	Inhaber allein
Geeignet für: Kleingewerbetreibende, Handwerker, Dienstleister, Freie Berufe		

Einzelunternehmen (Einzelkaufleute) tragen, wenn sie im Handelsregister eingetragen sind, als Rechtsformzusatz die Bezeichnung „eingetragener Kaufmann", „eingetragene Kaufrau" oder eine Abkürzung dieser Bezeichnung („e. K.", „e. Kfm." oder „e. Kfr.")

> **„Firma"** ist rechtlich der Name, unter dem ein Kaufmann seine Geschäfte betreibt und seine Unterschrift abgibt.
> Beispiele: Robert Bosch GmbH; Daimler AG; Schulze OHG

Firma

4.5.3 Gesellschaft des Bürgerlichen Rechts (GbR; BGB-Gesellschaft)

Gesellschaft des Bürgerlichen Rechts (GbR)

Die Gesellschaft bürgerlichen Rechts ist die einfachste Form, eine Gesellschaft zu gründen. Es genügt, dass sich zwei oder mehrere Personen zusammentun, um ein gemeinsames Ziel anzustreben; z. B. einen Kleinbetrieb zu gründen. Eine mündliche Vereinbarung zwischen den Partnern reicht; ein schriftlicher Vertrag (Gesellschaftsvertrag) ist jedoch empfehlenswert. Eine GbR entsteht bereits schon, wenn sich mehrere Arbeitskollegen zu einer Lottogemeinschaft zusammenschließen.

Gesellschaft des Bürgerlichen Rechts (GbR)	
Vorteile	**Nachteile**
■ Leichte Gründung; keine besonderen Formalitäten; mündliche Vereinbarung reicht. ■ Große Gestaltungsmöglichkeiten durch die Gesellschafter.	■ Mindestens zwei Gesellschafter notwendig. ■ Jedem Geschäft müssen alle Gesellschafter zustimmen. ■ Haftung auch mit Privatvermögen.

Für die GbR ist keine Eintragung ins Handelsregister erforderlich. Die Firmenbezeichnung kann von Personennamen abgeleitet sein, eine Phantasiebezeichnung sein oder ein Kombination dieser Möglichkeiten sein. Der Zusatz „GbR" ist nicht zwingend, aber empfehlenswert.

Merkmale der Gesellschaft Bürgerlichen Rechts (GbR)		
Mindestkapital	**Haftung**	**Geschäftsführung**
Kein Mindestkapital	Gesellschafter haften für die Verbindlichkeiten der Gesellschaft als Gesamtschuldner persönlich.	Gesellschafter führen die Geschäfte gemeinschaftlich. Für jedes Geschäft ist die Zustimmung aller Gesellschafter erforderlich.
Geeignet für: Kleingewerbetreibende, Freie Berufe, Arbeitsgemeinschaften		

4

4.5.4 Gesellschaft mit beschränkter Haftung (GmbH)

Die Gesellschaft mit beschränkter Haftung ist eine Handelsgesellschaft mit einer eigenen Rechtspersönlichkeit („**juristische Person**"); sie kann einen oder mehrere Gesellschafter haben. Es ist ein Mindestkapital von 25.000 Euro erforderlich. Die Eintragung ins Handelsregister ist Pflicht. Geschäftsführer kann ein Gesellschafter oder eine andere Person sein; er vertritt auch das Unternehmen nach außen. Die Gesellschafter haften nur mit ihren Kapitalanteilen, nicht mit ihrem Privatvermögen.

Gesellschaft mit beschränkter Haftung (GmbH)	
Vorteile	**Nachteile**
■ Gründung durch eine Person (Ein-Personen-GmbH) oder durch mehrere Personen möglich. ■ Haftungsbegrenzung auf Stammkapital. ■ Geschäftsführung muss nicht vom Gesellschafter selbst ausgeübt werden	■ Aufwändige Gründungsformalitäten (Notar, Handelsregister). ■ Mindestkapital von 25.000 Euro erforderlich.

Der Firmenname kann eine Phantasiebezeichnung sein, den Geschäftsgegenstand oder den Namen des Gesellschafters enthalten. Der Name muss immer den Zusatz „Gesellschaft mit beschränkter Haftung" oder „GmbH" enthalten.

Merkmale der Gesellschaft mit beschränkter Haftung (GmbH)		
Mindestkapital	**Haftung**	**Geschäftsführung**
25.000 Euro	Höhe der Haftung ist auf das Gesellschaftsvermögen beschränkt.	Durch Gesellschafter oder durch einen angestellten Geschäftsführer.
Geeignet für: Unternehmer, die die Haftung beschränken oder nicht aktiv mitarbeiten wollen.		

4.5.5 Unternehmergesellschaft (UG) haftungsbeschränkt

Vor allem auch um Existenzgründungen zu erleichtern, wurde die UG (haftungsbeschränkt), auch als **Mini-GmbH** bezeichnet, eingeführt. Sie ist keine eigenständige Rechtsform, sondern eine Variante der GmbH. Daher gelten die Vorschriften für die GmbH im Wesentlichen auch für die Unternehmergesellschaft. Von der „normalen" GmbH unterscheidet sie sich vor allem durch eine einfachere Gründung.

Unternehmergesellschaft (UG), haftungsbeschränkt	
Vorteile	**Nachteile**
■ Gründung durch eine Person oder durch mehrere Personen möglich. ■ Geringes Mindestkapital (ab 1 Euro). ■ Haftungsbegrenzung auf Stammkapital. ■ Geschäftsführung muss nicht vom Gesellschafter selbst ausgeübt werden.	■ Einfachere Gründung als GmbH. ■ Gesellschaftsvertrag muss notariell beurkundet werden. ■ Eintrag ins Handelsregister. ■ Geringe Kreditwürdigkeit wegen geringer Kapitalausstattung.

Der Firmenname kann eine Phantasiebezeichnung sein, den Geschäftsgegenstand oder den Namen des Gesellschafters enthalten. Der Name muss immer den Zusatz „UG (haftungsbeschränkt)" enthalten

Merkmale der Unternehmergesellschaft (UG), haftungsbeschränk		
Mindestkapital	**Haftung**	**Geschäftsführung**
Keine bestimmte Höhe. Zwischen 1 Euro und 24.999 Euro	Höhe der Haftung ist auf das Stammkapital beschränkt	Durch Gesellschafter selbst oder durch einen angestellten Geschäftsführer.
Geeignet für kleinere Unternehmen, die die Haftung beschränken wollen.		

Die Wahl der geeigneten Rechtsform ist ein wichtiger Schritt im Rahmen einer Existenzgründung. Sie entscheidet über wesentliche Unternehmensmerkmale und hat rechtliche, steuerliche und finanzielle Folgen. Allerdings gibt es keine optimale Rechtsform. Die Wahl ist immer ein Abwägungsprozess. Allerdings kann die Rechtsform auch wieder geändert werden, wenn die Entwicklung des Unternehmens dies nahe legt.

Vergleich von Rechtsformen			
Rechtsform	**Mindestkapital**	**Haftung**	**Geschäftsführung**
Einzelunternehmung	Kein Mindestkapital	Inhaber haftet mit gesamtem Vermögen (privat und geschäftlich) unbeschränkt.	Inhaber allein
GbR	Kein Mindestkapital	Gesellschafter haften für die Verbindlichkeiten der Gesellschaft als Gesamtschuldner persönlich.	Gesellschafter führen die Geschäfte gemeinschaftlich. Für jedes Geschäft ist die Zustimmung aller Gesellschafter erforderlich.
GmbH	25.000 Euro	Höhe der Haftung ist auf das Gesellschaftsvermögen beschränkt.	Durch Gesellschafter selbst oder durch einen angestellten Geschäftsführer.
UG	Keine bestimmte Höhe. Zwischen 1 Euro und 24.999 Euro.	Höhe der Haftung ist auf das Stammkapital beschränkt.	Durch Gesellschafter selbst oder durch einen angestellten Geschäftsführer.

Aufgaben

1 Ihr Freund möchte sich als Kfz-Mechaniker selbstständig machen. Welche Rechtsform würden Sie ihm empfehlen?

2 Die GmbH ist eine „juristische Person". Was bedeutet das?

3 Nennen Sie 3 Beispiele für die Gründung einer GbR.

4.6 Kapitalbedarf

Wer ein Unternehmen gründen und betreiben will, braucht Geld.

Gewerbedarlehen
seriös – schnell – diskret
ab 30000 €, ab 5,5 % Zinsen p.a.
Sicherheiten nicht erforderlich

Krösus Finanzierungen
Tel.: 00/8363 / Fax: 00/8364

■ **Überlegen Sie zunächst selbst:**

Wofür braucht ein Unternehmen Geld?
Wie kann das Geld für ein Unternehmen aufgebracht werden?

Kapitalbedarf bei einer **Unternehmensgründung** ermitteln.

Finanzierungsmängel sind die häufigste Ursache für Unternehmenspleiten. Vor allem Unternehmensgründer schätzen oft den Kapitalbedarf und die Kosten der Kapitalbeschaffung falsch ein. Daher ist es wichtig, sich vor Beginn einer Gründung Klarheit zu verschaffen über vorhandenes Vermögen und bestehende Verbindlichkeiten sowie über den voraussichtlichen Kapitalbedarf.

Kapitalbedarfsplan		
Finanzierungsgegenstand		**Euro**
Gründungskosten	Beratungen, Anmeldungen, Notar usw.	5.000
Anlagevermögen	Grundstück, Gebäude, Maschinen, Lager, Geschäftseinrichtung, Fahrzeuge usw.	450.000
Umlaufvermögen	Roh-, Hilfs- und Betriebsstoffe, Vorprodukte usw.	80.000
Reserve für Unvorhergesehenes		20.000
Gesamter Kapitalbedarf		**555.000**

Als Finanzierungsquellen stehen grundsätzlich zwei Möglichkeiten zur Verfügung: **Eigenkapital** und **Fremdkapital**.

Finanzierungsgrundsätze

Eine solide Finanzierung verlangt eine zeitliche Übereinstimmung zwischen Kapitalherkunft und Kapitalverwendung (**„Finanzierungsgrundsätze"**, **„Goldene Bilanzregel"**), d.h. Vermögensteile, in denen Kapital langfristig gebunden ist, müssen auch durch langfristiges Kapital finanziert werden.

Goldene Bilanzregel

■ **Goldene Bilanzregel:**
Anlagevermögen ist durch langfristiges Kapital (Eigenkapital, langfristige Darlehen) zu finanzieren.
Umlaufvermögen kann durch kurzfristiges Kapital (kurzfristige Darlehen, Lieferantenkredite) finanziert werden.

Eigenkapital

Eigenkapital

Als Eigenkapital zählen jene Mittel, die der Unternehmer selbst zur Verfügung stellt (Ersparnisse, Sachmittel wie Gebäude, Maschinen und Werkzeuge) sowie Anteile weiterer Gesellschafter. Der Eigenkapitalanteil sollte mindestens 20 % des Gesamtkapitals betragen (**= Eigenkapitalquote**). Je

$$\text{Eigenkapitalquote} = \frac{\text{Eigenkapital}}{\text{Gesamtkapital}} \cdot 100$$

Eigenkapitalquote

höher die Eigenfinanzierung ist, umso eher lassen sich schwierige Zeiten überbrücken und umso höher ist die Kreditwürdigkeit.

Fremdkapital

Fremdkapital

In der Regel werden die Eigenmittel nicht ausreichen, und es wird weiteres Kapital benötigt. Als Fremdkapital zählen alle Mittel, die dem Unternehmen von außen zufließen. Die häufigsten Fremdfinanzierungsarten sind **Darlehen** und die **Verbindlichkeiten** gegenüber Lieferanten.

Beim **Darlehen** bzw. **Kredit** wird dem Unternehmen Geld (oder eine Sache) von anderen, zumeist von einer Bank, gegen Zinsen zur Verfügung gestellt. Der Darlehensgeber verlangt in der Regel Sicherheiten und Zinsen. Für die Abwicklung der laufenden Geschäfte dient ein Bankkonto mit einem ausreichenden **Dispositionskredit**.

Dispositionskredit

> **Darlehen:** Ein Darlehensgeber überlässt einem Darlehensnehmer Geld (Gelddarlehen) oder vertretbare Sachen (Sachdarlehen) gegen Entgelt (Zinsen) auf Zeit zum Gebrauch. ■
>
> **Dispositionskredit** („Dispo"): Eine Bank räumt einem Kunden gegen Zinsen („Dispozinsen") eine im Betrag begrenzte Überziehungsmöglichkeit seines Girokontos ein.

Leasing

Leasing

Leasing stellt eine besondere Form der Miete dar. Es wird heute häufig bei teureren Anlagegütern (z. B. Maschinen, Fahrzeugen) angewendet. Der Vermieter (Leasinggeber) stellt den Gegenstand für eine bestimmte Zeit zur Verfügung. Der Mieter (Leasingnehmer) zahlt für die Nutzung eine monatliche Leasinggebühr. Nach Ablauf des Leasingvertrages geht der Gegenstand entweder an den Vermieter zurück oder – falls vereinbart – in das Eigentum des Mieters über (Mietkauf).

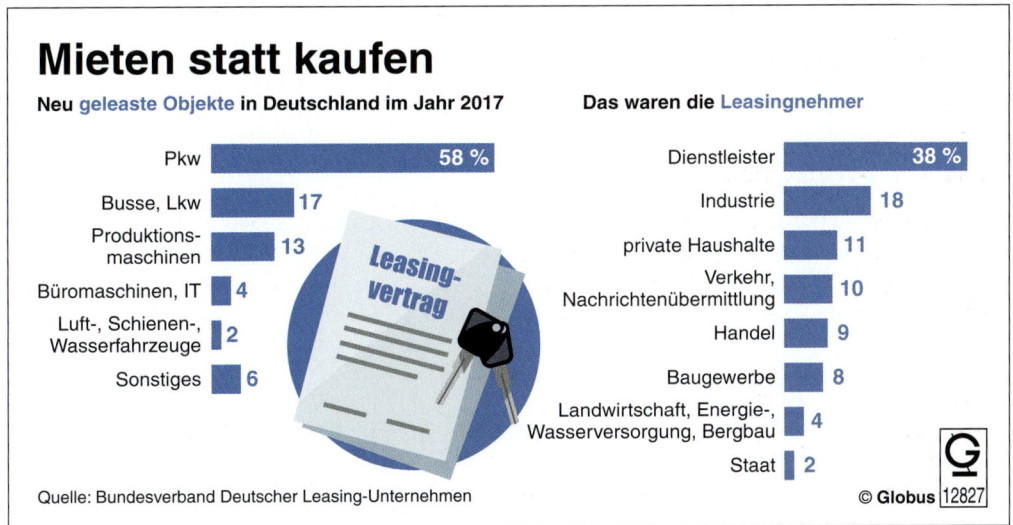

Mieten statt kaufen

Neu geleaste Objekte in Deutschland im Jahr 2017

Pkw	58 %
Busse, Lkw	17
Produktionsmaschinen	13
Büromaschinen, IT	4
Luft-, Schienen-, Wasserfahrzeuge	2
Sonstiges	6

Leasingvertrag

Das waren die Leasingnehmer

Dienstleister	38 %
Industrie	18
private Haushalte	11
Verkehr, Nachrichtenübermittlung	10
Handel	9
Baugewerbe	8
Landwirtschaft, Energie-, Wasserversorgung, Bergbau	4
Staat	2

Quelle: Bundesverband Deutscher Leasing-Unternehmen

© **Globus** 12827

Aufgaben

1 Gabi hat einen Blumenladen eröffnet. Für die Ersteinrichtung hat sie bei ihrer Bank einen Kredit von 50.000 Euro aufgenommen. Der Zinssatz beträgt 6 % pro Jahr. Wie viel Zinsen muss Gabi monatlich aufbringen?

2 Warum ist es sinnvoll, Anlagevermögen langfristig und Umlaufvermögen kurzfristig zu finanzieren?

Zusammenfassung

4.1 Chancen und Risiken der Selbstständigkeit

4.1.1 Anforderungen an Unternehmerpersönlichkeit

Wichtige Eigenschaften einer Gründerperson (Bundesministerium für Wirtschaft):

- Ehrgeiz
- Einsatzbereitschaft
- Risikobereitschaft
- Belastbarkeit
- Berufliche Qualifikationen
- Kreativität
- Berufliche Erfahrung
- Verantwortungsbewusstsein
- Führungserfahrung

Zu den notwendigen Qualifikationen und Erfahrungen zählen nicht nur die fachlichen Kenntnisse, sondern auch kaufmännische Kenntnisse.

4.1.2 Arbeitsbelastung

Durchschnittlich haben Selbstständige eine um rund 20% längere Arbeitszeit als Vollzeitabnehmer.

4.1.3 Soziale Sicherung

Betriebliche Versicherungen
- Betriebshaftpflicht und Berufshaftpflicht (Schaden gegenüber Dritten)
- Betriebs-Unterbrechungsversicherung
- Sachversicherung (Brand, Einbruchdiebstahl, Leitungswasser u. a.)
- Elektronik-Versicherung (EDV-Anlagen, Telefonanlagen, bürotechnische Anlagen)
- Feuerversicherung
- Produkt-Haftpflichtversicherung
- Umwelthaftpflicht-Versicherung

Persönliche Versicherungen
- Krankenversicherung, gesetzlich oder privat
- Pflegeversicherung, gesetzlich oder privat
- Unfallversicherung
- Altersvorsorge

4.1.4 Verantwortung

Verantwortliches betriebliches Handeln findet auf verschiedenen Ebenen statt:
- Verantwortung für Produkte.
- Verantwortung für die Produktion.
- Verantwortung gegenüber Mitarbeitern.
- Verantwortung gegenüber Kunden.
- Verantwortung gegenüber der Gesellschaft.

4.1.5 Einkommen und Vermögen

- Einkommen von Selbstständigen schwanken.

- Während ein Teil der Selbstständigen über hohe Einkommen verfügt, erwirtschaften andere oft kaum das Existenzminimum.

- Hohe Einkommen schaffen in der Regel auch größeres Vermögen.

4.2 Motive für berufliche Selbstständigkeit

In einschlägigen Befragungen von Existenzgründern wurden vor allem die folgenden Motive für eine berufliche Selbstständigkeit genannt:

- Unzufriedenheit mit der bisherigen beruflichen Situation.

- Selbstverwirklichung; eigene Ideen umsetzen.

- Selbst entscheiden können; selbstverantwortliches Arbeiten.

- Der eigene Chef sein; Unabhängigkeit von einem Arbeitgeber

- Möglichkeit, Arbeitszeit frei einzuteilen.

- Bessere Vereinbarkeit von Familie, Freizeit und Beruf.

- Ortsunabhängigkeit.

- Höherer Verdienst.

- Höheres gesellschaftliches Ansehen.

- Alternative zur Arbeitslosigkeit; Rückkehr in den Arbeitsmarkt.

Unter **Solo-Selbstständigen** werden Personen verstanden, die eine selbstständige Tätigkeit allein, das heißt, ohne angestellte Mitarbeiter ausüben.

4.3 Geschäftsplan (Businessplan)

- Mit der Erstellung eines Geschäftsplanes lassen dich im Vorhinein Tragbarkeit, Machbarkeit und Finanzierbarkeit einer Geschäftsidee testen.

- **Inhalt des Geschäftsplans**

Gegenstand	Inhalt
Geschäftsidee	Was soll gemacht werden? Beschreibung der kurzfristigen und langfristigen Unternehmensziele.
Produkt/Dienstleistung	Beschreibung des vorgesehenen Produkts oder der Dienstleistung.
Kunden	Beschreibung der Zielgruppe. Nutzen des Produkts oder der Dienstleistung aus der Sicht künftiger Kunden.
Konkurrenz	Nennung der wichtigsten Konkurrenten.
Standort	Begründung für die Wahl des Standortes.
Marketing	Beschreibung, wie das Angebot entwickelt und präsentiert werden kann, damit es sich von der Konkurrenz abhebt.
Unternehmensführung	Darlegen, welche Personen an der Unternehmensführung beteiligt sein sollen und welche Funktionen sie ausüben.
Gründerperson(-en)	Beschreibung der fachlichen Qualifikation, der beruflichen Erfahrung und des unternehmerischen und kaufmännischen Wissens.
Mitarbeiter	Begründen, wie viele und welche Mitarbeiter gegebenenfalls für welche Aufgaben benötigt werden.

Rechtsform	Darstellung der Rechtsform, mit der das Unternehmen starten soll.
Chancen/Risiken	Realistische Beschreibung der Chancen und Risiken des zukünftigen Unternehmens.
Kapitalbedarfsplan	Ermittlung des Kapitalbedarfs für Anschaffungen und für die Startphase (ca. 6–12 Monate).
Finanzierungsplan	Angabe von Eigen- und Fremdkapital.
Liquiditätsplan	Darstellung der Zahlungsfähigkeit für einen bestimmten Zeitraum.
Rentabilitätsberechnung	Vorausschauende Berechnung, ob sich das Vorhaben lohnt.

In Anlehnung an: Bundesministerium für Wirtschaft und Energie: Starthilfe 2016, S. 30 ff.

Wichtige **Adressaten des Geschäftsplans** sind:

- Kapitalgeber (Kreditinstitute, Investoren, Öffentliche Hand).
- Eventuelle Mitgesellschafter
- Lieferanten
- Kunden
- Berater
- Medien
- Mitarbeiter

4.4 Standort

Standort: Ort, an dem die Produktion stattfindet bzw. an dem Leistungen erbracht werden.

Standortfaktoren: Alle Tatbestände, die für die Wahl eines Standortes unter ökonomischen Gesichtspunkten maßgebend sind.

Standortfaktoren		
Beschaffungsbezogene Faktoren	**Produktionsbezogene Faktoren**	**Absatzbezogene Faktoren**
Arbeitskräfte (Menge, Qualifikation) Lohnkosten Zulieferer Banken und andere Dienstleistungen	Grundstücke Grundstückspreise Mieten Umweltauflagen (z. B. Lärmvorschriften) Kommunale Abgaben	Konkurrenzsituation Kundennähe Verkehrsanbindung Entsorgungsmöglichkeiten (Recycling) Staatliche Absatzhilfen

4.5 Rechtsformen

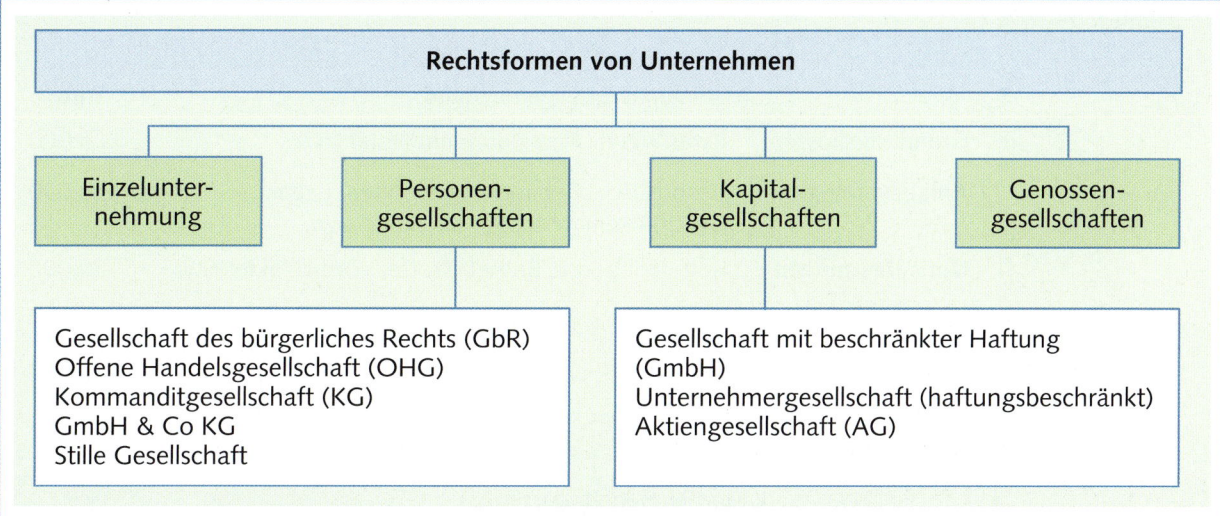

Rechtsformen von Unternehmen			
Einzelunternehmung	Personengesellschaften	Kapitalgesellschaften	Genossengesellschaften

Gesellschaft des bürgerliches Rechts (GbR)
Offene Handelsgesellschaft (OHG)
Kommanditgesellschaft (KG)
GmbH & Co KG
Stille Gesellschaft

Gesellschaft mit beschränkter Haftung (GmbH)
Unternehmergesellschaft (haftungsbeschränkt)
Aktiengesellschaft (AG)

Vergleich von Rechtsformen			
Rechtsform	**Mindestkapital**	**Haftung**	**Geschäftsführung**
Einzelunternehmung	Kein Mindestkapital	Inhaber haftet mit gesamtem Vermögen (privat und geschäftlich) unbeschränkt.	Inhaber allein
GbR	Kein Mindestkapital	Gesellschafter haften für die Verbindlichkeiten der Gesellschaft als Gesamtschuldner persönlich.	Gesellschafter führen die Geschäfte gemeinschaftlich. Für jedes Geschäft ist die Zustimmung aller Gesellschafter erforderlich.
GmbH	25.000 Euro	Höhe der Haftung ist auf das Gesellschaftsvermögen beschränkt.	Durch Gesellschafter selbst oder durch einen angestellten Geschäftsführer.
UG	Keine bestimmte Höhe. Zwischen 1 Euro und 24.999 Euro.	Höhe der Haftung ist auf das Stammkapital beschränkt.	Durch Gesellschafter selbst oder durch einen angestellten Geschäftsführer.

4.6   Kapitalbedarf

Kapitalbedarfsplan		
Finanzierungsgegenstand		**Euro**
Gründungskosten	Beratungen, Anmeldungen, Notar usw.	5.000
Anlagevermögen	Grundstück, Gebäude, Maschinen, Lager, Geschäftseinrichtung, Fahrzeuge usw.	450.000
Umlaufvermögen	Roh-, Hilfs- und Betriebsstoffe, Vorprodukte usw.	80.000
Reserve für Unvorhergesehenes		20.000
Gesamter Kapitalbedarf		**555.000**

Unternehmensfinanzierung	
Finanzierungsart	**Erläuterung**
Eigenkapital	Mittel, die Unternehmer selbst oder Gesellschafter zur Verfügung stellen (Ersparnisse, Sachmittel, Gesellschafteranteile).
Fremdkapital	Mittel, die dem Unternehmen von außen zufließen (Darlehen, Lieferantenkredite)
Leasing	Form der Miete. Vermieter (Leasinggeber) stellt Gegenstand zur Verfügung; Mieter (Leasingnehmer) zahlt Leasinggebühr.

5

Prüfungsaufgaben

A1– A2

B1– B2

C1– C2

D1– D2

LS

Bei den nachfolgend wiedergegebenen Prüfungsaufgaben handelt es sich um Aufgaben aus den gemeinsamen Abschlussprüfungen des Ministeriums für Kultus, Jugend und Sport Baden-Württemberg sowie der Handwerkskammern und Industrie- und Handelskammern Baden-Württemberg für das Fach Wirtschafts- und Sozialkunde an gewerblichen Berufsschulen in Baden-Württemberg.

A 1 Die Rolle des Mitarbeiters in der Arbeitswelt aktiv ausüben/ Als Konsument rechtliche Bestimmungen in Alltagssituationen anwenden

Nach bestandener Abschlussprüfung und Bekanntgabe der Prüfungsergebnisse arbeiten Sie wie gewohnt in Ihrem Ausbildungsbetrieb (15 Mitarbeiterinnen und Mitarbeiter) weiter. Sie werden täglich von ihrem Chef freundlich begrüßt. Drei Wochen später erhalten Sie endlich den schriftlichen Arbeitsvertrag. Aufgrund der unsicheren Marktsituation ist der Arbeitsvertrag auf zwei Jahre befristet.

Ihre Freundin Anna Ziegler, die momentan im Urlaub ist, gibt Ihnen in einer Kurznachricht den Hinweis, dass die Befristung im Arbeitsvertrag nicht zulässig sei.

1.1 Prüfen Sie Anna Zieglers Aussage mit Hilfe des entsprechenden Gesetzestextes und formulieren Sie eine Kurznachricht an Ihre Freundin.

1.2 Ihnen wird nach acht Monaten fristgerecht ohne Angabe von Gründen gekündigt. Sie sind entsetzt und bitten um einen Termin bei Ihrem Vorgesetzten.

Informieren Sie sich über die Rechtslage.

Erstellen Sie eine Liste mit Gründen, die gegen Ihre Entlassung sprechen, und führen Sie die verwendeten Paragrafen auf.

1.3 Sie waren mit Ihren Argumenten erfolgreich. Aufgrund eines Abteilungswechsels erhalten Sie von Ihrem Chef ein Zwischenzeugnis mit folgenden Formulierungen:
– „Die Aufgaben wurden stets zur vollen Zufriedenheit erledigt."
– „Das Verhalten gegenüber den Vorgesetzten und Mitarbeitern war einwandfrei."
Bewerten Sie die beiden Formulierungen.

1.4 Der von Ihren Eltern für Sie abgeschlossene Sparvertrag in Höhe von 5.000,00 € wird fällig.

Da Sie momentan keine Verwendung haben, möchten Sie das Geld erneut anlegen. Vergleichen Sie zwei verschiedene Anlagemöglichkeiten entsprechend dreier wesentlicher Kriterien in einer Tabelle.

1.5 Mit Ihrem ersten Urlaubsgeld kaufen Sie am 14. November 2017 einen Fernseher im Fachmarkt, den Sie sofort bezahlen und sich am darauffolgenden Tag liefern lassen. Beim Auspacken fällt Ihnen ein Kratzer auf der Vorderseite des Geräts auf.

Erstellen Sie einen Zeitstrahl mit Angaben zum Eigentumsübergang. Ablauf der Gewährleistungsfrist, Zeitpunkt der Beweislastumkehr.

1.6 Erstellen Sie für das Gespräch mit dem Marktleiter eine Übersicht mit Ihren Rechten aus der mangelhaften Lieferung (Kratzer auf der Vorderseite).

Anlage 1 zu A 1

Berufsbildungsgesetz (BBiG)
§ 21 Beendigung

(1) Das Berufsausbildungsverhältnis endet mit dem Ablauf der Ausbildungszeit. Im Falle der Stufenausbildung endet es mit Ablauf der letzten Stufe.

(2) Bestehen Auszubildende vor Ablauf der Ausbildungszeit die Abschlussprüfung, so endet das Berufsausbildungsverhältnis mit Bekanntgabe des Ergebnisses durch den Prüfungsausschuss.

Berufsbildungsgesetz (BBiG)
§ 24 Weiterarbeit

Werden Auszubildende im Anschluss an das Berufsausbildungsverhältnis beschäftigt, ohne dass hierüber ausdrücklich etwas vereinbart worden ist, so gilt ein Arbeitsverhältnis auf unbestimmte Zeit als begründet.

Kündigungsschutzgesetz (KSchG)
§ 1 Sozial ungerechtfertigte Kündigungen

(1) Die Kündigung des Arbeitsverhältnisses gegenüber einem Arbeitnehmer, dessen Arbeitsverhältnis in demselben Betrieb oder Unternehmen ohne Unterbrechung länger als sechs Monate bestanden hat, ist rechtsunwirksam, wenn sie sozial ungerechtfertigt ist.

(2) Sozial ungerechtfertigt ist die Kündigung, wenn sie nicht durch Gründe, die in der Person oder in dem Verhalten des Arbeitnehmers liegen, oder durch dringende betriebliche Erfordernisse, die einer Weiterbeschäftigung des Arbeitnehmers in diesem Betrieb entgegenstehen, bedingt ist.

Kündigungsschutzgesetz (KSchG)
§ 23 Geltungsbereich

(1) … Die Vorschriften … gelten … nicht für Betriebe …, in denen in der Regel fünf oder weniger Arbeitnehmer … beschäftigt werden. In Betrieben …, in denen in der Regel zehn oder weniger Arbeitnehmer … beschäftigt werden, gelten die Vorschriften … nicht für Arbeitnehmer, deren Arbeitsverhältnis nach dem 31. Dezember 2003 begonnen hat; diese Arbeitnehmer sind bei der Feststellung der Zahl der beschäftigten Arbeitnehmer … bis zur Beschäftigung von in der Regel zehn Arbeitnehmern nicht zu berücksichtigen. …

Bürgerliches Gesetzbuch (BGB)
§ 433 Vertragstypische Pflichten beim Kaufvertrag

(1) Durch den Kaufvertrag wird der Verkäufer einer Sache verpflichtet, dem Käufer die Sache zu übergeben und das Eigentum an der Sache zu verschaffen. Der Verkäufer hat dem Käufer die Sache frei von Sach- und Rechtsmängeln zu verschaffen.

(2) Der Käufer ist verpflichtet, dem Verkäufer den vereinbarten Kaufpreis zu zahlen und die gekaufte Sache abzunehmen.

Bürgerliches Gesetzbuch (BGB)
§ 434 Sachmangel

(1) Die Sache ist frei von Sachmängeln, wenn sie bei Gefahrübergang die vereinbarte Beschaffenheit hat. Soweit die Beschaffenheit nicht vereinbart ist, ist die Sache frei von Sachmängeln,

1. wenn sie sich für die nach dem Vertrag vorausgesetzte Verwendung eignet, sonst

2. wenn sie sich für die gewöhnliche Verwendung eignet und eine Beschaffenheit aufweist, die bei Sachen der gleichen Art üblich ist und die der Käufer nach der Art der Sache erwarten kann. […]

Bürgerliches Gesetzbuch (BGB)
§ 437 Rechte des Käufers bei Mängeln

Ist die Sache mangelhaft, kann der Käufer, wenn die Voraussetzungen der folgenden Vorschriften vorliegen und soweit nicht ein anderes bestimmt ist,

1. nach § 439 Nacherfüllung verlangen,
2. nach den §§ 440, 323 und 326 Abs. 5 von dem Vertrag zurücktreten oder nach § 441 den Kaufpreis mindern und … .

Bürgerliches Gesetzbuch (BGB)
§ 439 Nacherfüllung

(1) Der Käufer kann als Nacherfüllung nach seiner Wahl die Beseitigung des Mangels oder die Lieferung einer mangelfreien Sache verlangen. […]

Bürgerliches Gesetzbuch (BGB)
§ 440 Besondere Bestimmungen für Rücktritt und Schadensersatz

[…] Eine Nachbesserung gilt nach dem erfolglosen zweiten Versuch als fehlgeschlagen, wenn sich nicht insbesondere aus der Art der Sache oder des Mangels oder den sonstigen Umständen etwas anderes ergibt.

Bürgerliches Gesetzbuch (BGB)
§ 441 Minderung

(1) Statt zurückzutreten, kann der Käufer den Kaufpreis durch Erklärung gegenüber dem Verkäufer mindern. […]

Bürgerliches Gesetzbuch (BGB)
§ 476 Beweislastumkehr

Zeigt sich innerhalb von sechs Monaten seit Gefahrübergang ein Sachmangel, so wird vermutet, dass die Sache bereits bei Gefahrübergang mangelhaft war, es sei denn, diese Vermutung ist mit der Art der Sache oder des Mangels unvereinbar.

Bürgerliches Gesetzbuch (BGB)
§ 438 Verjährung der Mängelansprüche

(1) Die in § 437 Nr. 1 und 3 bezeichneten Ansprüche verjähren […]
(2) Die Verjährung beginnt bei Grundstücken mit der Übergabe, im Übrigen mit der Ablieferung der Sache.

Bürgerliches Gesetzbuch (BGB)
§ 929 Einigung und Übergabe

Zur Übertragung des Eigentums an einer beweglichen Sache ist es erforderlich, dass der Eigentümer die Sache dem Erwerber übergibt und beide darüber einig sind, dass das Eigentum übergehen soll. Ist der Erwerber im Besitz der Sache, so genügt die Einigung über den Übergang des Eigentums.

Bürgerliches Gesetzbuch (BGB)
§323 Rücktritt wegen nicht oder nicht vertragsgemäß erbrachter Leistung

(1) Erbringt bei einem gegenseitigen Vertrag der Schuldner eine fällige Leistung nicht oder nicht vertragsgemäß, so kann der Gläubiger, wenn er dem Schuldner erfolglos eine angemessene Frist zur Leistung oder Nacherfüllung bestimmt hat, vom Vertrag zurücktreten. […]
(5) […] Hat der Schuldner die Leistung nicht vertragsgemäß bewirkt, so kann der Gläubiger vom Vertrag nicht zurücktreten, wenn die Pflichtverletzung unerheblich ist.

Quelle: www.gesetze-im-internet.de, Abruf: 31.03.2017

A 2 Die Rolle des Mitarbeiters in der Arbeitswelt aktiv ausüben/ Als Konsument rechtliche Bestimmungen in Alltagssituationen anwenden

Ihr Freund Nils Seibert (18 Jahre) tritt zum 01.09.2017 seine Ausbildungsstelle als Technischer Produktdesigner in Heidelberg an. Am 30.09.2017 erhält er erstmals seine Ausbildungsvergütung ausgezahlt. Bei der Prüfung seines Kontoauszuges ist er entsetzt, da der überwiesene Betrag von der Angabe im Berufsausbildungsvertrag abweicht. Außerdem stellt er fest, dass einige seiner Mitschüler mehr Urlaubstage erhalten als er. Er bittet Sie um Hilfe.

2.1 Zeigen Sie Herrn Seibert schriftlich auf, wie die Differenz bei der Vergütung zustande kommt.

Sie wissen, dass das Bundesurlaubsgesetz den Mindesturlaubsanspruch aller volljährigen Arbeitnehmerinnen und Arbeitnehmer in Deutschland regelt und 24 Werktage pro Kalenderjahr vorschreibt. Sie raten ihm, sich an den Betriebsrat bzw. die Jugend- und Auszubildendenvertretung zu wenden. Die Arbeitnehmervertretung rechtfertigt die unterschiedliche Anzahl an Urlaubstagen in einem kurzen Schreiben.

2.2 Formulieren Sie zwei mögliche Antworten der Arbeitnehmervertretung.

Nachdem Sie Herrn Seibert über seinen Lohn aufgeklärt haben, beschließt dieser seinen ersten Lohn in ein Fahrrad zu investieren, um damit zur Arbeit zu fahren. Dadurch erhofft er sich mehr Geld zu sparen. Sie setzen sich gleich mit ihm zusammen, um im Internet nach einem geeigneten Modell zu recherchieren.

2.3 Erstellen Sie eine Tabelle, die jeweils zwei Vor- und Nachteile aufzeigt, die einen Kauf im Internet kennzeichnen.

Während der Recherche stellt Nils Seibert fest, dass ihm folgende drei Dinge wichtig sind:

– Das Fahrrad sollte nicht mehr als 15 kg wiegen,
– es sollte mindestens 13 Gänge haben und
– maximal 300,00 € kosten.

Auf einem Vergleichsportal findet er eine große Auswahl an Modellen (Anlage 1) und bittet Sie nun um Hilfe bei der Auswahl.

2.4 Erläutern Sie Ihrem Freund, welche zwei weiteren Auswahlkriterien Sie beachten würden.

2.5 Werten Sie die beiliegenden Angebote aus und geben Sie Herrn Seibert eine begründete Entscheidung per Kurznachricht.

Nach langem Überlegen, entscheidet sich Herr Seibert doch dazu das Fahrrad in einem Geschäft vor Ort zu kaufen. Beim Abschluss des Kaufvertrages bekommt er die AGB vorgelegt und ist etwas überfordert von dem vielen Kleingedruckten.

2.6 Beurteilen Sie schriftlich die allgemeinen Geschäftsbedingungen (Anlage 2) mit Hilfe des Gesetzes (Anlage 3).

Anlage 1 zu A 2

Modell	MTX.280	Ortler Mainau	Coollook 26	KCP Wild Cat
Fahrradtyp	Mountainbike	Trekkingrad	Mountainbike	Citybike
Rahmenmaterial	Aluminium	Aluminium	Aluminium	Stahl
Gewicht	13 kg	16 kg	15,8 kg	15 kg
Reifengröße in Zoll	28"	28"	26"	28"
Rahmenhöhe	51 cm	56 cm	45 cm	50 cm
Bremssystem	Scheibenbremse	Felgenbremse	Felgenbremse	Bremsen vorn & hinten
Schaltungstyp	Kettenschaltung	Kettenschaltung	Kettenschaltung	Kettenschaltung
Anzahl Gänge	21	24	21	18
Beleuchtung	nein	ja	ja	ja
inkl. Klingel	ja	ja	nein	ja
Anhängertauglichkeit	nein	ja	nein	ja
Preis	ab 340 €	ab 400 €	ab 139 €	ab 230 €
Beurteilung	gut	sehr gut	befriedigend	gut

Quelle: https://www.verlgeich.org/fahrrad/?gid=CJmK0bK699MCFYSd7QodlO8BgA

Anlage 2 zu A 2

Auszug aus den Allgemeinen Geschäftsbedingungen des Fahrradshops Maier

Gültigkeit der Allgemeinen Geschäftsbedingungen
Die nachstehenden Allgemeinen Geschäftsbedingungen sind automatisch Vertragsbestandteil bei allen Verträgen des Fahrradshops Maier.

Lieferfristen
Der Käufer akzeptiert Lieferfristen bis acht Monate. Erst bei einer weiteren Lieferverzögerung ist er berechtigt, vom Vertrag zurückzutreten.

Fahrradservice
Der Käufer von Mountainbikes, Citybikes und Trekkingrädern ist verpflichtet, das Fahrrad einmal jährlich von dem Fahrradshop Maier kostenpflichtig warten zu lassen.

Preise und Zahlungsbedingungen
Die vertraglich vereinbarten Preise sind Endpreise, trotzdem ist der Fahrradshop Maier dazu berechtigt, Preiserhöhungen der Hersteller direkt an den Kunden weiterzugeben.

Anlage 3 zu A 2

Auszug aus dem Bürgerlichen Gesetzbuch (BGB)

§ 305 Einbeziehung Allgemeiner Geschäftsbedingungen in den Vertrag

(1) Allgemeine Geschäftsbedingungen sind alle für eine Vielzahl von Verträgen vorformulierten Vertragsbedingen, die eine Vertragspartei (Verwender) der anderen Vertragspartei bei Abschluss eines Vertrages stellt. [...] Allgemeine Geschäftsbedingungen liegen nicht vor, soweit die Vertragsbedingungen zwischen den Vertragsparteien im Einzelnen ausgehandelt sind.

(2) Allgemeine Geschäftsbedingungen werden nur dann Bestandteil eines Vertrages, wenn der Verwender bei Vertragsschluss

1. die andere Vertragspartei ausdrücklich oder, wenn ein ausdrücklicher Hinweis wegen der Art des Vertragsschlusses nur unter unverhältnismäßigen Schwierigkeiten möglich ist, durch deutlich sichtbaren Aushang am Ort des Vertragsschlusses auf sie hinweist und
2. der anderen Vertragspartei die Möglichkeit verschafft, in zumutbarer Weise, die auch eine für den Verwender erkennbare körperliche Behinderung der anderen Vertragspartei angemessen berücksichtigt, von ihrem Inhalt Kenntnis zu nehmen, und wenn die andere Vertragspartei mit ihrer Geltung einverstanden ist. [...]

§ 305c Überraschende und mehrdeutige Klauseln

(1) Bestimmungen in Allgemeinen Geschäftsbedingungen, die nach den Umständen, insbesondere nach dem äußeren Erscheinungsbild des Vertrags, so ungewöhnlich sind, dass der Vertragspartner des Verwenders mit ihnen nicht zu rechnen braucht, werden nicht Vertragsbestandteil. [...]

§ 308 Klauselverbote mit Wertungsmöglichkeit

In Allgemeinen Geschäftsbedingungen ist insbesondere unwirksam

1. (Annahme- und Leistungsfrist) eine Bestimmung, durch die sich der Verwender unangemessen lange oder nicht hinreichend bestimmte Fristen für die Annahme oder Ablehnung eines Angebots oder die Erbringung einer Leistung vorbehält; [...]

§ 309 Klauselverbote ohne Wertungsmöglichkeit

Auch soweit eine Abweichung von den gesetzlichen Vorschriften zulässig ist, ist in Allgemeinen Geschäftsbedingungen unwirksam

1. (Kurzfristige Preiserhöhungen) eine Bestimmung, welche die Erhöhung des Entgelts für Waren oder Leistungen vorsieht, die innerhalb von vier Monaten nach Vertragsschluss geliefert oder erbracht werden sollen; [...]

B 1 Die Rolle des Mitarbeiters in der Arbeitswelt aktiv ausüben/ Als Konsument rechtliche Bestimmungen in Alltagssituationen anwenden

Nach bestandener Abschlussprüfung haben Sie eine Anstellung als Fachkraft für Metalltechnik bei einem mittelständischen Unternehmen gefunden. Der Einstiegslohn liegt bei 2.100,00 EUR brutto. Leider ist der Betrieb mit öffentlichen Verkehrsmitteln nur schwer zu erreichen, besonders zu Schichtzeiten ist es nicht möglich mit Bus und Bahn zu fahren. Da Sie seit einiger Zeit stolzer Besitzer eines Motorradführerscheins sind, erscheint Ihnen dieses Problem jedoch lösbar. Sie haben entschieden, Ihren ersten Lohn für den Kauf eines Zweirades zu verwenden. Um Ihren künftigen Nettolohn zu erfahren, haben Sie im Internet nach einem Gehaltsrechner recherchiert. Den Link für den Gehaltsrechner gaben Sie auch an Ihren Freund Sascha Kleinmayer weiter, der mit gleichem Einstiegslohn ebenfalls seine erste Stelle antritt.

Kurz darauf erhalten Sie von Sascha folgende E-Mail:

Von: Sascha.Kleinmayer@web.de
An: mich

Hallo Du,

ich habe gerade den Gehaltsrechner ausprobiert. Wundere mich ein bisschen, dass dabei nur drei Sozialversicherungen berücksichtigt werden. Es gab doch noch mehr Sozialversicherungen, oder? Wurde von dem Portal etwas vergessen??? Nicht dass ich mich auf zu viel Lohn freue und es nichts wird.

Kannst du mir bitte alle Sozialversicherungen noch mal nennen?

Warum sind manche Sozialversicherungen nicht angegeben?

Außerdem fiel mir auf, dass in der Berechnung der Name der Krankenversicherung verlangt wird – spielt das für die Berechnung des Lohns eine Rolle?

Danke.
Viele Grüße
Sascha

1.1 Verfassen Sie eine Mail an Sascha, die alle seine Fragen beantwortet.

1.2 Sascha schickt mit der Mail einen Screenshot des Gehaltsrechners mit seinen Angaben (Anlage 1). Sie wollen den Gehaltsrechner für sich nutzen.

Erstellen Sie eine Liste mit Ihren kompletten eigenen Angaben für den Gehaltsrechner. Begründen Sie die Auswahl Ihrer eigenen Lohnsteuerklasse (Anlage 2).

Laut Gehaltsrechner können Sie mit einem Monatslohn von 1.430,00 € rechnen. Deshalb schauen Sie sich nach geeigneten Zweirädern um. In der Zeitung finden Sie eine Anzeige (Anlage 3).

Nach einer Testfahrt und einem Gespräch mit dem Verkäufer sind Sie begeistert von dem Zweirad, bitten aber um einen Tag Bedenkzeit. Abends treffen Sie sich mit Sascha und erzählen ihm von dem Angebot.

1.3 Sascha meint, dass er nichts davon halte, schließlich sei das Zweirad schon gebraucht und falls ein Mangel auftrete, bestehe somit keine Gewährleistung.

Begründen Sie, ob Sascha mit der Aussage Recht hat (Anlage 4).

1.4 Sie entscheiden sich trotz der Warnung von Sascha für den Kauf des Zweirads. Der Verkäufer schlägt Ihnen vor, den Kauf per Handschlag zu besiegeln. Ihnen wäre ein schriftlicher Kaufvertrag wichtig.

Stellen Sie die beiden Abschlussvarianten für den Vertrag in einer Tabelle anhand von zwei Merkmalen gegenüber.

1.5 Bei der ersten Hauptuntersuchung sagt Ihnen der Mitarbeiter der Kfz-Prüfstelle, dass der Kilometerstand manipuliert wurde.

Formulieren Sie den Inhalt eines Schreibens an den Verkäufer, in dem Sie Ihre Rechte mit Begründung geltend machen (Anlage 4).

Anlage 1 zu B 1

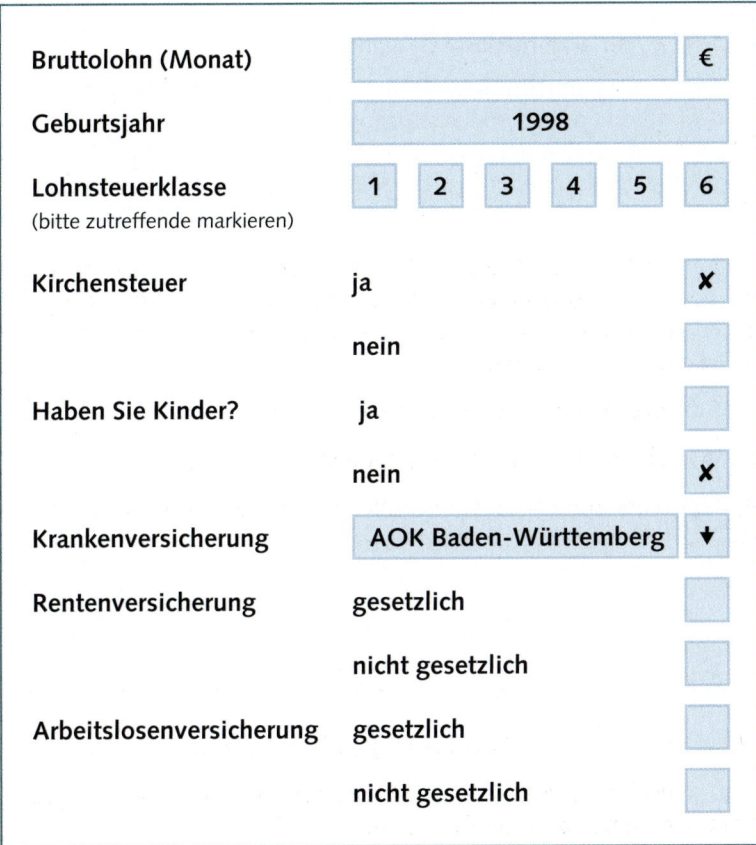

Bruttolohn (Monat)		€
Geburtsjahr	1998	
Lohnsteuerklasse (bitte zutreffende markieren)	1 2 3 4 5 6	
Kirchensteuer	ja	✗
	nein	
Haben Sie Kinder?	ja	
	nein	✗
Krankenversicherung	AOK Baden-Württemberg	▾
Rentenversicherung	gesetzlich	
	nicht gesetzlich	
Arbeitslosenversicherung	gesetzlich	
	nicht gesetzlich	

Anlage 2 zu B 1

Steuer-klassen	Personenkreise (vereinfachte Angaben)
I	Ledige, Geschiedene und Verwitwete oder dauernd getrennt lebende Ehepartner, in eingetragener Lebenspartnerschaft Lebende.
II	Ledige, Geschiedene und Verwitwete mit mindestens einem Kind, für das sie einen Kinderfreibetrag haben.
III	Verheiratete, wenn nur ein Ehegatte Arbeitslohn bezieht, oder wenn beide arbeiten und einer Steuerklasse V wählt.
IV	Verheiratete, wenn beide Ehegatten Arbeitslohn beziehen.
V	Wenn Verheiratete beide Arbeitslohn beziehen, kann einer der Ehegatten die Steuerklasse V, der andere Klasse III wählen.
VI	Wenn mehrere Arbeitsverhältnisse bestehen, wird auf der benötigten zweiten und weiteren Lohnsteuerkarte die Steuerklasse VI eingetragen. Nach Klasse VI wird auch versteuert, wenn die Lohnsteuerkarte nicht oder nicht rechtzeitig abgegeben wurde oder verloren ging.

Quelle: bpb

Anlage 3 zu B 1

Kymco Agility 125 City

Kilometerstand: 4550 km

Baujahr: 04/2014, scheckheftgepflegt,

Preis 1.200 € (VHB),

Ansprechpartner:
Herr Heise · Zweiräder und Mehr GmbH
Hauptstätterstr. 17 · 73230 Kirchheim/T.

Anlage 4 zu B 1

Auszug aus dem Bürgerlichen Gesetzbuch (BGB)

§ 119 Anfechtbarkeit wegen Irrtums

(1) Wer bei der Abgabe einer Willenserklärung über deren Inhalt im Irrtum war oder eine Erklärung dieses Inhalts überhaupt nicht abgeben wollte, kann die Erklärung anfechten, wenn anzunehmen ist, dass er sie bei Kenntnis der Sachlage und bei verständiger Würdigung des Falles nicht abgegeben haben würde.

(2) Als Irrtum über den Inhalt der Erklärung gilt auch der Irrtum über solche Eigenschaften der Person oder der Sache, die im Verkehr als wesentlich angesehen werden.

§ 123 Anfechtbarkeit wegen Täuschung oder Drohung

(1) Wer zur Abgabe einer Willenserklärung durch arglistige Täuschung oder widerrechtlich durch Drohung bestimmt worden ist, kann die Erklärung anfechten.

(2) Hat ein Dritter die Täuschung verübt, so ist eine Erklärung, die einem anderen gegenüber abzugeben war, nur dann anfechtbar, wenn dieser die Täuschung kannte oder kennen musste. Soweit ein anderer als derjenige, welchem gegenüber die Erklärung abzugeben war, aus der Erklärung unmittelbar ein Recht erworben hat, ist die Erklärung ihm gegenüber anfechtbar, wenn er die Täuschung kannte oder kennen musste.

§ 125 Nichtigkeit wegen Formmangels

Ein Rechtsgeschäft, welches der durch Gesetz vorgeschriebenen Form ermangelt, ist nichtig. Der Mangel der durch Rechtsgeschäft bestimmten Form hat im Zweifel gleichfalls Nichtigkeit zur Folge.

§ 433 Vertragstypische Pflichten beim Kaufvertrag

(1) Durch den Kaufvertrag wird der Verkäufer einer Sache verpflichtet, dem Käufer die Sache zu übergeben und das Eigentum an der Sache zu verschaffen. Der Verkäufer hat dem Käufer die Sache frei von Sach- und Rechtsmängeln zu verschaffen.

(2) Der Käufer ist verpflichtet, dem Verkäufer den vereinbarten Kaufpreis zu zahlen und die gekaufte Sache abzunehmen.

§ 434 Sachmangel

(1) Die Sache ist frei von Sachmängeln, wenn sie bei Gefahrübergang die vereinbarte Beschaffenheit hat. Soweit die Beschaffenheit nicht vereinbart ist, ist die Sache frei von Sachmängeln,

1. wenn sie sich für die nach dem Vertrag vorausgesetzte Verwendung eignet, sonst
2. wenn sie sich für die gewöhnliche Verwendung eignet und eine Beschaffenheit aufweist, die bei Sachen der gleichen Art üblich ist und die der Käufer nach der Art der Sache erwarten kann. […}

§ 437 Rechte des Käufers bei Mängeln

Ist die Sache mangelhaft, kann der Käufer, wenn die Voraussetzungen der folgenden Vorschriften vorliegen und soweit nicht ein anderes bestimmt ist,

1. nach § 439 Nacherfüllung verlangen,
2. nach den §§ 440, 323 und 326 Abs. 5 von dem Vertrag zurücktreten oder nach § 441 den Kaufpreis mindern und
3. nach den §§ 440, 280, 281, 283 und 311a Schadensersatz oder nach § 284 Ersatz vergeblicher Aufwendungen verlangen.

§ 438 Verjährung der Mängelansprüche

(1) Die in § 437 Nr. 1 und 3 bezeichneten Ansprüche verjähren […}

2. in fünf Jahren
a) bei einem Bauwerk […] und
3. im Übrigen in zwei Jahren.

(2) Die Verjährung beginnt bei Grundstücken mit der Übergabe, im Übrigen mit der Ablieferung der Sache.

(3) Abweichend von Absatz 1 Nr. 2 und 3 und Absatz 2 verjähren die Ansprüche in der regelmäßigen Verjährungsfrist, wenn der Verkäufer den Mangel arglistig verschwiegen hat. Im Falle des Absatzes 1 Nr. 2 tritt die Verjährung jedoch nicht vor Ablauf der dort bestimmten Frist ein.

[…]

§ 475 Abweichende Vereinbarungen

[…]

(2) Die Verjährung der in § 437 bezeichneten Ansprüche kann vor Mitteilung eines Mangels an den Unternehmer nicht durch Rechtsgeschäft erleichtert werden, wenn die Vereinbarung zu einer Verjährungsfrist ab dem gesetzlichen Verjährungsbeginn von weniger als zwei Jahren, bei gebrauchten Sachen von weniger als einem Jahr führt.

[…]

B 2 Wirtschaftliches Handeln in der Sozialen Marktwirtschaft beurteilen/Entscheidungen im Rahmen einer beruflichen Selbstständigkeit treffen

Ihre Freundin Marie Schreiber möchte sich nach ihrer bestandenen Meisterprüfung als Friseurin selbstständig machen. Ihr Plan ist es, zuerst mit einem kleinen Laden in Wiesloch zu beginnen und sich dann schrittweise zu vergrößern. In Wiesloch wohnen 26.000 Menschen.

Sie hat 5.000,00 € Eigenkapital angespart und hat einen kleinen Pkw.

Zur Vorbereitung eines Bankgesprächs macht sie sich Notizen für den Businessplan und möchte diese Notizen mit Ihnen besprechen.

2.1 Im ersten Punkt des Businessplans stellt Marie Schreiber ihre Unternehmerpersönlichkeit vor.

Erstellen Sie eine Übersicht, welche allgemeinen Eigenschaften für einen Unternehmer wichtig sind (fünf Angaben mit Begründung).

2.2 Im Businessplan hat sich Marie aus drei Angeboten für einen Standort entschieden (Anlage 1).

Erstellen Sie eine Liste mit sechs allgemeinen Kriterien zur Standortwahl.

2.3 Begründen Sie anhand von vier Kriterien, für welchen Standort sich Marie Schreiber entscheiden soll.

2.4 Marie Schreiber muss sich für eine passende Rechtsform entscheiden. Zur Wahl stehen ein Einzelunternehmen oder eine GmbH.

Unterscheiden Sie tabellarisch das Einzelunternehmen und die GmbH anhand von drei Merkmalen.

2.5 Begründen Sie, für welche Rechtsform sich Marie Schreiber entscheiden soll.

2.6 Im Businessplan muss Marie Schreiber die Konkurrenzsituation darstellen. Im Umkreis von 10 km des zukünftigen Standorts gibt es 14 Friseursalons.

Bestimmen Sie die vorliegende Marktform und erklären Sie die Auswirkung dieser Marktform auf die Preisbildung in der Theorie.

2.7 Um ihre eigenen Preise festzulegen, ermittelt Marie Schreiber die Preise der 14 nächsten Konkurrenten. Außerdem fragt sie im Bekanntenkreis 20 Personen, wie viel sie für einen Haarschnitt mit Waschen ausgeben würden. Sie erfasst alle Angaben in einer Tabelle (Anlage 2).

Zeichnen Sie aufgrund dieser Daten die Angebots- und Nachfragekurve und ermitteln Sie graphisch den Gleichgewichtspreis.

(Maßstab: Preise: 5 € ≙ 1 cm; Anzahl: 2 Salons/Kunden ≙ 1 cm)

Anlage 1 zu B 2

Standort 1
- 100 m² große Ladenfläche im Industriegebiet zu vermieten. Insgesamt aufgeteilt in zwei Räume.
  - Raum 1: 80 m²
  - Raum 2: 20 m²
- Lage direkt an der Landesstraße am Rande des Industriegebietes.
- Nächste Autobahnauffahrt ist nur 2 km entfernt. Keine Bushaltestelle in der Nähe.
- Große Fensterfrontscheibe.

Standort 2
- 120 m² große Ladenfläche in der Fußgängerzone von Wiesloch zu vermieten. Aufteilung in vier Räume zu je 30 m².
- Ladenfläche befindet sich am Ende der Fußgängerzone. Bushaltestelle in 250 m Entfernung.
- Gute Anbindung an die Hauptverkehrsstraße in Wiesloch. Nächste Parkmöglich-keiten befinden sich 300 m entfernt.
- Kleine Fensterfrontscheibe.

Standort 3
- 90 m² große Ladenfläche (Erweiterungsmöglichkeiten) zentral in Wiesloch zu ver-mieten. Ladenfläche befindet sich in der Mitte der Fußgängerzone. Bushaltestelle in 50 m Entfernung.
- Nächste Parkmöglichkeiten sind 2 km entfernt, keine direkte Anfahrtsmöglichkeit mit Auto möglich.
- Größere Fensterfrontscheibe.

Anlage 2 zu B 2

Angebot summiert	Preis	Nachfrage summiert
4 Salons	20,00 €	20 Kunden
8 Salons	25,00 €	16 Kunden
10 Salons	30,00 €	10 Kunden
14 Salons	35,00 €	4 Kunden

C 1 Die Rolle des Mitarbeiters in der Arbeitswelt aktiv ausüben/ Wirtschaftliches Handeln in der sozialen Marktwirtschaft beurteilen

In der Pause treffen Sie Ihren Freund Nils Fuchs. Er ist wie Sie im 3. Ausbildungsjahr und lernt Maurer. Er zeigt Ihnen folgenden Zeitungsartikel:

ENDE DER TARIFVERHANDLUNGEN:
Deutlich mehr Geld für Bauarbeiter

Nach einer langen Nacht der Verhandlungen gibt es eine Einigung im Bau-Tarifstreit: Die Löhne von Bauarbeitern sollen kräftig steigen. Noch fehlt aber die Zustimmung der Tarifparteien.

Die Tarifverhandlungen für rund 800.000 Bauarbeiter sind mit einem Schiedsspruch des Schlichters Wolfgang Clement beendet worden. Das teilten die Arbeitgeberverbände und die Gewerkschaft IG BAU am Samstagmorgen nach einer rund 19-stündigen Schlichtungsrunde in Berlin mit. Laut Schlichterspruch sollen die Beschäftigten im Westen zum 1. Mai rückwirkend eine Lohnerhöhung um 5,7 Prozent erhalten bei einer Vertragslaufzeit von 26 Monaten.

Die Gewerkschaft hatte sechs Prozent mehr Lohn gefordert für zwölf Monate Laufzeit. Die Baubranche boomt seit Jahren wegen der niedrigen Zinsen. Die Arbeitgeberverbände hatten ein Plus von 4,2 Prozent angeboten, bei einer Laufzeit von 22 Monaten.

„Die Tarifparteien haben jetzt 14 Tage Zeit, um dem Schlichterspruch zuzustimmen", sagte Clement. „Ich bin sehr zuversichtlich, dass sie das auch tun werden."

Quelle: vgl. http://www.faz.net/aktuell/wirtschaft/deutlich-mehr-geld-bau-tarifverhandlungen-beendet-15586029.html

---

Da Nils Fuchs Mitglied in der Jugend- und Auszubildendenvertretung ist, soll er eine Präsentation erstellen, in der das Thema erläutert wird. Er bittet Sie um Hilfe bei nachfolgenden Aufgaben.

1.1 Stellen Sie die zwei Tarifparteien und deren allgemeine Forderungen (drei Angaben) in einer Tabelle gegenüber.

1.2 Der Zeitungsartikel behandelt den Entgelttarifvertrag/Lohntarifvertrag.

Erstellen Sie einen Merkzettel, auf dem sie Entgelttarifverträge und Manteltarifverträge bezüglich Inhalt und Dauer unterscheiden.

1.3 Stellen Sie den Ablauf von Tarifverhandlungen auf Ihrem Lösungsblatt in einem Schema dar. Verwenden Sie hierzu die in Anlage 1 verwendeten Begriffe.

1.4 In die Präsentation soll ein Schaubild (Anlage 2) eingefügt werden.

Erklären Sie Nils Fuchs die im Schaubild verwendeten Begriffe und berechnen Sie die Reallohnentwicklung.

1.5 Nils Fuchs schreibt Ihnen eine Nachricht und bedankt sich. Er versteht allerdings den Zusammenhang zwischen dem Boom der Baubranche und den niedrigen Zinsen nicht, der im Zeitungsartikel erwähnt wird.

Erläutern Sie in einer Kurznachricht den Zusammenhang zwischen Boom der Baubranche und den niedrigen Zinsen.

1.6 Der Boom ist eine Phase des Konjunkturzyklus.

Skizzieren Sie einen idealtypischen Konjunkturzyklus und beschriften Sie die einzelnen Phasen.

Anlage 1 zu C 1

Schlichtung	Scheitern der Verhandlungen

Scheitern der Schlichtung

neue Tarifverhandlungen	Urabstimmung 25 %

Ende des Streiks	Tarifverhandlungen

Kampfmaßnahmen Streik/Aussperrung	Kündigung/Ende des alten Tarifvertrages

Urabstimmung 75 %	NEUER TARIFVERTRAG (mehrfache Verwendung möglich)

Anlage 2 zu C 1

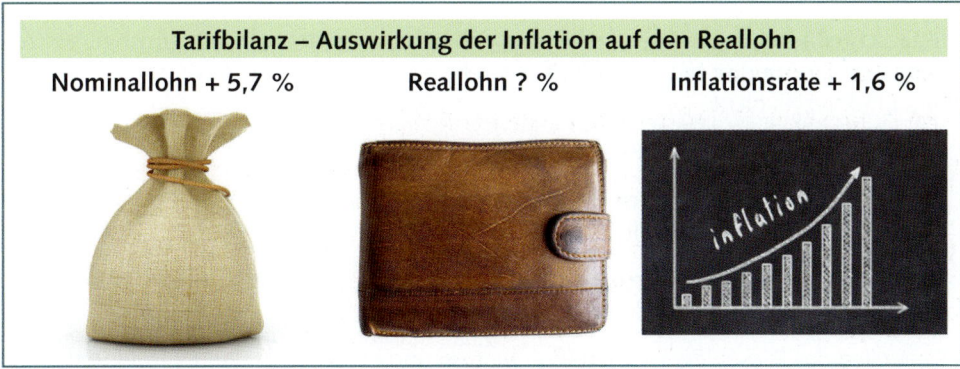

Tarifbilanz – Auswirkung der Inflation auf den Reallohn

Nominallohn + 5,7 %   Reallohn ? %   Inflationsrate + 1,6 %

C 2 Als Konsument rechtliche Bestimmungen in Alltagssituationen anwenden / Entscheidungen im Rahmen einer beruflichen Selbstständigkeit treffen

Sie machen eine Berufsausbildung zum Fliesenleger und treffen sich mit Maik Keller und Ina Haussmann. Beide haben ihre Berufsausbildung bereits beendet.

Maik: Bin ich froh, dass meine Ausbildung zu Ende ist. Nun bin ich mein eigener Chef bei der Paketzustellung und kann mir die Zeit frei einteilen.

Ina: Ich genieße es jetzt einen unbefristeten Arbeitsvertrag zu haben. Endlich kann ich mir eine eigene kleine Wohnung mieten. Ich habe mit meinem zukünftigen Vermieter schon einen Dreijahresvertrag für eine Zweizimmerwohnung aufgesetzt. Da gibt's dann nicht so viel Stress mit meiner Mutter. Als Erstes werde ich mir jetzt einen großen Fernseher kaufen.

Sie: Direkt nach meiner Ausbildung übernehme ich den Betrieb meines Chefs. Dafür nehme ich einen Kredit auf. Und außerdem möchte ich von zu Hause ausziehen.

Maik: Mann, da hab' ich eine Idee. Wir können uns ja zusammentun. Ich habe ein kleines Haus gekauft.

2.1 Für bestimmte Rechtsgeschäfte gibt es Formvorschriften, für andere nicht.

Erstellen Sie zu den Formvorschriften eine Mindmap. Ordnen Sie vier Rechtsgeschäfte zu, die im obigen Text angesprochen werden (Anlage 1).

2.2 Im Rahmen der Betriebsübernahme benötigen Sie einen Kredit in Höhe von 3.487,00 €. Ihre Bank bietet Ihnen einen Ratenkredit mit 36 Monaten Laufzeit bei 1,7 % Sollzins (Nominalzins) pro Jahr an.

Berechnen Sie die monatliche Rate.

2.3 Maik schreibt Ihnen am Abend eine Nachricht, dass er im Internet ein günstigeres Kreditangebot gefunden hat. Allerdings versteht er den Unterschied zwischen Nominal- und Effektivzins nicht.

Erklären Sie ihm die beiden Begriffe.

2.4 Im Zusammenhang mit Ihrer Betriebsübernahme machen Sie sich Gedanken über Chancen und Risiken der Selbstständigkeit.

Führen Sie in einer Tabelle jeweils zwei Argumente auf, die für eine Selbstständigkeit bzw. gegen eine Selbstständigkeit sprechen.

2.5 Sie wollen das Fliesenleger-Geschäft erweitern und einen Ausstellungs- und Verkaufsraum anmieten. Sie haben zwei Angebote zur Wahl (Anlage 2). Nach der Durchsicht haben Sie sich für ein Objekt entschieden und wollen sich eine zweite Meinung einholen.

Teilen Sie Ihrem ehemaligen Chef Ihre Entscheidung einschließlich Begründung (drei Argumente) per E-Mail mit.

Anlage 1 zu C 2

Es gibt für Mietverträge keine gesetzlichen Formvorschriften. Eine Besonderheit ergibt sich jedoch aus den §§ 550, 578 BGB: bei befristeten Mietverträgen mit einer Mietdauer von mehr als einem Jahr ist ein schriftlicher Mietvertrag abzuschließen. Eine Nichtbeachtung dieser Formvorschrift führt dazu, dass der Mietvertrag als unbefristet gilt.

Quelle: vgl. https://www.mietrecht-hilfe.de/mietvertrag/form-des-mietvertrages.html

Nachweisgesetz (NachwG)
§ 2

(1) Der Arbeitgeber hat spätestens einen Monat nach dem vereinbarten Beginn des Arbeitsverhältnisses die wesentlichen Vertragsbedingungen schriftlich niederzulegen, die Niederschrift zu unterzeichnen und dem Arbeitnehmer auszuhändigen. [...]

Berufsbildungsgesetz (BBiG)
§ 11

(1) Ausbildende haben unverzüglich nach Abschluss des Berufsausbildungsvertrages, spätestens vor Beginn der Berufsausbildung, den wesentlichen Inhalt des Vertrages gemäß Satz 2 schriftlich niederzulegen; die elektronische Form ist ausgeschlossen. [...]

Bürgerliches Gesetzbuch (BGB)
§ 492

(1) Verbraucherdarlehensverträge sind, soweit nicht eine strengere Form vorgeschrieben ist, schriftlich abzuschließen. Der Schriftform ist genügt, wenn Antrag und Annahme durch die Vertragsparteien jeweils getrennt schriftlich erklärt werden. Die Erklärung des Darlehensgebers bedarf keiner Unterzeichnung, wenn sie mit Hilfe einer automatischen Einrichtung erstellt wird.

(2) Der Vertrag muss die für den Verbraucherdarlehensvertrag vorgeschriebenen Angaben nach Artikel 247 §§ 6 bis 13 des Einführungsgesetzes zum Bürgerlichen Gesetzbuch enthalten. [...]

§ 873

(1) Zur Übertragung des Eigentums an einem Grundstück, [...] ist die Einigung des Berechtigten und des anderen Teils über den Eintritt der Rechtsänderung und die Eintragung der Rechtsänderung in das Grundbuch erforderlich, soweit nicht das Gesetz ein anderes vorschreibt.

(2) Vor der Eintragung sind die Beteiligten an die Einigung nur gebunden, wenn die Erklärungen notariell beurkundet [...] sind [...].

Anlage 2 zu C 2

	Objekt 1	Objekt 2
Monatliche Miete	12,00 € pro m²	18,75 € pro m²
Provision	einmalig 300,00 €	provisionsfrei (übernimmt der Vermieter)
Gesamtfläche in m²	40 m² auf 100 m² erweiterbar	50 m²
Ausstattung	■ zwei große Schaufenster für Außenwerbung ■ ausreichend kostenlose Parkplätze ■ barrierefrei	■ moderne und attraktive Ladenfläche ■ kostenpflichtiges Parkhaus in der Nähe ■ großer Lagerraum im Keller
Lage	ruhige Lage in einem Vorort – vom Zentrum nur 30 km entfernt	attraktive Lage in der Innenstadt – Laufkundschaft garantiert
Verkehrsanbindung	■ Bushaltestelle fünf Minuten Fußweg entfernt	■ Hauptbahnhof fünf Gehminuten entfernt ■ Straßenbahnhaltestelle vor der Tür

D 1 Die Rolle des Mitarbeiters in der Arbeitswelt aktiv ausüben/ Als Konsument rechtliche Bestimmungen in Alltagssituationen anwenden

Frieda Eisele wurde nach der Ausbildung zunächst von ihrem Ausbildungsbetrieb übernommen. Nach acht Jahren möchte sie sich beruflich verändern und hat die mündliche Zusage für einen neuen Job, bei dem sie deutlich mehr verdient. In Vorfreude auf den besseren Verdienst trifft sie sich heute, am 20. Mai, mit ihrer Freundin Lisa Klein zum gemeinsamen Shoppen.

Frieda: Oh, guck mal. Die neuesten Schuhe von Abibas. Die muss ich gleich mal anprobieren.

Lisa: Boah ey! Kosten die echt 160,00 €?

Frieda: Die passen super und das Pink sieht toll aus. Ich verdiene ja bald mehr, die gönn' ich mir jetzt. Ich geh' schon mal zur Kasse.

Auf dem Weg in den nächsten Laden äußert Lisa ihre Bedenken.

Lisa: Jetzt hast du schon Geld ausgegeben, obwohl du noch nicht den neuen Arbeitsvertrag hast. Wo sind denn eigentlich die Schuhe?

Frieda: An der Kasse habe ich gesehen, dass die Schuhe einen Fleck haben. Sie hatten keine anderen mehr vorrätig, deshalb schicken sie mir das neue Paar nach Hause. Und wegen des Jobs: Ich habe doch die Zusage, dass ich zum 17. Juni anfangen kann. Ich habe heute die Kündigung bei meinem alten Chef abgegeben. Gott sei Dank hatte ich auch schon ein Arbeitszeugnis angefordert. In dem steht: „Frau Eisele hat die ihr übertragenen Aufgaben zu unserer vollen Zufriedenheit erledigt."

Eine Woche später telefonieren Lisa und Frieda miteinander.

Lisa: Na, hast du deine neuen Schuhe bekommen?

Frieda: Ja, aber die waren kaputt. Die Sohle löst sich schon ab. Bin total genervt. Was soll ich denn jetzt machen?

Lisa: Naja, wenn die jetzt schon kaputt sind, würde ich die zurückbringen und mir andere kaufen. Die waren sowieso zu teuer.

1.1 Erstellen Sie ein Strukturbild, in dem Sie Rechtsgeschäfte nach Anzahl der Willenserklärungen unterscheiden. Ordnen Sie die im Dialog genannten Rechtsgeschäfte zu.

1.2 Geben Sie an, wann Frau Eisele Eigentümerin der Schuhe wird (Anlage 1).

1.3 Prüfen Sie mithilfe des Gesetzestextes, ob Frau Kleins Vorschlag „sofort vom Kaufvertrag zurückzutreten" möglich ist und begründen Sie Ihr Ergebnis (Anlage 1).

1.4 Beurteilen Sie mit einer Schulnote die im Zeugnis genannte Arbeitsleistung von Frau Eisele. Erstellen Sie eine Tabelle mit Formulierungsvorschlägen für drei Schulnoten.

1.5 Frau Eisele ist nun doch unsicher, ob der Arbeitsvertrag zustande gekommen ist und bittet Sie um Hilfe.

Erklären Sie in einer Textnachricht an Frau Eisele, ob ein gültiger Arbeitsvertrag abgeschlossen wurde.

1.6 Erstellen Sie einen Zeitstrahl mit folgenden Inhalten: Abgabe der Kündigung, Kündigungsfrist, Vertragsende, frühestmöglicher Arbeitsbeginn (neue Arbeitsstelle).

Begründen Sie anhand des Zeitstrahls, ob Frau Eisele zum gewünschten Zeitpunkt ihre neue Arbeitsstelle antreten kann (Anlage 2).

Anlage 1 zu D 1

Auszug aus dem BGB

§ 929 Einigung und Übergabe

Zur Übertragung des Eigentums an einer beweglichen Sache ist erforderlich, dass der Eigentümer die Sache dem Erwerber übergibt und beide darüber einig sind, dass das Eigentum übergehen soll. Ist der Erwerber im Besitz der Sache, so genügt die Einigung über den Übergang des Eigentums.

§ 437 Rechte des Käufers bei Mängeln

Ist die Sache mangelhaft, kann der Käufer, wenn die Voraussetzungen der folgenden Vorschriften vorliegen und soweit nicht ein anderes bestimmt ist,

1. nach § 439 Nacherfüllung verlangen,
2. nach den §§ 440 […] von dem Vertrag zurücktreten oder nach § 441 den Kaufpreis mindern und
3. nach den §§ 440 […] Schadensersatz […] verlangen.

§ 439 Nacherfüllung

(1) Der Käufer kann als Nacherfüllung nach seiner Wahl die Beseitigung des Mangels oder die Lieferung einer mangelfreien Sache verlangen.

(2) Der Verkäufer hat die zum Zwecke der Nacherfüllung erforderlichen Aufwendungen, insbesondere Transport-, Wege-, Arbeits- und Materialkosten zu tragen.

(3) […]

(4) Der Verkäufer kann die vom Käufer gewählte Art der Nacherfüllung […] verweigern, wenn sie nur mit unverhältnismäßigen Kosten möglich ist.

§ 440 Besondere Bestimmungen für Rücktritt und Schadensersatz

Außer in den Fällen des § 281 Absatz 2 und des § 323 Absatz 2 bedarf es der Fristsetzung auch dann nicht, wenn der Verkäufer beide Arten der Nacherfüllung gemäß § 439 Absatz 4 verweigert oder wenn die dem Käufer zustehende Art der Nacherfüllung fehlgeschlagen oder ihm unzumutbar ist. Eine Nachbesserung gilt nach dem erfolglosen zweiten Versuch als fehlgeschlagen, wenn sich nicht insbesondere aus der Sache oder des Mangels oder den sonstigen Umständen etwas anderes ergibt.

§ 441 Minderung

(1) Statt zurückzutreten, kann der Käufer den Kaufpreis durch Erklärung gegenüber dem Verkäufer mindern […]

(2) […]

(3) Bei der Minderung ist der Kaufpreis in dem Verhältnis herabzusetzen, in welchem zur Zeit des Vertragsschlusses der Wert der Sache in mangelfreiem Zustand zu dem wirklichen Wert gestanden haben würde. Die Minderung ist, soweit erforderlich, durch Schätzung zu ermitteln.

Anlage 2 zu D 1

Gesetzliche Kündigungsfristen

- Probezeit (max. 6 Monate) — 2 Wochen
- Grundkündigungsfrist — 4 Wochen zum 15. oder Monatsende
- 2 Jahre* — 1 Monat
- 5 Jahre* — 2 Monate
- 8 Jahre* — 3 Monate
- 10 Jahre* — 4 Monate
- 12 Jahre* — 5 Monate
- 15 Jahre* — 6 Monate
- 20 Jahre* — 7 Monate

(Dauer der Betriebszugehörigkeit des Arbeitnehmers)

*verlängerte Fristen nur für die Kündigung durch den Arbeitgeber, Kündigung jeweils zum Monatsende

Kalender 2019

April		Mai		Juni		Juli	
1	M	1	M	1	S	1	M
2	D	2	D	2	S	2	D
3	M	3	F	3	M	3	M
4	D	4	S	4	D	4	D
5	F	5	S	5	M	5	F
6	S	6	M	6	D	6	S
7	S	7	D	7	F	7	S
8	M	8	M	8	S	8	M
9	D	9	D	9	S	9	D
10	M	10	F	10	M	10	M
11	D	11	S	11	D	11	D
12	F	12	S	12	M	12	F
13	S	13	M	13	D	13	S
14	S	14	D	14	F	14	S
15	M	15	M	15	S	15	M
16	D	16	D	16	S	16	D
17	M	17	F	17	M	17	M
18	D	18	S	18	D	18	D
19	F	19	S	19	M	19	F
20	S	20	M	20	D	20	S
21	S	21	D	21	F	21	S
22	M	22	M	22	S	22	M
23	D	23	D	23	S	23	D
24	M	24	F	24	M	24	M
25	D	25	S	25	D	25	D
26	F	26	S	26	M	26	F
27	S	27	M	27	D	27	S
28	S	28	D	28	F	28	S
29	M	29	M	29	S	29	M
30	D	30	D	30	S	30	D
		31	F			31	M

D 2 Als Konsument rechtliche Bestimmungen in Alltagssituationen anwenden/Wirtschaftspolitisches Handeln in der Sozialen Marktwirtschaft beurteilen

Judith Exner hat von ihren Großeltern zum Geburtstag Geld für ein neues Smartphone bekommen. Sie recherchiert deshalb im Internet und stellt fest, dass es, abhängig von den Smartphone-Merkmalen, sehr unterschiedliche Empfehlungen gibt. Sie erstellt deshalb eine eigene Liste mit den für sie wichtigen Smartphone-Kriterien und bittet Sie um Hilfe.

2.1 Ordnen Sie den unterschiedlichen Kriterien von Frau Exner jeweils ein empfehlenswertes Handy mit einer kurzen Begründung zu (Anlage 3). Übertragen Sie dazu die Tabelle aus Anlage 4 auf Ihr Lösungsblatt.

2.2 Begründen Sie in einer Kurznachricht an Frau Exner Ihre Kaufempfehlung für ein Gerät.

2.3 Für das neue Handy will Frau Exner auch einen neuen Handyvertrag abschließen. Bei ihren Recherchen zum neuen Handyvertrag findet Frau Exner eine Karikatur (Anlage 5).

2.3.1 Bestimmen und erklären Sie die Marktform der Netzbetreiber in Deutschland.

2.3.2 Beschreiben Sie zwei Auswirkungen dieser Marktform für den Verbraucher.

2.4 Benennen Sie die weiteren Marktformen und ordnen Sie diesen die entsprechenden Strukturbilder zu (Anlage 6).

2.5 Stellen Sie die Preisbildung in der Marktform des Schaubilds A (Anlage 6) grafisch dar.

Anlage 3 zu D 2

Produkte	Gesamt-wertung Punkte	Preis-Leistungs-Verhältnis in %	Bewertung + überdurchschnittlich Ø durchschnittlich − unterdurchschnittlich	Preis
Xiaomi Pocophone F1	86,0	100	Ø Leistung (93,8) Ø Ausstattung (73,5) + Akku (95,1) Ø Display (84,7) Ø Kamera (82,9)	ab 299,00 €
Motorola Moto G6	74,4	96	− Leistung (75,4) − Ausstattung (66,0) Ø Akku (88,2) − Display (77,3) − Kamera (65,1)	ab 189,99 €
HTC U12+	83,9	56	Ø Leistung (94,4) Ø Ausstattung (81,4) − Akku (65,9) − Display (77,8) + Kamera (100,0)	ab 649,90 €
Huawei Mate 20 Pro	94,1	54	Ø Leistung (92,6) + Ausstattung (92,2) + Akku (95,5) + Display (100,0) Ø Kamera (90,3)	ab 999,00 €
Samsung Galaxy Note 9	93,2	53	Ø Leistung (90,3) + Ausstattung (100,0) Ø Akku (88,0) + Display (97,9) Ø Kamera (90,0)	ab 804,00 €

Quelle: vgl. http://www.chip.de/bestenlisten/Bestenliste-Handys-index/index/id/900/

Anlage 4 zu D 2

Merkmal	Marke	Begründung
Kamera		
Preis		
Displayauflösung	**Tabelle auf Ihr Lösungsblatt übertragen!**	
Akku		
Ausstattung		
Preis-Leistungs-Verhältnis		

Anlage 5 zu D 2

Quelle: https://www.wiwo.de/unternehmen/it/
mobilfunk-telefonieren-und-surfen-ist-in-deutschland-teuer/13997358-2.html

Anlage 6 zu D2

A

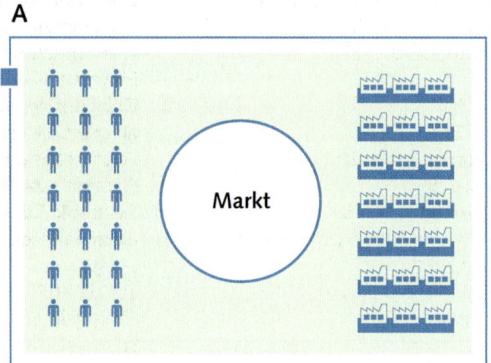

B

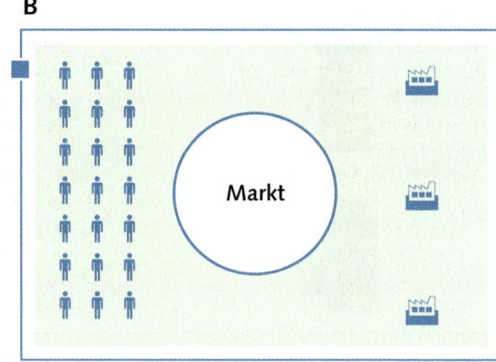

C

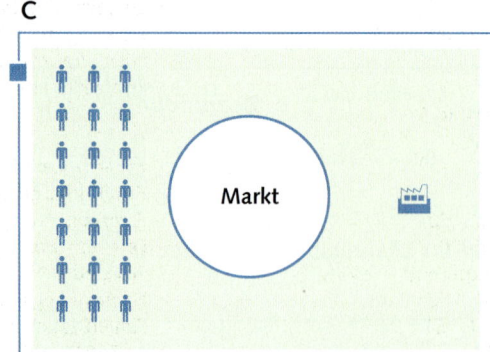

Quelle: https://www.yumpu.com/de/document/view/
718613022-die-marktformen-alle-markte-werden-nach-der-bommi2000de

A

Abfindung 30
Abmahnung 26, 34, 35
Abschwung 158
Akkordarbeit 17
Aktie 120
Allgemeine Geschäftsbedingungen 91, 97,
  104, 105
Allgemeiner Kündigungsschutz 34
Allgemeines Gleichbehandlungsgesetz 27
Allgemeinverbindlichkeit 44
  von Tarifverträgen 44
Altersvorsorge 58
Anbieter 136, 138
Anfechtbarkeit 86
Angebot 88, 136, 147
Angebotskurve 139, 141
Anlageform 118
Anlageziel 117
Annahme 88
Annahmeverzug 92
Antrag 88
Arbeitnehmer
  -Pauschbetrag 69
  -sparzulage 121
Arbeitsbelastung 169
Arbeitsförderung 55
Arbeitskampf 46, 48 f.
Arbeitskosten 177
Arbeitslosengeld I 54 f.
Arbeitslosenversicherung 54
Arbeitsmarkt 137
Arbeitspflicht 26
Arbeitsplatzsuche 22
Arbeitsschutzvorschrift 16
Arbeitsverhältnis
  befristet 28
Arbeitsverhinderung 24
Arbeitsvertrag 22, 24 f.
  Anfechtung 30
Arbeitszeit 16, 18, 24 f., 169
Arbeitszeitgesetz (ArbZG) 18
Arbeitszeugnis 36 f.
  einfach 36
  qualifiziert 36
Aufhebungsvertrag 28, 30
Aufschwung 158
Ausbildender 14
Ausbildung
  Berufsbild 11
  Betrieb 10
  Ordnung 10
  Verhältnis 14
  Vertrag 12
Äußerung
  ausdrücklich 84
Aussperrung 46, 48
Auszubildender 14

B

Bankkarte 109, 112
bargeldlose Zahlung 107
Barzahlung 107

Basis
  -elterngeld 21
  -jahr 150
  -korb 150
  -rente 59
Basislastschrift
  SEPA- 109
Bausparen 119
  Förderung 121
Befristung
  aus sachlichen Gründen 28
  ohne sachliche Gründe 29
Beglaubigung
  öffentlich 85
Beitragsbemessungsgrenze 51, 57
  Rente 53, 55
Benachteiligungsverbot 27
berufliche Selbstständigkeit 168, 169
  Motiv 172
Berufsausbildung
  dual 10 f.
  Verhältnis 14
  Vertrag 13
Berufsbildungsgesetz 11, 13, 15
Berufsgenossenschaft 16
Berufsschulabschlusszeugnis 14
Berufsschule 10
Berufsunfähigkeitsversicherung 60
Beschäftigung, geringfügig 50
Beschäftigungspflicht 26
Besitz 91
Bestellung 88
Betriebsrat 38 f.
  Beteiligungsrechte 40
Betriebsrente 59
Betriebsvereinbarung 25
Betriebsverfassungsgesetz 35, 38
Beurkundung
  notariell 85
Beweislastumkehr 96 f.
Bewerbung
  Gespräch 22
  Schreiben 22
  Verfahren 23
BGB-Gesellschaft 179
BIC 108
Bildungsplan 10
Blockunterricht 11
Bonität 123
Boom 158
Botschaft
  Kaiserlich 50
Bringschuld 90
Bruttoinlandsprodukt 156 f.
  nominal 156
  pro Kopf 157
  real 156
Bruttolohn 62 ff., 152
Bundesagentur für Arbeit 55
Bundesurlaubsgesetz (BUrlG) 19
Bürgschaft 123
Businessplan 174

C

chip-Offline 113

D

Darlehen 183
Dauerauftrag 108
Debitkarte 112
Deflation 155
Direktbank 114
Dispositionskredit 107, 183
Dividende 120
Drohung, widerrechtlich 87
Duale Berufsausbildung 10 f.

E

Eigenkapital 182
Eigennutz 146
Eigenschaftsirrtum 86
Eigentum 91
Einkommen
  Primär- 148
  Sekundär- 148
  Umverteilung 148
  verfügbar 152
  zu versteuerndes 66 f., 69
Einkommenspolitik 148
Einkommensteuer 66
Einkommensteuergesetz (EStG) 66, 69
Einkommensteuertarif 66
Einkommensumverteilung 148
Einkommensverteilungspolitik 148
Einlagensicherung 118
Einzelarbeitsvertrag 22
Einzelunternehmung 178
Electronic Banking 114
Electronic Cash 113
Elektronisches Lastschriftverfahren (ELV)
  109
ELSTER 67
Elterngeld 21
ElterngeldPlus 21
Elternzeit 21
Entgeltrahmentarifvertrag 43
Entgelttarifvertrag 43
Erfüllungsgeschäft 90
Erklärungsirrtum 86
Ersatzlieferung 96

F

Facharbeiterbrief 14
Familienhaftpflichtversicherung 61
Familienversicherung 51
Fernabsatzvertrag 102 f.
Festgeld 119
Finanzierungsgrundsatz 182
Firmenlastschrift
  SEPA- 109
Fiskalpolitik 160
fiskalpolitisches Instrument 160
Fiskus 160
Flächenstreik 47